Willi

Dungl's

Gewürz- und Kräuterküche

Willi Dungl's

Gewürz- und Kräuterküche

Schmackhaft
und gesund
essen

Orac

Dieses Buch entstand unter Mitarbeit von Wolfgang Exel

Der Verlag Orac dankt der Österreichischen Apothekerkammer, Wien, und ihren freundlichen Mitarbeitern dafür, daß sie für dieses Werk die Unterlagen zu den Schwarzweißbildern zur Verfügung gestellt haben. Die Farbbilder auf dem beiliegenden Poster stammen von den Firmen Fleischmann & Jaeger, Wien, und Bio Quelle Klaus Lösch, Steyr, sowie von Univ.-Doz. Dr. Manfred A. Fischer.

Die Schwarzweißbilder in diesem Buch photographierte Gerald Wagner, Wien.

2. Auflage 1983

ISBN 3-85368-933-7

Schutzumschlag: Bronislaw Zelek
Lektorat: Leo Mazakarini
Layout: Gottfried Moritz
Technik: Imprima W. Menches
Satz: Typostudio Wien
Druck und Bindearbeiten: Wiener Verlag, Himberg

Inhaltsverzeichnis

Zum Geleit ... 7
Der Mensch ist, was er ißt ... 9
Vitamine ... 14
Mineralstoffe ... 16
Spurenelemente ... 16
Säure-Basen-Haushalt ... 17
Die Ordnung unserer Nahrung ... 17
Was Dr. Bruker empfiehlt ... 20
Die Naturküche ... 21
Gesund und schmackhaft würzen ... 22
Was sind Gewürze? ... 23
Das Gewürzlexikon ... 25
Anis ... 26
Apfel ... 28
Artischocke ... 29
Bärlauch ... 30
Basilikum ... 31
Beifuß ... 32
Beinwell ... 34
Bibernelle ... 34
Birke ... 35
Bockshornklee ... 36
Bohnenkraut ... 38
Borretsch ... 39
Brennessel ... 40
Brombeere ... 42
Brunnenkresse ... 44
Buchweizen ... 45
Cayennepfeffer ... 46
Curcuma ... 47
Dille ... 48
Eberesche ... 50
Erdbeeren ... 51
Essig ... 52
Estragon ... 53
Fenchel ... 54
Gänseblümchen ... 55
Gewürznelken ... 56
Gerste ... 58
Grünkern ... 60
Gundermann ... 61
Hafer ... 61
Hagebutte ... 63
Heidelbeere ... 65
Himbeere ... 66
Hirse ... 66
Holunder ... 68
Hopfen ... 70
Ingwer ... 72
Schwarze Johannisbeere ... 74
Kaffee ... 76
Kakao ... 78
Kalmus ... 80
Kapern ... 82
Kardamon ... 82
Karotte (Möhre) ... 83
Kartoffel ... 86
Kerbel ... 88
Knoblauch ... 88
Koriander ... 91
Kümmel ... 92
Lauch (Porree) ... 94
Lavendel ... 96
Liebstöckel ... 97
Lorbeer ... 98
Löwenzahn ... 100
Majoran ... 102
Mayonnaise ... 103
Meerrettich ... 104
Melisse ... 106
Mohn ... 108
Muskatnuß ... 109
Nelkenwurz ... 110
Nuß ... 112
Öle ... 116
Olive ... 118
Oregano ... 118
Paprika ... 121
Pastinak ... 122
Petersilie ... 123
Pfeffer ... 125
Pfefferminze ... 126
Piment ... 129
Portulak ... 129
Preiselbeere ... 130
Quendel ... 132
Quitte ... 133
Raute ... 134
Reis ... 135
Rettich ... 138
Rhabarber ... 139
Rosmarin ... 139
Rote Rüben (Rote Bete) ... 142
Safran ... 143
Salbei ... 144
Sanddorn ... 147
Sauerampfer, Sauerklee ... 148
Schnittlauch ... 149
Sellerie ... 150
Senf ... 152

Sesam 154
Soja 155
Thymian 158
Tomate 160
Trockenfrüchte 161
Vanille 164
Wacholder 165
Wasser 167
Wein 168
Weizen 172
Ysop 179
Zimt 181
Zwiebel 183
Heil- und Teekräuter 184
Teerezepte 189
Für jede Krankheit ist (mindestens) ein Kraut gewachsen 190
Womit würzt man was? 196
Wildgemüse – Wildsalate 198
Die wichtigsten Wildkräuter 199
Gewürzmischungen zum Aufbewahren 201

Register 204

ZUM GELEIT

Was veranlaßt einen Masseur, ein Buch über die Gewürz- und Kräuterküche zu schreiben?
Der Anlaß liegt 25 Jahre zurück.
Damals war der Sanitätskorporal Willi Dungl verzweifelt, weil es einem magenkranken Rekruten nicht und nicht besser gehen wollte. Also rief der Korporal bei seiner Mutter an und bat um Rat.
Mutter diktierte ihrem Willi ein Haferflockensuppen-Rezept. Und dieses wirkte besser als die dem Rekruten verordneten Pulver . . . Zumindest in diesem Fall.
Die Idee setzte sich durch, und in der Teeküche der Krankenabteilung wurde fortan auch Schonkost gekocht. Die Rohprodukte holte man von Bauern, und diese lieferten auch das eine oder andere Hausrezept mit. Gratis, franko und zielführend.
Später, als UNO-Soldat im Kongo oder auf Zypern, konnten wir so manches Leiden nur dadurch nicht auskurieren, weil es an der richtigen Ernährung mangelte.
1972. Ich war Mitglied des internationalen Physiotherapeutenteams der Olympiade in München. Ein Schlüsselerlebnis für mich: damals lernte ich die Eßgewohnheiten vieler Sportler der Welt kennen, analysieren, auswerten. Einfach: ich lernte damals, wie sehr Ernährung und Gesundheit und Erfolg zusammenhängen. Und: ich lernte auch, daß dort, wo die Grenzen des Masseurs liegen, der Bereich der vernünftigen Ernährung beginnt.
Hier angelangt, fällt mir Steffen Kriechbaum ein. Er schien wohl vorbereitet auf die Europameisterschaften 1974. Hatte Vitaminpillen genommen, sogenannte „gute Kost" genossen. Und verlor dennoch immer mehr an Substanz. Also ließ ich ihm von meiner Frau Brotaufstriche machen. Mit Hefeflocken, Hefeflockensuppe . . . Als Zusatznahrung. Nun ging es bergauf mit Steffen. Und letztlich kam er sogar ins Finale. Ich glaube, ich habe mich darüber mindestens so gefreut wie er. Und das heißt was.
Natürlich glaubt man selber anfänglich an die sogenannten »Wundermittel«: man will ja nichts anderes, als seinem Schützling zu mehr und noch mehr Leistung verhelfen. Wundermittel? Die Folgen sind meist Magen- und Leberschäden, Muskel- und Sehnenrisse, Hautausschläge, Nervenzusammenbrüche . . . Es gibt viele Wege, zum Sportkrüppel zu werden. Der gängigste: zu viele Medikamente und falsche Ernährung.
Und das alles sieht man, spürt man gleichsam am eigenen Körper, es tut einem weh. Man beginnt zu suchen, zu lesen. Kneipp, Bircher-Benner, Waerland. Glaubt und zweifelt. Ist unsicher. Bis man einen Menschen trifft, der genauso denkt und genauso ringt und genauso kämpft wie man selbst.
Und auf einmal ist einem alles klar.
Man erkennt, daß naturnahe Menschen einst natürlich lebten; daß wir uns weit von ihnen entfernt haben, uns bereits am Rande der Katastrophe bewegen. Man

lernt: aus den Kräuterbüchern Willforts, lernt von den Pfarrern Rausch und Weidinger, von Dr. Bruker, Helma Danner und der Pionierfamilie Lösch, von Biobäcker Gradwohl. Und von vielen, vielen anderen . . .
»Das Leben ist gut, wenn man schenkt und beschenkt wird«, sagte Pfarrer Weidinger zu mir. Ich wurde beschenkt: mit Ideen, Rezepten, Motivationen von meinen vielen, vielen Hörern in vielen, vielen Kursen, die ich hielt. Wurde beschenkt auch von der Kärntner Biofamilie Obweger, von meiner Frau, meinen beiden Töchtern . . .
Dieses Buch ist von mir nur niedergeschrieben worden: Recht eigentlich ist es nicht von mir. Es ist von ihnen allen, den hier Erwähnten und von vielen Nicht-Erwähnten. Ich bin dabei nicht mehr als ein Katalysator, einer, der in Liebe empfangen hat und in Liebe weitergibt, in der Hoffnung, daß dieses Wissen auch von allen meinen Lesern in Liebe weitergegeben werde.
Ich habe mich an den Titel dieses Buches nur im weiten Sinne gehalten. Man mag mir ruhig vorwerfen, daß etwa »Wasser« mit einem Gewürz ebensowenig zu tun habe wie mit einem Kraut. Dennoch habe ich es hier aufgenommen, mit gutem Grund, wie meine Leser hoffentlich schnell merken werden.
Dieses Buch hat – wie auch immer es eingeschätzt werden mag – ein einziges Ziel: zu schenken, damit wieder geschenkt werde. In Liebe nehmen und in Liebe geben.

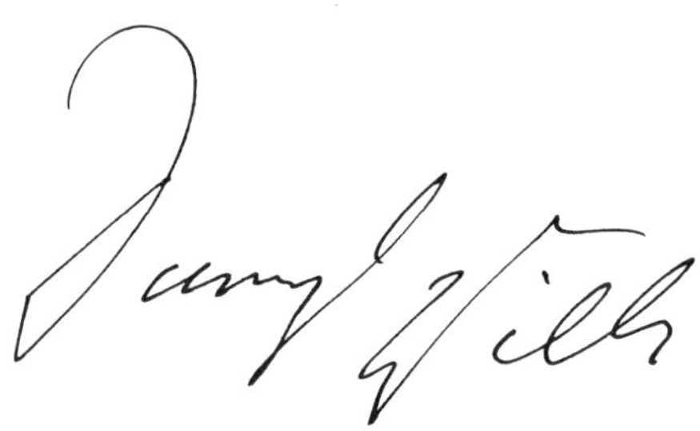

DER MENSCH IST, WAS ER ISST

Die Bedeutung richtiger Ernährung für Gesundheit und Wohlbefinden wurde schon vor Jahrtausenden in religiösen Schriften wie im Talmud, im Alten Testament oder in der vor rund 3000 Jahren geschaffenen indischen Medizinlehre Ajuveda festgehalten. Leider haben Nahrungsmittelindustrie und Chemie Kneipps Spruch

»Eure Nahrung sei Arznei,
eure Arznei – Nahrung«

in den vergangenen hundert Jahren aus dem Bewußtsein der Menschen immer mehr verdrängt.

Heute dominieren ernährungsbedingte Krankheiten und tragen wohl Hauptschuld am finanziellen Fiasko unseres Gesundheitssystems, das unaufhaltsam dem Bankrott entgegensteuert. Nicht zuletzt deshalb setzt sich langsam, aber sicher doch wieder die Erkenntnis durch, daß der stürmische und zweifellos begrüßenswerte Fortschritt der Medizin eigentlich hauptsächlich dazu dient, die Symptome vielfach überflüssiger Zivilisationsschäden zu beseitigen ...

Es grenzt doch wirklich an Wahnsinn: Werdende Mütter füttert man mit Fluortabletten, Vitaminen und Kalzium, anstatt sie über vernünftige Ernährung – die alle genannten Stoffe reichlich enthält – aufzuklären. Säuglinge stopft man mit »toter« Fertignahrung voll, verabreicht dafür aber zusätzlich Vitaminpräparate, und schon beim geringsten Anlaß Antibiotika.

Untersuchungen an Schulkindern ergaben, daß kein einziges mehr vollkommen gesunde Zähne besitzt! Vierzig Prozent der Halbwüchsigen leiden an Übergewicht und müssen sich oft ein Leben lang mit dessen Folgen herumschlagen. Denn der Grundstein für Abwehrschwäche, Mangelerscheinungen, frühzeitige Gelenksabnützungen, Gefäßleiden (Arteriosklerose) oder Herz-Kreislauf-Erkrankungen, um nur einige Beispiele zu nennen, wird in der Jugend gelegt! Zwanzigjährige mit makellosem Gebiß zu finden, ist so gut wie unmöglich. Dafür treten in dieser Altersstufe bei vielen schon Krampfadern, Darmträgheit und andere, durchaus vermeidbare Beschwerden auf.

An Dreißigjährigen werden heute Abnützungserscheinungen registriert, an denen früher nur sehr alte Leute litten. Kaum eine Wirbelsäule verdient die Aussage: ohne Befund. Gefäßveränderungen, Zuckerkrankheit und Bluthochdruck machen vielen jungen Menschen das Leben sauer.

Zwischen vierzig und fünfzig besteht in hohem Maße die Gefahr von Herzinfarkten. Gefäßkliniken sind mit Patienten dieser Altersstufe überfüllt. Darmkrebs als Folge jahrelanger Darmträgheit, aber auch schwere Störungen des Magen- und Darmtraktes sowie anderer Verdauungsorgane stellen sich wesentlich häufiger ein als zu einer Zeit, als die Bevölkerung noch ballaststoffreiche Nahrung zu sich nahm und die Verdauung daher auch klaglos funktionieren konnte.

Jenseits der fünfzig ernähren sich zahlreiche Frauen und Männer nicht nur von üppigen Speisen und viel Alkohol, sondern auch von Tabletten, die gewissermaßen schon einen festen Bestandteil der Mahlzeiten darstellen. Pillen gegen Kopfschmerzen, gegen Schlafstörungen, gegen Depressionen, zum Munterwerden – kurzum, der Mensch ist kaum mehr in der Lage, seinen Körper selbst zu steuern. Er benötigt dazu leider die Chemie. Das müßte doch nicht sein! In der

Folge stellen wir Ihnen einige »Sünder« aus dem Ernährungsbereich kurz vor:

● *Industriezucker:* Jeder weiß, wie sehr dieser den Zähnen schadet, Zahnbettentzündungen (Parodontose) hervorruft, die Bauchspeicheldrüse überlastet (dadurch eine Form des Altersdiabetes auslösen kann) und zu einem Vitamin-B_1-Mangel führt. Auch sonst bringt Fabrikzucker den Stoffwechsel durcheinander. Es kann – laut dem japanischen Prof. Katase – zu Kalkmangel und Störungen im Knochensystem kommen. Nach Dr. Bruker erhöht sich durch Zucker die Unverträglichkeit vollwertiger Nahrungsmittel bei Magen-, Darm-, Leber-, Gallen- und Bauchspeicheldrüsenleiden. Im Sport weiß man längst, daß Zucker das Körpergewebe sauer macht und saure Gewebe mehr schmerzen als basische. *Daher sollte man Industriezucker ersatzlos streichen.* Es genügt allerdings nicht, auf den Würfel im Tee oder Kaffee zu verzichten. Viel gefährlicher ist und weit mehr macht der versteckte Zucker in den verschiedenen Nahrungsmitteln wie Kuchen, Konfekt, Marmelade etc. aus! Honig ist die gesunde Alternative: allerdings – in Gewürzmengen und nicht im Übermaß genossen.

● *Auszugsmehle* (weiß oder grau): Man könnte sie auch »kastrierte« Mehle nennen, da sie aller Vital- und Ballaststoffe beraubt sind und nur noch reine Stärke darstellen. Ihre Wirkung gleicht jener des Zuckers. Mangel an Ballaststoffen führt überdies zu Darmträgheit und kann letztlich – wie angedeutet – die Entstehung von Darmkrebs fördern. Konsum derart wertloser Kohlenhydrate bewirkt wieder ein Defizit an Vitamin B, das vornehmlich für die Nerven und den Stoffwechsel benötigt wird.

● *Raffinierte Fette:* Durch Erhitzen, Konservieren, Präparieren und Färben bringt man Fett im wahrsten Sinne des Wortes um. Der Anteil an fettlöslichen Vitaminen und fast alle biologisch guten Eigenschaften gehen durch derartige Fabrikationsmethoden verloren. Ebenso werden die Fette durch Brat-, Back-, Koch- und Frittiervorgänge entwertet, weshalb man auf die in den Speisen unsichtbar versteckten Fette (Pommes frites, Wiener Schnitzel, Braten etc.) besonderes Augenmerk legen sollte. Die Hauptregel sollte daher lauten: Naturbelassene Fette wie Butter oder kaltgepreßte Öle mit einem entsprechenden Anteil an fettlöslichen Vitaminen und hochungesättigten Fettsäuren verwenden und schonend zubereiten! Sonst kommt es zum berüchtigten erhöhten Cholesterinspiegel, in dessen Gefolge Herzinfarkt und Arteriosklerose auftreten können.

● *Eiweißüberkonsum:* Der deutsche Ernährungswissenschafter Prof. Dr. Wendt konnte in zahlreichen Arbeiten nachweisen, daß zu hoher Eiweißkonsum (vor allem durch Fleisch) zu schlechtem Zellstoffwechsel führt und damit typischen Zivilisationsleiden wie Rheuma, Gicht und Arthrosen (Gelenksabnützung) Vorschub leistet. Dr. Bruker behandelt in seiner Spezialklinik auf der Lahnhöhe in Bayern (BRD) nicht nur Rheumatiker, sondern auch Allergiker erfolgreich mit eiweißarmer Vollwertkost. Mehr als zweimal wöchentlich sollten Fleisch und Fleischprodukte *nicht* auf den Speisezettel kommen. In früheren Zeiten konnten sich die Menschen diesen Luxus gar nicht leisten und blieben nicht zuletzt

deshalb vor Rheuma, Gicht und Allergien weitgehend verschont. Dazu kam natürlich auch schwere körperliche Arbeit.
In unserer Zeit sieht der Ernährungsplan so oder ähnlich aus: Wurst zum Frühstück, Fleisch zu Mittag, Fleisch am Abend. Das ist einfach zuviel! Harnsäure lagert sich als Abbauprodukt von Eiweiß in den Gelenken ab. Damit sind »beste« Voraussetzungen für Gelenkabnützungen geschaffen.
Nun wissen wir also, daß zuviel Eiweiß schadet. Aber erstens ist die Zufuhr der richtigen Menge an Eiweiß lebensnotwendig, und zweitens kann man den Eiweißbedarf nicht nur aus tierischen Produkten decken. Wieviel Eiweiß benötigen wir täglich? Da gilt folgende Regel: Kinder zwei bis drei Gramm pro Kilogramm Körpergewicht, Erwachsene ein Gramm, ältere Menschen wieder mehr.
Von den mehrfach ungesättigten Fettsäuren brauchen Kinder täglich vier bis neun Gramm pro Kilogramm Körpergewicht und Erwachsene etwa zehn Gramm. Wieviel Eiweiß und mehrfach ungesättigte Fettsäuren in welchen Nahrungsmitteln enthalten sind, können Sie aus folgender Aufstellung ablesen, die weiters über den Cholesterin- sowie den Puringehalt (Aussage über den Harnsäureanteil) Auskunft gibt.
Zeichenerklärung: E = Eiweiß, MuF = mehrfach ungesättigte Fettsäuren, Chol = Cholesterin, Pur = Harnsäure.
Die Werte sind auf Prozent pro 100 Gramm bezogen. Zum Beispiel: Milch hat 3,2 = 100 Gramm Milch beinhalten also 3,2 Gramm Eiweiß. Alle Werte wurden nach der großen Nährwerttabelle von Prof. Dr. med. H. D. Cremer (Gräfe & Unzer-Verlag) erstellt und berechnet.

tierisch	% g E	% g MuF	% mg Chol	% mg Pur
Milch	3,2	–	12	–
Mager-Joghurt 1,5%	3,6	–	5	–
Magerquark (Topfen) 20%	12,0	–	14	–
Camembert 45%	18,7	0,6	71	–
Emmentaler 45%	27,4	0,9	105	–
Doppelrahmkäse 60%	14,6	0,9	105	–
Edelpilzkäse 50%	23,3	–	112	–
Ei	12,8	2,3	470	2
Butter	0,7	2,7	240	–
Schweineschmalz	0,1	10,0	100	–
Steinbutt	16,7	–	–	120
Scholle	17,1	–	50	156
Sardine (Öl)	20,4	–	–	560
Austern	9,0	–	220	90
Hummer	15,9		200	175
Krebs	15,0		–	–
Forelle	19,5		55	170

Hecht	18,4	–	–	140
Lachs	19,9		60	150
Huhn mager	20,6		75	170
Kalb mager	20,7		90	190
Rind mager	18,8		70	130
Schwein	14,1		70	154
Hirn	10,0		3150	100
Leber	18,0		250	336

pflanzlich	% g E	% g MuF	% mg Chol	% mg Pur
Weizen, Roggen	11,7	–		
Buchweizen	9,8	–		
Gerste	10,6	–		
Hafer	7,1	3,0		
Hirse	10,6	–		
Mais	9,2	1,6		
Reis	7,4	–		
Maiskeimöl	–	56,0		
Olivenöl	–	8,0		
Distelöl	–	75,0		
Erbsen, Linsen	23,0	–		185
Bohnen	21,3	–		130
Sojabohnen	37,0	–	10,9	
Walnuß	15,0	48,0		25
Haselnuß	13,0	23,0		30
Mandel	19,0	11,0		30
Brennesselsaft	3,0	–		–
Erbsen grün	6,3	–	–	145
Feldsalat	1,8	–	–	45
Kartoffeln	1,9	–	–	5
Karotten, Radieschen	1,1	–	–	25
Blumenkohl (Karfiol)	4,9	–	–	15
Rote Bete (rote Rüben)	1,9	–	–	15
Spinat	3,0	–	–	70
Tomaten	1,1	–	–	10
Pilze	2,8	–	–	50

Während früher oft behauptet wurde, tierisches Eiweiß sei auf Grund des höheren Anteils an essentiellen (vom Körper nicht erzeugbaren) Aminosäuren hochwertiger als pflanzliches Eiweiß, vertreten moderne Ernährungsforscher diese Ansicht nicht mehr. Sie werden nun fragen: »Was soll ich statt Fleisch sonst essen?« Da raten wir zu einem kleinen Test. Kochen Sie ein herkömmliches

Gulasch laut Rezept und vielleicht am nächsten Tag ein Sojagulasch ohne ein einziges Stück Fleisch.

Normales Gulasch
Rezept für 4 Personen
600 g Fleisch
250 g Zwiebel
2 Eßlöffel Paprika
½ Becher saure Sahne (Rahm)
50 g Champignons
2 Eßlöffel Mehl
1 Brühwürfel
Cayennepfeffer
80 g Schweineschmalz
Salz

für 4 Personen	*für 1 Person*
140 g Eiweiß	35 g
125 g Fett	31 g
52 g Kohlenhydrate	13 g
532 mg Cholesterin	132 mg
1260 mg Purin/Harnsäure	415 mg

Sojagulasch
Rezept für 4 Personen
160 g Sojawürfel
2 Std. einweichen
300 g Wasser
3 kl. Zwiebeln, ca. 200 g
2 Eßlöffel Paprika, edelsüß
½ Becher saure Sahne (Rahm)
50 g Champignons
2 grüne Paprikaschoten
3 Tomaten
2 Eßlöffel Vollmehl
1 Zehe Knoblauch
Majoran, Kümmel, Basilikum

Prise Cayennepfeffer

für 4 Personen	*für 1 Person*
88 g Eiweiß	22,0 g
14 g Fett	3,5 g
104 g Kohlenhydrate	26,0 g
34 mg Cholesterin	8,5 mg
30 mg Purin/Harnsäure	7,5 mg

Wie Sie den Vergleichswerten entnehmen können, ist der Anteil des Sojagulasch an Eiweiß zufriedenstellend, der Fettanteil günstig und die geringe Belastung durch Cholesterin und Harnsäure geradezu ideal. Und geschmacklich wird das Sojagulasch ebenfalls keinen Vergleich zu scheuen brauchen . . .
Neben Eiweiß benötigt der Körper noch einen ausgewogenen Anteil an Kohlehydraten, Fett, aber auch Vitaminen, Mineralstoffen, Spurenelementen sowie ein optimales Verhältnis zwischen Säuren und Basen.

Vitamine

Sie sind für den Ablauf vieler Stoffwechselvorgänge unbedingt notwendig und werden vom Körper meist weder aufgebaut noch gespeichert. Das heißt, sie müssen täglich neu mit der Nahrung zugeführt werden. Mangel führte früher zu schweren Gesundheitsschäden; heutzutage gibt es dieses Problem nicht mehr so häufig. Um so weniger, wenn man sich ausgewogen ernährt. Wo Sie welche Vitamine finden, soll nachstehende Aufstellung zeigen.

Die wichtigsten Vitamine

	Vorkommen reichlich in:	*Mangelerscheinungen:*	*Zu beachten:*
A	Eigelb, Käse, Kürbis, Chicorée, Butter, Karotten, Paprika, Spinat, Leber, Thunfisch und Grünkohl	Nachtblindheit, trockene, schuppige Haut, schlechte Wundheilung, Verdauungsstörungen *Tagesbedarf 9 mg*	empfindlich gegen Sauerstoff und Licht, Gemüse nicht zerkleinert an der Luft stehen lassen und vor Licht schützen. Fettlöslich.
B_1	Hafer, Milch, Hefe, Weizen, Kartoffeln, Vollkornbrot, Haselnüsse	Muskelschwäche, Ermüdung, Nervenentzündung, Kohlenhydrat-Stoffwechselstörungen *Tagesbedarf hängt vom Kohlenhydratanteil in der Nahrung ab, ca. 1,6 mg*	Wasserlöslich. Hitze- und sauerstoffempfindlich. Beim Garen Topf schließen, nicht viel Wasser, damit die Vitamine nicht ausgewaschen werden.
B_2	Bierhefe, Nüsse, Spargel, Grünkohl, Pilze, Mandeln, Quark (Topfen), Leber, Hering, Lachs, Vollreis	Appetitlosigkeit, Schwäche, Herzschäden, Sehschwäche, Haut- und Schleimhautentzündungen *Bedarf in der Schwangerschaft erhöht: 1,8–2 mg*	Wasserlöslich wie B_1
C	Blumenkohl, Kartoffeln, Kohlrüben (Kohlrabi), Karotten, Radieschen, Rotkraut, Spinat, Wirsing, Petersilie, Schnittlauch, Erdbeeren, Hagebutten, Sanddorn, Kiwi, Stachelbeeren, Zitrusfrüchte, Paprika, Johannisbeeren	Erschöpfung, Skorbut, Anfälligkeit für Infektionen, Neigung zu Zahnfleischbluten *Tagesbedarf 75 mg* *Bei Krankheit und Rauchern wesentlich mehr.*	Wasserlöslich. Licht-, hitze- und sauerstoffempfindlich wie Vitamin A, nicht im Wasser liegen lassen.
D	Hering, Lachs, Eier, Kalbfleisch, Milch	Rachitis, Knochenerweichung *Bedarf 2,5 g*	Fettlöslich. Widerstandsfähig gegen Hitze und Licht.

	Vorkommen reichlich in:	*Mangelerscheinungen:*	*Zu beachten:*
E	Blattgemüse, Weizenkeime, Pflanzenöl, Eigelb	Wachstum, Geschlechtsentwicklung, Sauerstoffumsetzung *Bedarf 12 mg*	Fettlöslich. Licht- und hitzeempfindlich, siehe Vitamin B_1
F	Lein-, Soja-, Sesam-, Walnuß-, Sonnenblumen-, Mandel- und Olivenöl	Trockene Haut, Haarausfall, Kopfjucken, brüchige Fingernägel, Ekzeme, Furunkulose, Leber-, Galleleiden, Heufieber, Asthma, Arteriosklerose *Bedarf 6–9 mg*	Besonders für Kleinkinder wichtig, wird in der Kosmetik stark verwendet. Fettlöslich (ölig).

Mineralstoffe

Sie besitzen für die Funktion des Körpers ebenfalls lebenswichtige Bedeutung. Auf Kalzium und Phosphor sind beispielsweise unsere Zähne angewiesen. Die Körperzellen benötigen die richtige Mischung aus Kochsalz, Kalium und Kalzium. Fehlt etwa Kalium durch verstärktes Schwitzen, Erbrechen oder Durchfall, besteht vorerst Neigung zu Krämpfen. Wird der Mangel nicht ausgeglichen, droht letztlich der Tod. Besonders Säuglinge sind oft durch ursprünglich banale Darminfektionen stark gefährdet!

Die wesentlichsten Mineralstoffe sind:
Natrium und Chlor (daraus besteht Kochsalz), Kalzium, Phosphor, Kalium und Magnesium.
Kochsalz sollte man sparsam zum Würzen verwenden, da die wenigsten Menschen zuwenig Salz essen – eher zuviel! Kalzium findet man hauptsächlich in Milch und Milchprodukten, Phosphor ebenfalls in Milch, aber auch in Fleisch und Fisch. Magnesium enthält frischer Salat und auch Fisch. Kaliumreich sind die meisten Gemüse, insbesondere Kartoffeln, aber auch Bananen. Da unser Körper einem ständigen Umbauprozeß unterworfen ist, benötigen wir die genannten Stoffe nicht nur in der Wachstumsphase, sondern auch später regelmäßig in ausreichender Menge.

Spurenelemente

Den Bedarf an Eisen, Kupfer, Fluor, Jod, Mangan und Zink decken wir am besten mit Vollwertkost. Eisen ist Bestandteil des roten Blutfarbstoffes (Hämoglobin) und entscheidend für die Fähigkeit der roten Blutkörperchen, Sauerstoff aufzunehmen und zu transportieren. Die anderen Elemente erfüllen ebenfalls bedeutende Aufgaben im Organismus. Fehlt etwa Jod, kommt es zur Kropfbildung.

Säure-Basen-Haushalt

Beim jungen Menschen reagieren die Körpersäfte chemisch eher basisch (alkalisch). Im Laufe der Zeit werden wir, im übertragenen Sinn, immer sauerer. Heute weiß man, daß dies praktisch einen Alterungsprozeß darstellt, der durch richtige Ernährung beeinflußbar ist. Leidet etwa ein Sportler nach hartem Training ständig unter Muskelschmerzen, dann spricht man von »Übersäuerung« der Muskeln. Viel deutet darauf hin, daß die meisten Erkrankungen des rheumatischen Formenkreises auf eine gleichsam selbst verschuldete Übersäuerung zurückzuführen sind. Dementsprechend bekommt man die unangenehmen Beschwerden in vielen Fällen alleine durch eine Umstellung der Ernährung wieder weg. Versuchen Sie einmal einige Wochen sich zwar nicht ausschließlich, aber doch überwiegend basisch zu ernähren – der Erfolg wird Sie verblüffen!

● *Saure Speisen sind:*
Essig
Zitrusfrüchte
Bohnenkaffee, schwarzer Tee
Auszugsmehle
Spargel
Eier, Fleisch
Schnaps, Sekt, Wein – überhaupt jeder Alkohol
Alle Süßigkeiten
Kochsalz

● *Basische Speisen sind:*
Alle Arten von Blattsalat
Alle Gemüse, die unter der Erde wachsen (Kartoffeln, Karotten, rote Bete [rote Rüben])
Einheimische Früchte, Äpfel, Birnen
Milchprodukte
Grob gemahlenes Vollmehl
Alle Öle (Sonnenblumenöl, Distelöl, Maiskeimöl etc.), Mais, Vollreis
Reiner Bienenhonig, Bier

Vorsicht bei Salatdressing – es kann die basische Wirkung des Salates zunichte machen. Am besten verwenden Sie Joghurt.

Die Ordnung unserer Nahrung

Schon im 18. Jahrhundert wetterte der deutsche Chirurg Laurenti Heister in seinem medizinischen Handbuch gegen die »sinnlose Völlerei«, welche zu »dickem Blute und zur Grafenkrankheit Gicht führt«. Nach ihm kamen viele Heilkundige, die den Wert richtiger Ernährung erkannten und ihre Zeitgenossen zu beeinflussen versuchten: Hufeland, Kneipp, Waerland, Bircher-Bennert und in unseren Tagen Bruker, Wendt und Kollath.

Die Ordnung unserer Nahrung nach Prof. Kollath

Lebensmittel			
	natürlich	**mechanisch verändert**	**fermentativ verändert**
Aus dem Pflanzenreich	**Nüsse:** z. B. Wal-, Hasel-, Kokosnuß, Mandeln **Ölfrüchte:** z. B. Olive, Sesam, Leinsaat, Sonnenblumenkerne **Getreide:** z. B. Weizen, Roggen, Gerste, Reis, Hirse, Buchweizen **Gemüsefrüchte:** z. B. Tomate, Gurke, Kürbis, Melone, Paprika **Obst:** z. B. Beeren-, Kern-, Steinobst, Südfrüchte, Trauben **Gemüse:** z. B. Keim-, Frucht-, Blüten-, Stengel-, Wurzel-, Knollen-, Zwiebel-, Blattgemüse **Würzkräuter:** z. B. Petersilie, Schnittlauch, Kresse **Honig:** z. B. Blüten-, Waldhonig, unerhitzt	Geriebene Nüsse Naturbelassene kaltgepreßte Öle Gemahlenes Getreide als Vollkornschrot oder Vollkornmehl, unerhitzt Geschnittene Gemüsesalate Geschältes, zerkleinertes Obst Trockenobst, luftgetrocknet, unerhitzt Naturtrübe Säfte Geschälte, geriebene, zerkleinerte Gemüsesalate Unblanchierte Tiefkühlkost (Obst, Gemüse und Kräuter) Geschnittene Kräuter	Mitwirkung der Eigenfermente, Hefen, Bakterien Unerhitzte Breie aus Vollkornschrot oder Vollkornmehl (Frischkornbrei) Gärsäfte, z. B. Most aus Trauben, Äpfeln, Birnen Gärgemüse, z. B. Sauerkraut, milchsaure Gurken, saure Bohnen Met
Aus dem Tierreich	**Rohmilch:** z. B. Kuh-, Schaf-, Ziegenmilch Rohe Eier	Butter, Sahne, Buttermilch, Magermilch, Molke Muscheln, Tartar	Dickmilch, Yoghurt, Kefir, Quark, Käse – aus Rohmilch Fleisch und Fisch, unerhitzt, luftgetrocknet, geräuchert, in Lake eingelegt
Getränke	Quellwasser Mineralwasser, Heilquellen in Flaschen	Leitungswasser ohne chemische Zusätze	Gärgetränke, z. B. Wein, Bier, Kaltauszug aus Teekräutern

Nahrungsmittel			
	erhitzt	**konserviert**	**präpariert**
Aus dem Pflanzenreich	Gebäcke aus Vollkornmehlen, z. B. Vollkornbrot, Vollkornbrötchen, Vollkornkuchen Gekochte Gerichte aus Vollkorn, z. B. Vollkornnudeln, Vollreis, Hirse, Buchweizen, Mais Vollkorngetreideflocken, z. B. Hafer-, Gerste-, Hirseflocken Gekochte Hülsenfrüchte, z. B. Linsen, Erbsen, Erdnuß, Kastanien Gekochte Kartoffeln, Pilze, Artischocken Gemüsegerichte Gekochtes Obst, z. B. Kompott, Mus ohne Zucker	Dauerbackwaren, z. B. Knäckebrot, Zwieback Vollkornbrot in Dosen oder durch Chemikalien haltbar gemacht Obstkonserven, eingemachtes Obst, Marmeladen mit Zucker Trockenobst, erhitzt, geschwefelt Gemüsekonserven in Dosen und Gläsern (Baby- und Kleinkindkost) Salate durch Chemikalien haltbar gemacht	Kunstfette, z. B. Margarine, chemisch gewonnene Öle Stärkemehl, Auszugsmehl, z. B. Weizenmehl, Roggenmehl Produkte aus Auszugsmehl, z. B. Weißbrot, Schwarzbrot, Nudeln, Grieß, Reis, Fabrikzucker, z. B. weißer Haushaltszucker, brauner, Frucht-, Trauben-, Milch-, Malzzucker Schokolade, Konfekt, Süßigkeiten Produkte aus Auszugsmehl und Fabrikzucker, z. B. Kuchen, Torten Künstliche Aromastoffe, Vitamine, Fermente, Nährstoffe
Aus dem Tierreich	Pasteurisierte, gekochte Milch, Schmalz, Butter, Sahne, Käse – aus pasteurisierter Milch Fleisch, Fisch, Eier gekocht oder gebraten	H-Milch, H-Sahne Sterilisierte Milch und Sahne Fleisch- und Fischkonserven, erhitztes Fleisch und Fisch, durch Chemikalien haltbar gemacht (z. B. Phosphate in der Wurst)	Trockenmilch (Baby- und Kleinkindnahrung), Kondensmilch Trockenei, Fleischextrakt, Ferment-, Hormon-, Eiweißpräparate
Getränke	Gekochter Tee, Gemüsebrühe	gechlortes Leitungswasser, Kunstwein, Likör	Künstliche Mineralwasser, Branntwein

Der biologische Wert der Nahrung nimmt von links nach rechts in den Tabellen stetig ab

Prof. Kollath etwa stellte nach zahlreichen Versuchen und Beobachtungen eine Ordnung der Nahrung auf:

● *Lebensmittel* – sie haben noch einen eigenen Stoffwechsel und stellen damit lebendige Nahrung dar.

● *Nahrungsmittel* – sie sind durch Erhitzen und Konservieren so verändert, daß man nur noch von toter Nahrung sprechen kann. Je größer nun der Anteil der Lebensmittel und je geringer der Anteil der toten Nahrungsmittel am Speiseplan ist, desto gesünder wirkt die Kost.

In den Lebensmitteln sind nicht nur die drei Grundstoffe Eiweiß, Fett und Kohlenhydrate enthalten, sondern auch alle sogenannten Vitalstoffe, die für den Ablauf des Stoffwechsels und damit für die Gesunderhaltung des Körpers nötig sind. Unter Vitalstoffen versteht man alle biologischen Wirkstoffe wie Vitamine, Mineralien, Spurenelemente, Enzyme (spezielle Eiweißkörper, die Stoffwechselvorgänge je nach Bedarf entweder beschleunigen oder bremsen), mehrfach ungesättigte Fettsäuren und schließlich auch natürliche Aromastoffe.

Nahrungsmittel hingegen enthalten nicht mehr alle Vitalstoffe. Auch das Verhältnis zwischen Eiweiß, Fett und Kohlenhydraten (sollte etwa zwanzig zu dreißig zu fünfzig betragen) ist ungünstig verschoben.

Beispiele entnehmen Sie bitte der abgebildeten Aufstellung. Laut Kollath sollen wir trachten, daß mindestens dreißig Prozent unserer täglichen Nahrung aus Lebensmitteln, also Produkten der linken Tabellenhälfte, besteht.

Was Dr. Bruker empfiehlt

Der deutsche Ernährungsforscher und Arzt Dr. M. O. Bruker hat einen ganz einfachen Tip parat, um gesund zu bleiben: Man möge nur das essen, was ein Bauer vor hundert Jahren gegessen hat.

Übertragen auf unsere Zeit gibt Dr. Bruker einige Richtlinien.

Vermeiden sollten wir:

● Alle in der Fabrik hergestellten Zuckerarten (weißer, brauner Verbrauchszukker, Trauben- oder Fruchtzucker) sowie alle damit hergestellten Nahrungsmittel wie Schokolade, Marmelade, Speiseeis, Süßigkeiten etc.

● Alle Produkte, die Auszugsmehle enthalten – also Graubrot, Weißbrot, Teigwaren, Pudding, Kuchen usw.

● Alle raffinierten Öle (Margarine und gewöhnliche Öle).

● Jene Personen, deren Magen, Darm, Leber und Gallenblase empfindlich reagiert, mögen weiters keine Gemüse- oder Obstsäfte trinken.

Täglich essen sollten wir hingegen:

● Vollkornbrot – möglichst verschiedene Sorten;

● drei Eßlöffel Frischkornbrei;

● eine Frischkostbeilage aus rohem Obst und Salaten aus rohem Gemüse;

● naturbelassene Fette oder Butter und Öle, die durch kalte Pressung gewonnen wurden (in Reformhäusern erhältlich).

Die Naturküche

Im Jahre 1979 schlossen sich achtzehn österreichische Kurorte zu sogenannten Bio-Trainingsorten zusammen und begründeten die Österreichische Naturküche gemäß den Richtlinien der Vollwertkost nach Kollath und Bruker. Neben körperlicher und geistiger Erholung der Gäste wird auch gesundes Essen geboten. Seit dieser Zeit wurden schon zahlreiche Köchinnen und Köche ausgebildet, die in vielen Restaurants und Hotels nur noch die »Gesetze« der Naturküche befolgen:

● Ersatz des raffinierten Zuckers durch Honig, Birnendicksaft, Trockenfrüchte (z. B. Saft eingeweichter Trockenfrüchte).

● Ersatz der Auszugsmehle durch möglichst frisch gemahlene Vollkornprodukte.

● Kaltgepreßte oder kaltgeschlagene Fette (Distelöl, Leinöl, Butter) statt »toter« Fette. Fettarme Zubereitung der Speisen.

● Vor jeder Hauptmahlzeit wird eine Frischkostbeilage gereicht – Rohkost, Salat, Obst (Rohkost sollte ein Drittel der Nahrung ausmachen und gilt als ausgesprochene Heilkost).

● Schonende Zubereitung des Gemüses durch Dämpfen. Aufwärmen vermeiden – die biologische Qualität wird dadurch vermindert. Spinat verliert beispielsweise durch Aufwärmen innerhalb kurzer Zeit 90 Prozent des Vitamin-C-Gehaltes und auch das meiste Vitamin B.

● Tierisches Eiweiß soll nach Möglichkeit durch pflanzliches Eiweiß ersetzt werden (Hülsenfrüchte, Soja). Auch Milcheiweiß ist günstig (keine Harnsäure, wenig Cholesterin). Magerer Fisch kommt in eingeschränktem Maße ebenfalls in Betracht.

● Chemisch konservierte und künstlich veränderte Produkte haben keinen biologischen Wert und belasten nur den Organismus. Ein Beispiel: Frisch zubereitete Sardinen sind leicht verdaulich und liefern pro 100 Gramm nur 120 Milligramm Harnsäure. Ölsardinen jedoch gehören zu den am schwersten verdaulichen Nahrungsmitteln – der Harnsäureabfall beträgt hier nicht weniger als 560 Milligramm! Natürlich verliert auch eingemachtes Gemüse durch Waschen, Zerkleinern und Blanchieren sehr stark an Qualität, weil viele Vitamine ja doch verlorengehen, wenn auch die Werbung anderes behauptet.

● Zum Frühstück eignet sich am besten ein Vollkornmüsli aus frisch geschrotetem Weizen, Roggen, Hafer, Gerste, Buchweizen. Dazu passen am Vorabend eingeweichte Trockenfrüchte, frisch geriebener Apfel oder sonstiges Frischobst je nach Saison. Weiters hinzuzufügen: Leinsamen, Sesam, Sonnenblumenkerne und geriebene Nüsse. Vollkornbrot, magere Milchprodukte und Kräutertee ergänzen das Frühstück. Wer infolge Verdauungsschwierigkeiten Leinsamen oder Weizenkleie beigibt, der möge auf ausreichende Flüssigkeitszufuhr achten!

In diesem Fall genügt nämlich eine Schale Tee nicht. Leinsamen und Weizenkleie müssen im Darm quellen, um ihre verdauungsfördernde Wirkung entfalten zu können. Andernfalls wird der Darm nur verklebt, und die Verstopfung ist nach kurzer Zeit ärger als zuvor . . .
Abends nicht zu spät essen und leicht verdauliche Kost vorziehen.

● Ob eine Speise auch bekömmlich ist, hängt nicht nur von der Zubereitung, sondern auch vom Würzen ab. Leider haben sich in diesem Zusammenhang die Gewohnheiten sehr stark verändert. Die menschliche Zunge besitzt zahlreiche Geschmacksknospen an den verschiedenen Abschnitten. Diese Geschmacksknospen vermitteln normalerweise eine Fülle von Geschmackseindrücken (sauer, süß, bitter und viele Abstufungen). Wenn wir aber – und das geschieht leider – zuviel salzen, pfeffern, zuckern oder säuern, stumpft der Geschmackssinn ab. Der gewünschte Eindruck kann nun nur durch noch mehr Salzen, Pfeffern, Zuckern etc. vermittelt werden.
Ein Übermaß an Würze kann sogar zu schweren gesundheitlichen Schäden führen. Betrachten wir einmal unseren täglichen Konsum an Kochsalz: Salz bindet im Körper Wasser, die Blutmenge steigt an. Dadurch wird der Blutdruck oft so stark erhöht, daß man von Hypertonie (Bluthochdruck) sprechen muß. In vielen Fällen würde kochsalzarme Kost ausreichen, um den Zustand entscheidend zu bessern! Leider ist Salz in den meisten Nahrungsmitteln versteckt: im Brot, in Konserven, in Suppenwürfeln, im Salat – wenn wir jetzt unsere Speisen noch nachsalzen, wird die Gesamtmenge bei weitem zuviel.
Ein anderes Beispiel: Ein kleiner, harmlos scheinender Suppenwürfel bringt rund 350 Milligramm Harnsäure in den Körper – das entspricht einer Menge von 300 g Fleisch.
Die Kunst des Würzens mit Kräutern sollte daher wieder erlernt werden. Womit wir beim Hauptthema angelangt sind.

Gesund und schmackhaft würzen

Dem Würzen kommt ebenso wichtige Bedeutung zu wie der Zusammenstellung und Zubereitung der Speisen. Daß gesunde Kost langweilig, ja sogar schlecht schmecken muß, ist nur ein dummes Vorurteil. Dazu beigetragen hat sicherlich die fast durchwegs einfallslose und wenig schmackhafte Krankenhauskost, mit der ja fast jeder im Laufe seines Lebens Bekanntschaft macht. Das Wort Diät hat hier mit »gesund« oft gar nichts zu tun.
Die gesündeste Art des Würzens ist nach wie vor die Verwendung von Kräutern. Die vor mehr als 5000 Jahren im Zwischenstromland Mesopotamien beheimateten Sumerer schrieben ihre Gewürze in Keilschrift auf Tontafeln und übermittelten die Kunst des Würzens auf diese Weise der Nachwelt. In China existieren Aufzeichnungen über Gewürze aus der Zeit um 2500 vor Christus; noch älter sind entsprechende ägyptische Papyrusrollen, auf denen über die Verwendung von Heilpflanzen und Gewürzen Auskunft gegeben wird. Gelehrte wie Hippokrates oder Galen bezogen die Gewürze in ihre Heilkunde mit ein.

Für die Verbreitung von Gewürzen im 8. und 9. Jahrhundert nach Christus sorgten Benediktiner mit Kräutergärten in ihren Klöstern. 812 beschäftigte sich sogar Kaiser Karl der Große mit Gewürzen, indem er eine Verordnung über den Anbau von Kräutern und Gemüse herausgab.
Der Gewürzhandel stellte früher einen besonders wesentlichen Wirtschaftsfaktor dar: Die Schiffahrt expandierte in erster Linie wegen der Gewürze. Marco Polos Reisen hatten ursprünglich keinen anderen Auftrag als die Suche nach neuen Gewürzen, deren Wert zeitweise mit dem von Gold und Edelsteinen gleichgestellt wurde. Auch Christoph Kolumbus suchte den Weg nach Indien deshalb. Er fand zwar statt Indien Amerika, sein Schiffsarzt brachte aber von dort ein sehr bekanntes Gewürz mit: Paprika.
Im 16. Jahrhundert wurden die ersten großen Kräuterbücher gedruckt. Das förderte die Entstehung sogenannter Bauerngärten, in denen man Gewürze anbaute. Eine neuerliche Hochblüte erlebten Gewürzkräuter im 18. und 19. Jahrhundert durch Naturheiler wie Hahnemann oder Kneipp. Auf dem Land besaß fast jeder einen Gewürzgarten vor dem Haus. Kräuter konnten frisch gepflückt werden. Man verwendete sie entweder gleich oder verarbeitete sie zu Essenzen und Tinkturen.
Erst in unserem Jahrhundert verloren Heilkräuter und Gewürze viel von ihrer Faszination durch die Chemie. Die billige und unproblematische Produktion von künstlichen Würzstoffen verleitete die Menschen dazu, Kenntnisse über Kräuter immer mehr zu vernachlässigen. Erst seit wenigen Jahren zeichnet sich wieder eine Wende ab. Viele Menschen haben die künstlichen Stoffe satt. Dazu kommt eine zunehmende – und vielfach nicht unberechtigte – Angst vor schädlichen Nebenwirkungen chemischer Produkte. Über Krebsentstehung weiß man ja noch immer nicht vollständig Bescheid. Die Ernährung dürfte allerdings eine bedeutende Rolle spielen ...

Was sind Gewürze?

Unter Gewürzen versteht man Genußmittel, deren Inhaltsstoffe je nach Zusammensetzung mehr oder weniger stark auf den Geruchs- und Geschmackssinn wirken, die den Appetit anregen, die Sekretion im Verdauungstrakt fördern, die Darmbewegungen und damit den Weitertransport des Speisebreis regulieren und auch bei der Aufnahme der Nährstoffe aus dem Darm in die Blut- oder Lymphbahn mitwirken. Weiters wird die Ausscheidung der Abfallstoffe mitbestimmt.
Einige Gewürzarten wirken nervenberuhigend, andere regen die Nerventätigkeit an. Beeinflußt werden ferner vielfach Herz- und Nierentätigkeit, Erweiterung oder Erschlaffung der Blutgefäße und damit der Blutdruck. Die Kenntnis der Wirkstoffe ist daher auch für Laien von großem Nutzen. Denn alles, was hilft, kann unter bestimmten Umständen (spezielle Krankheiten, Überdosierung) auch schaden. Der Einsatz von Gewürzkräutern ist daher ähnlich wie bei Arzneimitteln an konkrete Regeln gebunden.
So vermeidet man bei hohem Blutdruck auf jeden Fall Salz, Rosmarin, Kaffee

und Tee (russischen bzw. schwarzen Tee). Bei niedrigem Blutdruck sollte keine Petersilie verwendet werden, bei Nierenerkrankungen muß man auf Wacholderbeeren verzichten, Magenkrankheiten schließen die Verwendung von Pfeffer in den meisten Fällen aus.
Demgegenüber stimmt Pfarrer Sebastian Kneipps Aussage: »Gegen jede Krankheit wächst ein Kräutlein!« Wir werden in diesem Buch auf die Heilwirkung der verschiedenen Gewürzarten noch ausführlich zurückkommen.

»Wenn ich kein Salz und keinen Pfeffer verwenden darf, was soll ich denn verwenden, um meine Speisen wenigstens ein bißchen schmackhafter zu machen?« Viele Kranke stellen diese Frage. Die Antwort: Würzen Sie bei salzloser Diät je nach Wunsch mit Zitronenschale, Hefe, Lorbeer, Muskat, Vanille, Zimt, Dille, Boretsch, Basilikum, Estragon, Petersilie, Kümmel, Majoran, Thymian, Schnittlauch, Melisse, Kerbel, Koriander, Pilzen und zum Beispiel auch mit Liebstöckel, dem »blühenden Maggi«. Patienten, die aus diesem Sortiment wählen, werden bald wieder Freude an gutem Essen empfinden.

Gewürze enthalten Stoffe wie Alkaloide, Glykoside, ätherische Öle, Schleim- und Gerbstoffe, fette Öle, Harze, organische Säuren, Bitterstoffe, Vitamine, Fermente, Farbstoffe, ja sogar Hormone. Jede dieser Substanzen hat spezielle Bedeutung, die günstig oder auch schädlich sein kann. Da viele Inhaltsstoffe auf Licht, Sauerstoff, Hitze und Feuchtigkeit empfindlich reagieren und unwirksam werden, empfehlen wir die Aufbewahrung grundsätzlich in dunklen, luftdicht verschließbaren Gläsern, an einem kühlen und trockenen Ort.
Nun beginnt unser Gewürzlexikon, dem Sie alles Wissenswerte über viele einheimische und ausländische Gewürze entnehmen können.

DAS GEWÜRZLEXIKON

Anis

Die einjährige Pflanze ist ca. 60 cm hoch. Ihre Dolden blühen gelblich-weiß. Geerntet wird im Juli und August. Anis kommt aus dem Mittelmeerraum, wird auch bei uns angebaut, erreicht jedoch in wärmeren Gegenden bessere Qualität.

Inhaltsstoffe und Wirkung: Anisfrüchte enthalten ein wohlriechendes, ätherisches Öl sowie fettes Öl, Schleimstoffe, Eiweiß, Zucker, Cholin und andere Substanzen. Die *krampflösende Wirkung* von Anis ist stärker als jene des Kümmels. Außerdem findet Anis Anwendung bei *Blähungen*, als *galletreibendes Mittel* und zur *Steigerung der Milchabsonderung*.
Als Gewürz dienen die Früchte, die von gelb bis graugrüner Farbe sein können. Sie verfügen über würzigen Geruch und süßlichen Geschmack. Die ältesten Berichte über Anis stammen aus dem 15. Jahrhundert vor Christus. Im alten Ägypten und in Rom war Anis überaus beliebt. Seine Bedeutung als Heil- und Gewürzpflanze hat er bis heute nicht eingebüßt. Anis wird überwiegend zum Würzen von Backwaren, Brot und Lebkuchen verwendet. Auch Obstkompotte (Birne, Apfel und Pflaume) sowie gedünstete Champignons oder andere Pilzgerichte können mit einer Spur Anis gewürzt werden.

Anisbrot
Zutaten: 2 Eier, 4 Dotter, 140 g Honig, 140 g frisch gemahlenes Vollkornmehl, 5 g Anis.

Eier, Dotter und Honig schaumig rühren, mit Mehl und Anis vermischen, in eine bemehlte und befettete Form geben, bei mäßiger Hitze backen.

Das erkaltete Gebäck wird in dünne Scheiben geschnitten und im Backrohr gebäht. Anisbrot kann Rekonvaleszenten statt Zwieback gegeben werden. Besonders wenn diese empfindlichen Magen haben oder zu Blähungen neigen. Aber auch als Reiseproviant ist es gut geeignet. Vor allem bei Leuten, die leicht unter Reisekrankheit leiden, bewährt sich Anisbrot. Für Personen mit hohem Cholesterinspiegel ist es wegen der vielen Eidotter allerdings weniger empfehlenswert. Als Tee empfehlen wir Anis ebenfalls:

Anistee
1 Eßlöffel zerdrückter Samen mit ½ Liter kaltem Wasser ansetzen und zum Sieden erhitzen. Danach 5 Minuten ziehen lassen, abseihen und ausgekühlt tagsüber schluckweise trinken. Dieser Tee wirkt (mit Honig gesüßt) hustenreizlindernd, bei Blähungen sollte man ihn aber mit Kümmel zu gleichen Teilen mischen.

Anis *(Pimpinella anisum L.)*

Apfel

Jeder Mensch sollte täglich 1–2 Äpfel essen, wenn möglich ungespritzt und aus biologischem Anbau. Die Volksmedizin schreibt Äpfeln viele gute Eigenschaften zu: sie seien entzündungshemmend und blutgerinnungsfördernd. Geschabte Äpfel entlasten überdies das Herz und wirken entwässernd. Der Apfel reguliert zudem unsere Darmtätigkeit. So ist seit altersher bekannt, daß *geschabte, rohe Äpfel bei Durchfall stopfend* wirken, hingegen *gekochte Äpfel leicht abführen*. Selbst Säuglingen kann man ohne Bedenken geschabte Äpfel oder ein Apfelkompott geben, ohne Beschwerden fürchten zu müssen.
Wer eine Entschlackungs- bzw. Darmreinigungskur machen möchte, soll über 3 bis 4 Tage eine *Apfelkur* versuchen: morgens, mittags und abends jeweils 2 geschabte Äpfel roh, ohne jegliche Zutat, essen; dazu eventuell Apfelschalentee trinken. Die Kur wirkt stimulierend auf den Darm.
Bei Erkältung bereitet man *Apfelschalentee* nach folgendem Rezept:

Apfelschalentee
2 Eßlöffel getrocknete, zerkleinerte Apfelschalen, dazu einen Teelöffel Thymian mit kochendem Wasser aufgießen und 10 Minuten ziehen lassen. Anschließend abseihen, Zitronensaft beifügen und mit Honig süßen. Über den Tag verteilt getrunken, lindert dieser Tee nicht nur Husten, er erfrischt auch vorzüglich.

Apfelsalat
Roh geriebene Äpfel mit roh geriebenem Rettich vermischen und mit Zitronensaft würzen – Salat einmal anders und trotzdem sehr gut stoffwechselanregend.

Apfelröstli
Kochten früher oft Bäuerinnen, wenn altes Brot übrigblieb.
Zutaten: 300 g zwei Tage altes Vollkornbrot, 800 g Äpfel, 80 g Butter, 60 g Honig, Zimt und Gewürznelken, etwas Zitronensaft, 2–3 Eßlöffel Apfelsaft.

Das Vollkornbrot (auch »Grahamweckerl« können verwendet werden) wird in 1 cm große Würfel geschnitten.
Die Äpfel nudelig hobeln und dann in heißer Butter 10 Minuten dünsten, wenn nötig, mit Apfelsaft aufgießen. Nun Brot, Zimt und Nelken beifügen, nochmals kurz dünsten. Vor dem Servieren Honig dazugeben, durchrühren und mit etwas Zitronensaft abschmecken. Bei Erkältung gibt man Thymian oder Meerrettich bei.

Artischocke

Sie ist eine Verwandte der Distel und wurde schon von den alten Ägyptern und Arabern gezüchtet. Man schätzte sie wegen ihrer guten *Wirkung auf Leber und Galle.* Heute wissen wir, daß sie überdies noch *cholesterinsenkende Wirkung* hat. Das spielt bei der Beseitigung oder Vermeidung von Gallensteinen eine Rolle, da ja Gallensteine hauptsächlich aus Cholesterin bestehen. Wirkstoffe sind am meisten in den Blättern (zur Zeit der Fruchtreife!) enthalten. Deshalb sollten Sie bei der Zubereitung von Artischocken nicht die äußeren Blätter und Blattspitzen wegwerfen, sondern für einen Artischockenaufguß aufheben.

Artischockentee
Wer Leber-Galle-Beschwerden hat, möge eine halbe Hand voll Artischockenblätter in einem Liter Wasser 10 Minuten kochen, danach 10 Minuten ziehen lassen, vor den Mahlzeiten dann jeweils eine Tasse trinken. Dieser »Tee« schmeckt zwar sehr bitter, ist aber äußerst wirksam.

Gefüllte, überkrustete Artischocken
Zutaten: je nach Größe 4–8 Artischocken, Zwiebel, Petersilie, 100 g Champignons, 20 g Butter, 20 g Parmesan, 20 g Vollkornbrösel (Paniermehl), für die Pfanne 30 g Butter.

Von den Artischocken werden die Stengel, die äußeren Blätter und die Blätterspitzen abgeschnitten (nicht vergessen: aufheben für den Absud!). Dann aushöhlen und in Salzwasser mit Zitronensaft halbweich kochen. Feingehackte Zwiebel läßt man nun in heißem Fett anlaufen, gibt ebenso feingehackte Petersilie sowie Champignons dazu und röstet diese an. Das Abgeröstete wird in die ausgehöhlten Artischocken gefüllt. Diese in eine leicht befettete Pfanne legen, mit geriebenem Parmesan und Paniermehl (Böseln) bestreuen, mit Butter betropfen und 10 Minuten lang in das heiße Rohr stellen.

Man kann auch sehr leicht aus Artischockenblättern eine **Leber-Gallen-Tinktur** selbst herstellen. Nehmen Sie 500 g Artischockenblätter und setzen Sie diese mit einem Liter Alkohol an einem warmen Platz drei Wochen lang an. Anschließend filtert man den Alkohol ab und nimmt täglich 30 Tropfen vor der Mahlzeit mit etwas Wasser ein.

Bärlauch

Er wächst in lichten, feuchten Laub- und Auwäldern auf nährstoffreichen Boden. Seine zwei grundständigen, langstieligen großen Blätter werden zu Stengeln, die stumpf und dreikantig sind. Die Blüten sind schneeweiß und stehen in Dolden. Bärlauch ist ein Zwiebelgewächs, das stark nach Knoblauch riecht und auch schmeckt. Die Hauptanwendungen des Bärlauchs bestehen in *desinfizierender Wirkung im Darm*, in *Blähungswidrigkeit;* weiters eignet er sich gut für *Umstimmungskuren im Frühjahr.*
Zur Frühjahrszeit sollte man das frische Kraut über einen Zeitraum von 2 bis 3 Wochen täglich zu sich nehmen. Entweder man mengt die zerschnittenen Blätter zum Salat oder schneidet die Bärlauchblätter klein und streut sie auf die Suppe. Nicht mitkochen, da sonst ein Großteil der Wirkstoffe verloren geht.

Brotaufstrich mit Quark (Topfen)
Man nimmt Quark (Topfen), vermengt ihn mit frisch-kleingehackter Zwiebel und gibt in gleicher Menge feingeschnittenen Bärlauch hinzu. Das ganze gut durchmischen und als Brotaufstrich verwenden.

Kocht man den Bärlauch mit jungen Brennesseln kurz, kann man »*Spinat*« zubereiten, der sehr gut schmeckt (Rezept: siehe Brennessel).
Für jene Zeit des Jahres, in der es keinen frischen Bärlauch gibt, empfiehlt es sich, eine *Tinktur* anzusetzen:

Bärlauch-Tinktur
Etwa 1000 g zerkleinerte Bärlauchblätter mit 1 ½ Liter hochprozentigem Obstbrand in der Sonne ansetzen. Nach 2 Wochen wird der Alkohol abgeseiht und in dunkle Flaschen gefüllt. Diese Tinktur kann dann zum Würzen der Speisen (wie Knoblauch) verwendet werden, oder man gebraucht sie als stoffwechselfördernde Tropfen. In diesem Fall 3–4mal täglich 10–12 Tropfen mit Wasser einnehmen.

Basilikum

Dieses Gewürz wird auch Basilikenkraut genannt und wächst 20–50 cm hoch, mit ästigen, leicht rötlichen Stengeln. Die Blätter sind gestielt, eiförmig und gekerbt. Blütenbeschreibung: zusammengefaßt in sechsblütigen Scheinquirln und gelblich bis rötlich gefärbt. Die Pflanze riecht nelkenartig. Blütezeit ist zwischen Juli und September.
Basilikum benötigt guten, humusartigen Boden und wird zur Blütezeit geerntet. Achten Sie bitte darauf, daß ein Teil der Blätter an der Pflanze bleibt, damit diese neu austreiben kann. Schneiden Sie daher knapp über dem Boden ab. Damit das Erntegut seine Farbe behält, wird es im Schatten getrocknet. In günstigen Jahren kann die Ernte mehrmals vorgenommen werden.
Inhaltstoffe des Basilikumkrautes sind ätherische Öle, organische Säuren, Mineralien und im frischen Zustand Vitamine. Die Wirkung betrifft den Verdauungstrakt: *magenstärkend, stoffwechselfördernd, appetitanregend, windtreibend* und *krampflösend.* Als Küchenkraut zählt Basilikum unbestritten zu den wichtigsten Gewürzen.
Es verbessert praktisch jede Speise. Vor allem die Blätter finden Verwendung. Mit frischem, gehacktem Basilikum würzt man Salate, Erbsen, Pilze, Gurken, Kräuterbutter, Tomatensaucen. Getrocknetes Basilikum streut man auf Fleischgerichte wie Lamm und Schweine-Hackbraten, aber auch auf Fisch, Saucen, italienische Gemüsesuppen, Erbsensuppen, gedünstetes Gemüse, Bohnengerichte und Pizza. Das getrocknete Kraut hält sich etwa zwölf Monate. Es verträgt sich besonders gut mit Knoblauch, Zwiebel und Pfeffer. Auch bei Krankenkost ist Basilikum durchaus »tauglich«: Es stellt kein sogenanntes Reizgewürz dar und kann damit bei jeder Diät zur Geschmacksverbesserung verwendet werden.
Gegen Angstzustände, Nervosität und dadurch bedingte Schlafstörungen hilft *Basilikumtee:*

Basilikumtee
3 Eßlöffel zerkleinertes Basilikumkraut übergießt man mit einem Liter kochendem Wasser, läßt es 5 Minuten ziehen und trinkt den Tee tagsüber schluckweise. Die Wirkung stellt sich allerdings erst nach einigen Tagen ein. Eine erwünschte Nebenwirkung: Basilikumtee beseitigt in manchen Fällen Mundgeruch. Fallweise kommt es auch zur Verbesserung bei Parodontose.

Beifuß

Der Beifuß ist bei uns auch als wilder Wermut oder Gänsekraut bekannt. Es handelt sich um eine häufig wildwachsende, kaum beachtete Staude, die bis zu zwei Meter hoch werden kann. Steife, weitverzweigte und rotbraun gefärbte Stengel besitzen Blätter, die an der Oberseite dunkelgrün und kahl, unten jedoch weiß und filzartig sind. Im oberen Stengelteil gehen die Laubblätter allmählich in lanzettähnliche Hochblätter über. Die zahlreichen Blütenköpfe stehen in ästigen Rispen. Die gelbbraunen bis rötlichen Blüten sind eher unscheinbar. Früchte haben die Form von halben Nüssen und kommen von Juli bis September vor. Beifuß ist so weit verbreitet, daß sich sein Anbau erübrigt. Er wird demnach ausschließlich wild wachsend von Juli bis September gesammelt. Trocknen Sie das Sammelgut im Schatten, wie die meisten Kräuter.
Ein wichtiger Hinweis: Da Beifuß gerne an Straßenrändern wächst, achten Sie bitte auf den Ort des Sammelns. Pflanzen, die zu nahe bei Straßen wachsen, enthalten meist Umweltgifte wie Blei und Benzin. Der Genuß kann in solchen Fällen kaum als gesund angesehen werden.
Inhaltstoffe sind etwa Cholin, Terpen und ätherische Öle. Übermaß kann schädlich wirken. Die Droge dient der *Appetitanregung* und der *Förderung der Verdauung.* Weiters bewährt sich Beifuß zur *Stimulierung der Magensaftsekretion* und nutzt auch bei *Darmkrämpfen* und *Blähungen.*
Als Gewürz verwenden Sie die frischen oder getrockneten jungen Blätter, aber auch die blühenden Zweigspitzen. Beifuß riecht angenehm würzig, schmeckt etwas bitter, aber nicht so ausgeprägt wie etwa Wermut. Hacken Sie das frische Kraut fein und würzen Sie damit in kleinen Mengen: Ein Teelöffel reicht bereits für zwei Liter Gemüse oder Hülsenfrüchte. Beifuß paßt ebenso gut zu Wildbretsaucen, Braten und Füllmassen. Mit den frischen oder getrockneten Blütenrispen würzt man Gänse- und Entenbraten. Die zerstoßenen Rispen werden dabei ins fette Geflügelinnere gelegt. Auch fette Schweine- und Hammelbraten sowie fetter Fisch (Aal) werden mit Beifuß gleichsam »entschärft«.
Zarte Blütenrispen eignen sich hervorragend als Beigaben zu Salaten oder zur Geschmacksverfeinerung von Eierkuchen. Beifuß harmoniert mit Knoblauch, Zwiebel und Pfeffer, nicht jedoch mit stark würzigen Küchenkräutern. In alkoholischen Bittergetränken kommt nicht selten Beifuß gemeinsam mit anderen Kräutern vor.

Beifuß
(Artemisia vulgaris L.)

Beinwell

Dieses Heilkraut wächst an Bach- und Flußufern sowie feuchten Gräben und Wiesen. Seine Stengel erreichen etwa einen Meter Höhe. Die Blätter, die von unten beginnend wie Äste aus dem Stengel wachsen, sind groß und büschelig. Alle grünen Teile tragen stachelige Borsten. Die Blüten sind rosa bis violett, die Wurzeln spindelförmig und schwarz.
Beinwell besaß schon im Altertum Bedeutung als Mittel gegen Entzündungen. In Form von Tee genossen, wirkt er leicht abführend. Hauptsächlich machen sich aber Naturheilkundige die äußerliche Wirkung zunutze: *gegen Blutergüsse, auf schlecht heilende Wunden* und *zur Schmerzstillung bei Verletzungen.* In diesen Fällen macht man Umschläge mit Beinwellabsud.
Uns interessiert besonders die Verwendung als Gewürz. *Magenleidende* mögen Beinwellblätter pflücken und in Palatschinken-(Pfannkuchen-)Teig herausbacken. Eine andere Möglichkeit besteht darin, Beinwellblätter zu trocknen und als Tee zuzubereiten.

Folgender **Mischtee** bewährt sich gut **bei Magengeschwüren**
Zwei Teile Beinwell, je ein Teil Ringelblume und Vogelknöterich. Einen Teelöffel dieser Mischung mit einer Schale kochendem Wasser übergießen und zehn Minuten ziehen lassen. Zwei bis drei Schalen täglich langsam und schluckweise trinken.

Die *Wurzeln* kann man zu Mehl mahlen, das häufig dem Brot beigegeben wird. Im Reformhaus erhält man Beinwell unter dem Namen Confrey als Blatt- oder Wurzelpulver, als geschnittene Wurzel oder als Auszug.
Auch *Beinwelltropfen* finden Verwendung: 20 Tropfen in einer Schale Wasser auflösen und als Tee trinken. Aus zwei Teelöffeln Wurzelstückchen, die mit einer Schale kochendem Wasser überbrüht werden (15 Minuten ziehen lassen), entsteht ebenfalls gut wirksamer Tee.

Bibernelle

Wächst fast überall in Europa auf trockenen, mageren Wiesen sowie in lichten Trockenwäldern. Bei uns kommen die Bibernellearten (Sanguisorba minor und Pimpinella saxifraga) von der Ebene bis in Gebirgsgegenden vor. Sie werden rund 50 Zentimeter hoch, sind oben fast blattlos und tragen sechs- bis zwölfstrahlige (weiß blühende) Dolden. Die fünf herzförmigen Blütenblätter sind gefiedert. Während früher die etwa einen Zentimeter dicke *Wurzel* der »Saxifraga« nicht nur als Arznei diente, sondern auch als Gewürz, verwendet man heute in der Küche

in erster Linie die frischen Blätter der »Sanguisorba«, die hier auch Wiesenknopf genannt wird. Die Blätter enthalten ätherische Öle, Gerbstoffe, Vitamine sowie einige spezielle Wirksubstanzen. *Die Bibernelle beeinflußt den Stoffwechsel, fördert die Verdauung und regt den Appetit an.*
Bibernelle-Blätter schmecken süßlich-würzig und schwach ätzend mit leicht gurkenähnlichem Aroma. Mit ihnen würzt man Suppen, Saucen, Kopfsalat, Mayonnaisen und Kräuterbutter, aber auch Topfen (Quark) und Käseaufstrich. Bei Feinschmeckern ist ein Salat aus jungen Blättern dieser Pflanze beliebt.

Versuchen Sie einmal die **»grüne Sauce«**, mit der Sie Abwechslung in Ihren Speiseplan bringen können:

Grüne Sauce
Nehmen Sie 1/8 Liter kalt gepreßtes Speiseöl (Reformhaus), drei feingehackte Eier, einen Eßlöffel Essig, Kräutersalz und Pfeffer, feingewiegte Kräuter (einen Eßlöffel Bibernelle-Blätter, je einen Eßlöffel Estragon, Kresse, Kerbel, Ampfer, Petersilie, Fenchel, Schnittlauch und eine Brise Liebstöckel), alles gut vermengen und zu Fisch, Grillgerichten, gekochten Gemüsen oder Grünkernfrikadellen servieren.

Bibernelle-Tee
Für **Tee** verwendet man die Wurzeln (gegen Husten und zur Appetitanregung): Zwei Eßlöffel zerhackte Wurzeln 12 Stunden in einem halben Liter Wasser kalt ansetzen, abseihen und über den ganzen Tag verteilt schluckweise trinken.

Birke

Sie stellt mit ihren *Blättern*, ihrem Saft, der Rinde und den Knospen ein vielseitiges Heilmittel dar, kann aber auch in der Küche eingesetzt werden. *Birkenblätter* wirken *harntreibend* (in Form von Tee) und finden Verwendung bei Wassersucht und *Entzündungen der Harnwege*. Weitere Heilanzeigen: *Hautausschläge (»blutreinigend«)* und *Gicht. Abkochungen regen überdies die Verdauung an und unterstützen Schlankheitskuren.*
Birkensaft gewinnt man durch Anbohren des Stammes und benützt ihn gegen *Gicht, Wassersucht, Nierenleiden* und die bei uns kaum mehr vorkommende Zahnfleischerkrankung Skorbut (entstand früher vor allem bei Seefahrern auf Grund Vitamin-C-Mangels). Dreimal täglich einen Teelöffel voll nach den Mahlzeiten nehmen.
Die zarten Knospen pflückt man von April bis Mai und trocknet sie. Konzentrierter **Absud aus den Knospen** wirkt ebenfalls harntreibend. Vier Handvoll

Knospen für einen Liter Wasser verwenden, bis zur Hälfte einkochen lassen. Zwei bis drei Schalen täglich sorgen für den optimalen Effekt.
Birkenbäder bewähren sich hervorragend zur Unterstützung einer Behandlung gegen *Gicht, Rheuma oder Gliederschmerzen.* Eine Handvoll zerkleinerter Rinde in einem Liter Wasser kurz aufkochen lassen, 15 Minuten warten, dann den Absud ins Badewasser schütten. 20 Minuten baden, sich nur leicht abtrocknen, in ein Leintuch einwickeln und im Bett schwitzen.
Birkenblätter bereichern jedoch auch jedes Salatbuffet – zwarte Blätter schneiden und unter den Salat mischen. Auch Birkenknospen eignen sich dafür gut – sie schmecken kleingeschnitten so ähnlich wie Nüsse.

Bockshornklee

Wird auch griechisches Heu genannt. Man verwendet von dieser Pflanze nur die Samen. In diesen sind Schleimsubstanzen sowie Eiweiß, Fette, Alkaloide, Eisen, Phosphor, Gerbstoffe, Cholin und Bitterstoffe enthalten.
Durch diese Inhaltstoffe wirken die Samen des Bockshornklees *verdauungsfördernd,* sie *senken den Blutzuckerspiegel* (gut für Diabetiker) und wirken weiters *leicht blutdrucksenkend.* Zudem kommen die Samen natürlich als Gewürz in Betracht. Sie riechen stark und schmecken ziemlich bitter – mit etwas karamelartigem »Einschlag«. Angenehm wird der Geschmack erst durch die Wärmebehandlung beim Kochen.
Vor dem Gebrauch müssen die Samen gemahlen oder gestoßen werden und finden dann vor allem als Bestandteil von Gewürzmischungen Verwendung.
Dem Bockshornklee sagt man nach, daß er *erschöpften Kranken* den Appetit wieder zurückbringt. Die Pflanze wirkt nicht gegen besondere Krankheiten, wird aber *bei Schwächezuständen* etwa in Zusammenhang mit Infektionskrankheiten gerne gegeben. Früher mischten die Bauern gerne geriebene Bockshornsamen unter das Backmehl des Bauernbrotes und fanden noch eine zusätzliche Anwendungsmöglichkeit: Kühe, deren Milchleistung nachzulassen begann, gaben nach Verabreichung von Bockshornklee angeblich wieder mehr Milch. Insgesamt nützt Bockshorn überall dort, wo Beseitigung von *Schwächezuständen* und *Anregung verschiedener Körperfunktionen* erwünscht werden.

Bockshornklee *(Trigonella Foenum Graecum L.)*

Bohnenkraut

Bohnenkraut
(Satureja hortensis L.)

Das Kraut erreicht 20 bis 30 Zentimeter Höhe, besitzt einen am Grund verholzten, weit verzweigten Stengel mit schmalen, punktierten und wohlriechenden Blättern. Die Blüten sind weiß oder rosa und klein. Gartenbohnenkraut läßt sich problemlos in guter Gartenerde, aber auch im Blumentopf an einem sonnigen, warmen Standort ziehen.
Die wichtigsten Inhaltstoffe sind ein ätherisches Öl und Gerbstoffe. Bohnenkraut *macht jede Speise gut verdaulich,* wirkt *windtreibend* und auch *entzündungshemmend.* Warum das Bohnenkraut gerade in Frankreich so populär ist, hat eine einfache Erklärung: Die Franzosen schreiben dieser Pflanze *erotisierende* Bedeutung zu. Angeblich regt der Genuß des Bohnenkrautes die Liebesfähigkeit an und verbessert sie. Man sagt, daß in jeder französischen Küche ein Strauß Bohnenkraut hängt, von dem die Frau des Hauses immer dann eine Suppe kocht, wenn die Liebesfähigkeit des Mannes nachzulassen droht . . .
Als Küchengewürz dienen sowohl das frische als auch das getrocknete Kraut, die jungen Zweigspitzen oder nur die Blätter. Bohnenkraut von guter Qualität zeichnet sich durch lebhaft grüne Farbe aus, riecht stark würzig und verfügt über pfefferähnlichen Geschmack. Es kann Pfeffer ersetzen.
Mit Bohnenkraut würzt man fettes Fleisch. Außerdem eignet es sich als anregendes Gewürz zu Hülsenfrüchten, Kohl und zusammen mit Thymian für Gurken, Kartoffeln, Bohnen, Wildbret und Sahne(Rahm)saucen, weiters für Suppen, Tomatensauce und Pilzgerichte. Kochen Sie Bohnenkraut bitte nicht mit, sondern fügen Sie es erst dem gekochten Gericht bei – andernfalls könnte eventuell bitterer Geschmack entstehen.

Borretsch

Wird auch Gurkenkraut oder Bienenweide genannt. Das einjährige Kraut erreicht etwa 80 Zentimeter Höhe. Die Stengel sind lanzettartig und mit rauhen, behaarten Blättern besetzt. Die Blüten können blau, hellblau und selten auch weiß sein. Seinen Beinamen verdankt Borretsch dem Umstand, daß er in der Blütezeit von Juni bis August gerne von Bienen besucht wird.
Borretsch kann man im Garten, aber auch im Blumentopf ziehen. Das Kraut enthält bis zu 30 Prozent Schleimstoffe, ferner Harze, Gerbstoffe, Kieselsäure, Farbstoffe und ätherische Öle. Die frische Pflanze verfügt auch über einen respektablen Anteil an Vitamin C, der jedoch bei längerer Lagerung verschwindet.
Dem Borretsch sagt man nicht zu Unrecht *harntreibende, entzündungshemmende* und *nervenstärkende* Wirkung nach. Frischer Borretschsaft sollte bei keiner Frühjahrskur fehlen – er kurbelt den Stoffwechsel richtiggehend an.
Als Gewürz verwenden Sie die frischen, jungen Blätter. Sie schmecken und riechen wie Gurken (daher der zweite Beiname). Daraus ergibt sich bereits die Anwendung: zum Würzen von Gurken, aber auch Tomaten, von Kartoffelsalat, Fleisch, Gemüseragouts, Fisch- und Grillgerichten.
Natürlich besteht auch die Möglichkeit, mit jungen Borretschblättern, Zwiebeln, Zitronensaft, Salz und Pfeffer einen wohlschmeckenden *Salat* zuzubereiten. Die jungen Blätter dienen als spinatartiges Gemüse.
Ein Tip zum Aromatisieren von **Kräuteressig:** Nehmen Sie die Blüten des Borretsch, wenn diese kurz aufgeblüht sind, und geben Sie drei Handvoll davon einer Flasche Essig bei. Nach einem Tag färben sich die blauen Blüten rot (ähnlich der Wirkung des Lakmuspapiers). Nach einer Woche beginnt sich der gute Borretschgeschmack im Essig bereits bemerkbar zu machen. Er wird von Feinschmeckern geschätzt.
Wer Mut zum Originellen besitzt, kann *Borretschblätter auch in Palatschinkenteig (Pfannkuchen)* herausbacken.
Eine andere Verwendungsmöglichkeit von Borretsch:

Kräuterbutter
Schlagen Sie 150 g Butter cremig und vermengen Sie einen Eßlöffel Dille, Schnittlauch, feingehackten Boretsch, ebenso zerkleinerte Zwiebel, etwas Zitronensaft, eine Spur Kräutersalz und eine Brise Pfeffer mit der Butter. Gut durchkneten, zu einer Rolle formen und in Alufolie verpackt bis zum Verbrauch im Kühlschrank lagern. Die Butter eignet sich als Brotaufstrich, aber auch als Beigabe zu Grillgerichten.

Wer unter *Entzündungen des Zahnfleisches* oder der Mundhöhle leidet, sollte frischen Boretschsaft morgens und abends trinken: einen Eßlöffel davon mit etwas Wasser vermischen. Die heilende Wirkung dieser Pflanze zeigt sich bei Mundentzündungen besonders eindrucksvoll.

Brennessel

Sie dürfte wohl niemandem unbekannt sein, wird ausschließlich wild wachsend gesammelt und ist eines der wichtigsten, vielseitigsten Heilkräuter. Die Brennessel besitzt zum Beispiel reichlich Vitamin C. Andere wichtige Inhaltsstoffe: Karotin, die Vitamine K, E, B_2 sowie Pantothensäure. Das sogenannte Nesselgift ist eine Harzsäure, die ihre brennende Wirkung beim Erhitzen verliert. Brennesseln enthalten ferner Kieselsäure, Ameisensäure, Acetylcholin, Histamin, große Mengen von Chlorophyll und Substanzen, die das Wachstum von Mikroorganismen hemmen. Weiters zahlreiche Mineralstoffe wie Eisen, Magnesium, Kalzium, Silizium, Mangan, aber auch Lecithin und Gerbstoffe.
Brennesselkraut hilft im Frühjahr *gegen Vitaminmangel, stärkt die Abwehrkraft* des Organismus und *senkt den Blutzuckergehalt.* Es fördert ferner die Bildung roter Blutkörperchen und wirkt sich *günstig auf die Funktion der Nieren, der Leber und der Galle aus.* Schließlich regen die Brennesseln die *Ausscheidung der Verdauungsdrüsen* und die *Darmbewegung* an. Brennesseln eignen sich ideal zur Beseitigung der berühmten »Frühjahrsmüdigkeit« und finden Anwendung bei Entschlackungskuren.
Als Gewürz werden lediglich die jungen, gesunden Zweigspitzen in frischem Zustand (zeitig im Frühjahr) verwendet. Ältere Blätter sind zu faserig. Vor Gebrauch muß das Brennesselkraut sorgfältig gereinigt werden. Abgebrüht, hat es einen angenehmen, krautig-bitteren, an Spinat erinnernden Geschmack. Das durch die Borstenhaare verursachte Brennen verschwindet bei etwa 60° C. Die Brennessel wird, wie viele wilde Kräuter, leider heute kaum noch verwendet. Dabei wäre frisches, abgebrühtes und feingewiegtes Brennesselkraut eine delikate Zugabe zu Gemüse- und Kartoffelsuppen.

Wildkräuterspinat

Zutaten: 400 g Brennesseln, 100 g Bärlauch oder Borretsch, 600 g Spinat, 40 g Butter, 40 g Vollkornmehl, etwas Zwiebel, 1 Knoblauchzehe, Petersiliengrün, 1 Teelöffel Vitamin-Gemüsebrühe.

Der frische Spinat, die frischen Brennesseln und der Bärlauch oder Borretsch werden geputzt, gewaschen und in wenig Salzwasser gekocht. Dann abseihen. Mit kaltem Wasser übersprühen und durch ein Sieb passieren. Aus heißer Butter, feingehackter Zwiebel und Mehl bereitet man eine lichte Mehlschwitze (Einbrenn), läßt feingehackte Petersilie darin aufschäumen, gießt mit dem Spinatwasser auf und salzt leicht. Alles gut verkochen lassen. Wer der Arterienverkalkung vorbeugen und auch sonst seiner Gesundheit etwas Gutes tun möchte, sollte der Mehlschwitze (Einbrenn) eine zerdrückte Knoblauchzehe beifügen. Weiters könnte man diesen Spinat verbessern, indem man ihm Beinwellblätter beigibt. Wer eine Wanderung unternimmt und eventuell Huflattichblätter oder Spitzwegerichblätter findet, kann auch diese diesem Wildkräuterspinat zusetzen. Es sollte dabei aber die Menge von 400 g

Brennessel *(Urtica dioica L.)*

Brennesseln gleichbleiben. Die restlichen Wildkräuter werden den 600 g Spinat zugewogen.

Brennesselsuppe
Zutaten: 500 g Brennesseln, 50 g Vollkornmehl, 50 g Butter, etwas Zwiebel, Petersilie, Liebstöckel, 1 Eidotter, 1¹/₄ l Wasser, ¹/₁₆ l Milch, etwas Bohnenkraut, 1 Eßlöffel Vitamin-Gewürzbrühe.

Der Spinat wird geputzt und gewaschen, in wenig Salzwasser 10–15 Minuten lang gekocht, abgeseiht und passiert oder durch die Fleischmaschine getrieben. Dann eine lichte Mehlschwitze = Einbrenn bereiten, in der man feingehackte Zwiebel und Petersilie anlaufen läßt. Mit dem Gemüsewasser aufgießen, mit Bohnenkraut würzen, und einen Eßlöffel Vitamin-Gemüsebrühe hinzufügen. Nun läßt man die Suppe gut verkochen, gibt den Spinat hinein und läßt ihn abermals einmal aufkochen. Die Suppe binden und legieren (wenn man will, mit Dotter, den man mit kalter Milch verrührt hat), und als Einlage geröstete Brotstücke hineingeben.

Kartoffelsalat mit Wildkräutern
500 g Kartoffeln werden in der Schale gekocht, kleinwürfelig geschnitten und mit einer feingehackten Kräutermischung aus gleichen Teilen Brennessel, Gartenkresse, Löwenzahn, Ampfer, Wegerich und Petersilie – zusammen ca. 190 g – vermengt. Dann mit dem Salat 2 feingeschnittene Zwiebeln vermischen und nach Belieben mit Apfelessig und Öl anrichten. Bei den Kartoffeln wäre es natürlich günstig, diese nur zu bürsten und mit der Schale zu kochen. Sofern keine schönen Kartoffeln zur Verfügung stehen, müßte man eben die Kartoffeln mit Schale kochen und dann schälen.

Zur **Frühjahrskur** bereitet man einen Teeaufguß aus einem Eßlöffel jungem, geschnittenen Kraut, das mit 1 Tasse kochendem Wasser überbrüht wird. 10 Minuten ziehen lassen. Man trinkt täglich 2 Tassen warm.

Brombeere

Wirkt einerseits stopfend, anderseits entzündungshemmend auf gereizte Schleimhäute. Daher die Anwendung des Brombeerblattes als Tee gegen *Durchfall* sowie als *Badezusatz gegen schlecht heilende Wunden.* Wer russischen (schwarzen) Tee nicht verträgt, möge auf Brombeerblättertee umsteigen. Zu diesem Zweck lassen Sie die Blätter nach dem Pflücken einige Tage liegen, bis sie sich grünlichbraun färben und aromatischer werden.

Frühstückstee (zum täglichen Genuß)
10 Teile Himbeerblätter, 5 Teile Erdbeerblätter, 2 Teile Brombeerblätter sowie je einen Teil Apfelschalen und Brennesselblätter mischen. Von dieser Mischung einen Eßlöffel voll mit einem Viertelliter kochendem Wasser überbrühen. Zehn Minuten ziehen lassen, abseihen, nach Geschmack süßen (Honig statt Zucker!) und täglich zwei bis drei Schalen trinken.

Zur *Zahnfleischkräftigung* bei Leuten, die zu Blutungen neigen, wird das Kauen roher Brombeerblätter angeraten. Wer abends eine Handvoll Früchte ißt, darf auf besseren Schlaf hoffen.

Brombeermarmelade
1 Liter Beeren (möglichst frische, große Waldbrombeeren) waschen, zerdrücken und danach mit 500 g Honig unter ständigem Umrühren etwa 30 Minuten lang kochen.

Wer hingegen gekochte Marmelade nicht schätzt und die Vitamine der Brombeeren besser erhalten möchte, der greift zu einem anderen Rezept:

Brombeer-Rohmarmelade
Frische Brombeeren in der Kühltruhe einfrieren und nur jeweils jene Menge herausnehmen, die man gerade benötigt. Also 500 g Brombeeren auftauen und zur selben Zeit einen Kaffeelöffel Agar Agar in einem halben Liter Wasser kurz aufkochen. Die Brombeeren pürieren, mit etwas Honig süßen, das Agar-Agar-Wasser mit den Brombeeren vermengen und kalt stellen. Diese Früchterohmarmelade können Sie im Kühlschrank einige Tage aufheben. Im Tiefkühlfach hält die Marmelade noch viel länger. Der Vorteil dieser Zubereitungsmethode liegt auf der Hand: Wir erhalten damit die Wirkung der rohen Früchte, weil diese nicht erhitzt und damit beeinträchtigt wurden.

Noch eine Möglichkeit, aus **Brombeeren Marmelade** herzustellen:
Viele Menschen schwören auf ganze Früchte. In diesem Fall pürieren Sie nur die Hälfte der Brombeeren und vermengen diese mit dem Agar-Agar-Wasser. Dann die ganzen Früchte unter die Marmelade mischen – fertig ist eine kernige Marmelade mit ganzen Fruchtstücken . . .

Brunnenkresse

Sie kommt in gemäßigten Zonen an Bach- und Flußufern von der Ebene bis ins Gebirge vor. Die Pflanze wächst fast einen Meter in die Höhe, besitzt einen kantigen Stengel, welcher fleischige, unpaarig gefiederte Blätter trägt. Die weißen Blüten stehen in lockeren Trauben und verfügen über gelbe Staubbeutel. Zum Würzen wird das junge Kraut (Erntezeit im Frühjahr) verwendet. Es riecht sehr würzig und schmeckt so scharf wie Rettich. Die Samen der Brunnenkresse ähneln im Geschmack Senfkörnern und können auch in diesem Sinne benützt werden.
Bereiten Sie aus den frischen Blättern einen delikaten Frühlingssalat oder würzen Sie Kopfsalat, Gurken- oder Tomatensalat, ebenso Kartoffelsalat, Topfen (Quark), Pfannkuchen, Sandwiches, Rühreier. Da die Kresse allerdings sehr viel Senföl enthält, ist für Hypertoniker (Leute, die an Bluthochdruck leiden) Vorsicht geboten. Unliebsame Blutdruckerhöhungen sind oft die Folge des Genusses von Brunnenkresse. Leute mit zu niedrigem Blutdruck hingegen werden diese Wirkung der Kresse schätzen.
Anregend wirkt auch:

Frühlings-Vitalsandwich
Zutaten: 2 Scheiben Vollkornbrot, 2 Eßlöffel Brunnenkresse fein geschnitten, 3 Blätter Kopfsalat, 2 Tomaten geschnitten, 1 Eßlöffel Butter, 3 Radieschen in Scheiben geschnitten, 3 Salatgurken, 3 Eßlöffel Petersilie und ein Teelöffel Senf.

Eine Brotscheibe leicht mit Butter bestreichen, Brunnenkresse daraufstreuen, ein Salatblatt drauflegen, dünngeschnittene Radieschen und Gurkenscheiben auflegen, nun zwei dünn mit Senf (Mostrich) bestrichene Salatblätter mit Petersilie bestreuen. Jetzt mit der zweiten Brotscheibe belegen, mit Zahnstocher zusammenstecken, halbieren und mit Tomatenscheiben garnieren – fertig.

Salat aus frischem Kraut eignet sich für *Frühjahrskuren*, die drei bis vier Wochen durchgeführt werden. Man esse täglich ein Schüsselchen Salat. Eventuell können auch Brennesseln beigefügt werden.
Tee oder Preßsaft helfen bei leichten *Verdauungsbeschwerden*, weil sie die Magensäfte anregen. Gegen *Sommersprossen* und *unreine Haut* zerquetsche man frisches Kraut und lege es auf.

Buchweizen

Buchweizen ist völlig zu Unrecht vielen Menschen unbekannt. Er gehört zur Familie der Knöterichgewächse, zählt also gar nicht zu den Getreidearten. Buchweizen hat hohen Anteil an Eisen und verfügt auch über reichlich Phosphor sowie Magnesium. Weitere wichtige Bestandteile: Kalium, Kalzium, Zinn, Kieselsäure, Fluor sowie die Vitamine C, B1 und B2. Nicht zu vergessen den Gehalt an Lezithin – diese fettähnliche Substanz hat entscheidende Bedeutung im Cholesterinstoffwechsel. Zwischen Cholesterin und Lezithin sollte im gesunden Organismus immer ein bestimmtes Gleichgewicht herrschen.
Auch schwache Verdauungsorgane können Buchweizen gut aufnehmen und verwerten. Deshalb eignet sich diese Pflanze besonders gut als *Aufbaudiät nach schweren Krankheiten.*
Auffallender Unterschied zu anderen Pflanzen: In kunstgedüngter Erde gedeiht Buchweizen interessanterweise nicht, dort entwickelt er nur Blätter und Früchte. Man hat also die Garantie, daß er biologisch gezogen wurde.
Die *Zubereitung* ist ziemlich einfach: Man kocht ihn genauso wie Reis. Etwas mehr als einen Viertelliter Wasser zum Kochen bringen, eine Schale ganzen Buchweizen hinzugeben und etwa 15 Minuten kochen lassen.

Buchweizenrisotto
Zutaten: 500 g Buchweizen, 1 Zwiebel, etwas Knoblauch, 75 g Sonnenblumenöl, 100 g Karotten, 100 g Erbsen, etwas Petersilie und eine Prise Kräutersalz.

Die feingehackte Zwiebel, den zerquetschten Knoblauch und die Buchweizenkörner im Sonnenblumenöl leicht andünsten. Einen Liter kochendes Wasser dazugeben, weiters das Gemüse und das Kräutersalz. In einem geschlossenen Topf auf kleiner Flamme garkochen. Zu dieser Speise empfehlen wir, eine Kräutersauce mit feingehackter Petersilie zu servieren.

Buchweizenomelett (Pfannkuchen)
Zutaten: 300 g dickgekochter Buchweizenbrei, 40 g Buchweizen-Vollmehl, 3 Eier, nach Geschmack etwas Zitronensaft, 40 g Honig und 60 g Sonnenblumenöl.

Die Dotter mit dem Buchweizenmehl, dem Brei und dem geschlagenen Eiweiß glattrühren. Das Omelett auf kleiner Flamme herausbacken. Mit Fruchtmarmelade, Honig oder anderen Zutaten – wie beispielsweise Topfencreme (Quarkcreme) servieren. Auch eine Fülle aus gehackten, eingeweichten Trockenfrüchten paßt dazu.

Buchweizensuppe
Zutaten: 4 Eßlöffel Buchweizen, 40 g Butter, 4 Champignons, 1 kleine Zwiebel, 1 Liter Wasser, 1 Möhre = Karotte, 1 Knoblauchzehe, 1 Eßlöffel Vitam-Gemüsebrühe.

In der zerlassenen Butter die zerschnittene Zwiebel und den Buchweizen leicht anrösten. Dann die kleingeschnittenen Champignons dazugeben, mit Wasser aufgießen, Gemüsebrühe beimengen und zum Kochen bringen. Nun die kleingeraspelte Karotte und eventuell eine zerquetschte Knoblauchzehe oder Curry hineingeben. Nach fünf Minuten Kochzeit mit Majoran, Koriander und Basilikum würzen. Zehn Minuten fertig kochen lassen. Beim Servieren mit Liebstöckel oder frischem Bohnenkraut nachwürzen.

Cayennepfeffer

Paßt vom Geschmack her gut zum nachstehend beschriebenen Curcuma. Die getrockneten Früchte werden auch Chillis genannt. Das Gewürz stammt aus Südamerika und verdient das Prädikat: höllisch scharf! Den außerordentlich beißenden Geschmack verdanken die Früchte dem Gehalt an Capsaicin, einem Scharfstoff, der in wesentlich geringerer Menge auch im Paprika vorkommt. Weiters enthält Cayennepfeffer Vitamin C in großen und Vitamin A in kleineren Mengen. Die Chilli-Früchte sind meistens dunkelrot. Als Pulver werden sie hauptsächlich von Guayana exportiert.
Mit Cayenneerzeugnissen wie Saucen (der wegen ihrer Schärfe berühmt-berüchtigten Tabascosauce) und Pasten würzt man in kleinsten Dosen südamerikanische Fleischgerichte, Fisch und Muschelsuppen, pikante Saucen, Eiergerichte, Gemüsesäfte. Cayennepfeffer paßt zu allen Gewürzen mit Ausnahme des schwarzen Pfeffers. Für vier Personen rechnet man eine Messerspitze Pulver oder drei Tropfen Tobasco. Nur dem bereits fertigen Gericht beifügen!

Chilli con carne à la Bio
Zutaten: 200 g Sojawürfel, 60 g Sonnenblumenöl, 1 Messerspitze Cayennepfeffer, 1 Eßlöffel Paprika edelsüß, etwas Kümmel, 2 Knoblauchzehen, 2 große Zwiebeln, 500 g Tomaten, 2 grüne Paprika, 120 g rote Bohnen, dieselbe Menge weiße Bohnen, Kräutersalz, 1 Eßlöffel Vitam-Gemüsebrühe.

Die Bohnen über Nacht einweichen, dann 90 Minuten kochen. Sojawürfel zwei Stunden in einem halben Liter Wasser einweichen, dann Zwiebel und Knoblauch in Fett glasig dünsten. Paprika und Soja beigeben und mit einem Viertelliter Wasser übergießen. Vitam-Brühe und noch etwas zerdrückten Knoblauch hinzufügen und einige Minuten dünsten lassen. Mit Kümmel, Cayennepfeffer und Paprika würzen, leicht salzen. Dann werden die abgetropften Bohnen mit abgehäuteten Tomatenvierteln vermengt.
30 Minuten kochen, bis die Bohnen weich sind.
Personen mit empfindlichem Magen (Neigung zu Gastritis oder gar Geschwüren) sollen vom Gebrauch des Cayennepfeffers auf jeden Fall Abstand nehmen!

Curcuma

Kein sehr bekanntes Gewürz; es trägt auch den Namen Gelbwurz. Dennoch gibt es kaum jemanden, der davon nicht schon Gebrauch gemacht hätte: Die Gelbwurz ist das bedeutendste Basisgewürz des sicher gut geläufigen Currypulvers. Der Wurzelstock wird gereinigt, gekocht und gelagert. Im Handel heißt er eben Curcuma. Früher schätzte man die Pflanze eher wegen ihrer stark färbenden Wirkung (Name!). Heute wissen wir, daß die Wurzel auch über wertvolle medizinische Eigenschaften verfügt.

Curcuma hat beißenden, leicht bitteren Geschmack. Mit Milch und Zucker gekocht, wird Gelbwurz gegen *Erkältungskrankheiten* (Husten und Schnupfen) verwendet. Man sagt der Wurzel zudem antiallergische Wirkung nach. Weitere Anwendungsgebiete: *Bronchialasthma* und *Nesselausschläge*. In ihrer eigentlichen Heimat Indien nützt man sie innerlich wie äußerlich zur Linderung rheumatischer und verletzungsbedingter Entzündungen. Die Inder erzeugen für diese Zwecke eine Paste, die mit Zwiebeln gekocht wird.

Frischem Curcumasaft sagt man *günstigen Einfluß auf Diabetes mellitus (Zuckerkrankheit)* nach. In diesem Fall raten wir aber doch zu strenger ärztlicher Kontrolle.

Auf die Haut aufgetragen, *verbessert Gelbwurz den Teint und die Durchblutung*. Verschiedene Hautkrankheiten reagieren durchaus positiv auf die Behandlung. Das ätherische Öl des Wurzelstocks und das reine Curcurmin wurden in Versuchen auf entzündungshemmende Wirkung getestet. Man fand heraus, daß die Gelbwurz tatsächlich imstande ist, Entzündungen zu beseitigen. In vielen Fällen können herkömmliche Arzneistoffe wie das Cortison natürlich nicht ersetzt werden, aber die Wirkung ist doch ziemlich ähnlich.

Als Küchengewürz schmeckt es brennend scharf und muß daher sehr vorsichtig dosiert werden. Die Gelbwurz eignet sich zum Würzen harter Eier und Eiersaucen, ferner für Salatdressings, für Krabben, Hummer, Muscheln, Reis (den man zum Beispiel auf Krabben oder Hühnerfleisch servieren kann). Schon geringe Mengen verleihen Saucen schöne Farbe. In verschiedenen Senfarten und etwa in der Worchester-Sauce sowie in anderen scharfen Würzen ist Curcuma enthalten.

Wie viele andere in den Tropen vorkommende Heil- und Gewürzpflanzen wirkt Curcuma auch verdauungsfördernd und stärkt den Körper gegen Infektionen.

Weitaus bekannter ist das bereits erwähnte *Currypulver*, obwohl es gar kein »selbständiges« Gewürz darstellt. Currykräuter gibt es nicht, das Pulver setzt sich aus verschiedenen Gewürzen zusammen. Diese Mischwürze wurde in Ostasien entwickelt und kommt heutzutage fix abgepackt aus Indien.

Die häufigsten Bestandteile sind: Curcuma, Koriander, Ingwer, Kümmel, Muskatblüte, Nelken, Zimt und Pfeffer, aber auch Piment, Cayennepfeffer, Dille und Paprika werden gerne hinzugegeben. Mit Curry würzen Sie Fleischsaucen, Eier, Fisch und Ragouts sowie Melonengerichte. Am vielleicht bekanntesten ist jedoch die Beigabe zu Reis. Bei Neigung zu Gastritis und Magengeschwüren sollte wegen der starken Reizwirkung auf Curcuma und Curry verzichtet werden.

Dille

Die Heimat der Dille liegt im Orient, und zwar in den Gebieten von Iran und Vorderindien. Dieses Gewürz hat aber längst seinen Siegeszug um die ganze Welt angetreten und wird auch in unseren Breiten häufig angebaut. Selbst kann man Dille auch in Töpfen in guter Gartenerde ziehen. Anbau und Pflege sind problemlos zu bewerkstelligen.
Die Ernte erfolgt alle vier bis sechs Wochen nach der Aussaat. Im Garten verbreitet sich die Pflanze oft durch Selbstaussaat. Alle Pflanzenteile enthalten ein wohlriechendes ätherisches Öl.
Dille *regt den Appetit* an, *beseitigt Blähungen*, wirkt leicht *harntreibend* und *beruhigt* – daher sind Schlafstörungen ein Anwendungsgebiet – neben Magenkoliken. Das frische Kraut beinhaltet reichlich Vitamin C sowie Mineralstoffe. Als Gewürz dient die ganze Pflanze – mit Ausnahme der Wurzeln. Am besten eignen sich jedoch die frischen Blätter. Man kann Dillkraut natürlich auch trocknen oder auf andere Weise konservieren: zum Beispiel einfrieren.
Getrocknetes Dillkraut muß unbedingt in gut verschlossenen Gläsern aufbewahrt werden. Frisch oder trocken als Würze zu Gurken, Tomaten, Kartoffelsalat, Mayonnaisen, Kräuterbutter, Saucen, gekochtem Fleisch, Eierspeisen und Sauerkraut verwenden. Auch Lachs wird mit Dille gewürzt, ebenso Krebse, Krabben und Fisch. Essig kann man mit Dille aromatisieren. Weiters findet dieses so häufig verwendete Gewürz Anklang als Beigabe zu Topfen (Quark).
Die volle Geschmacksentfaltung erreicht das Kraut während der Blütezeit (mehrmals im Jahr). Das ganze Kraut mit den noch unreifen Früchten nimmt man gerne zum Einlegen von Zwiebeln oder Gurken.
Der Geschmack ist süßlich-würzig. Die Dille harmoniert – sparsam eingesetzt – mit allen Kräutern. Man sollte sie aber doch vorzugsweise als Alleingewürz nehmen, da sie ohnedies sehr intensive Geschmackswirkung entfaltet.
Jeder Haushalt sollte über mehrere Essigsorten verfügen. Es ist nun nicht notwendig, diese zu kaufen. Machen Sie einen eigenen Kräuteressig! Kaufen Sie guten, biologischen Apfelessig und setzen Sie darin verschiedene Kräuter an. Sehr beliebt ist in diesem Zusammenhang der Dillessig.

Dillkartoffeln

Zutaten: 40 g Butter, 40 g Weizenvollmehl, 1 kleine Zwiebel, 1 großer Bund Dillkraut, 1 Eßlöffel Vitam-Gemüsebrühe zum Aufgießen, weiters ¹/₄ Liter saure Sahne (Rahm), Zitronensaft, 4 mittelgroße, gekochte Kartoffeln, 4 harte Eier, eventuell 1 Prise Kräutersalz.

Aus Butter und Mehl eine lichte Mehlschwitze = Einbrenn bereiten und die kleingeschnittenen Zwiebeln kurz mitrösten. Schon vorher aus Wasser und Gemüsebrühe eine Suppe herstellen (kurz aufkochen lassen), mit der nun die Mehlschwitze = Einbrenn aufgegossen und verkocht wird. Die feingehackte Dille einrühren, saure Sahne (Rahm) beimengen und nochmals kurz aufkochen lassen. Mit Zitronensaft abschmecken. Blättrig geschnittene Kartoffeln und

Dille *(Anethum graveolens L.)*

ebenso zubereitete Eier beifügen. Kurz anziehen lassen, eventuell mit etwas Dillessig nachschmecken.

Dille wirkt in frischem Zustand wunderbar auf Magen und Darm. Man vermeide allerdings Aufwärmen! Das gilt besonders für Dillkartoffel. Es könnte sonst passieren, daß diese Speise Sodbrennen und Magenschmerzen verursacht.

Magentee mit Dille

Je einen Teil Samen von Anis, Fenchel, Dille und Kümmel zerquetschen, mit einem Teil Pfefferminzblätter vermischen. Einen Teelöffel dieser Mischung mit einer Schale kochendem Wasser überbrühen und mittags und abends zu den Mahlzeiten trinken. Alle Speisen werden dadurch besser verdaulich.

Eberesche

Sie kennt man bei uns auch unter dem Namen *Vogelbeere* recht gut. Es handelt sich um einen bis zu 15 Meter hohen Baum aus der Familie der Rosengewächse. Die gefiederten Blätter und die scharlachroten Früchte leuchten uns bei Spaziergängen an Waldrändern schon von weitem entgegen. Die Früchte sind mit Einschränkungen eßbar und zeichnen sich durch hohen Gehalt an Vitamin C aus. Vogelbeeren wirken leicht abführend, harntreibend und verdauungsfördernd.

Die Beeren *reinigen den Darm* und *regen die Nierentätigkeit* an. Als Gewürz verwenden wir entweder die frischen, die eingelegten oder die getrockneten Beeren. Der Vitamingehalt ist selbst bei getrockneten Früchten ziemlich hoch.

Vogelbeeren werden in erster Linie zur Herstellung von Fruchtsäften, Kompotten, Pasten und Marmeladen verwendet. Frische oder getrocknete Vogelbeeren nimmt man auch als Zutat zu Saucen für Wildbret oder als Beilage zu fettem Braten.

Bauern brennen seit altersher Vogelbeerschnaps, der gegen Grippe und bei Magenverstimmung gute Dienste leistet. In Deutschland wird Vogelbeerlikör hergestellt und als Verdauungshilfe getrunken.

Vogelbeerlikör

Zutaten: 200 g Vogelbeeren, ¾ Liter reiner Alkohol (Weingeist aus der Apotheke), 1 Liter destilliertes Wasser, 1000 g Honig.

Die gewaschenen und sortierten Vogelbeeren werden mit reinem Alkohol und destilliertem Wasser übergossen und acht Tage an einem warmen Ort aufbewahrt. Dann die Flüssigkeit abseihen, die Früchte auspressen, das Fruchtfleisch filtrieren und das Filtrat in die Flüssigkeit zurückgießen. Zum Schluß Honig, den man in einem halben Liter Wasser auflöst und kocht, beigeben. Den Likör in saubere Flaschen abfüllen und gut verkorken. Lagern Sie diesen Vogelbeerlikör mindestens zwei Monate lang.

Vogelbeerfruchtmarmelade

Zutaten: 250 g gewaschene Äpfel, 1000 g Vogelbeeren, 700 g Honig, 1 Eßlöffel Rum.

Die Äpfel samt Schale und Kerngehäuse in Stücke schneiden, dann so hoch mit Wasser aufgießen, bis die Früchte gerade bedeckt sind. Weichkochen und durch ein Sieb passieren. Die Vogelbeeren mit Honig vermischen und zu der Apfelmasse geben. Unter ständigem Rühren 25 Minuten einkochen, bis das Mus richtig zäh wird. Sofort in vorbereitete Gläser füllen und auf jedes Glas einen Eßlöffel Rum gießen. Luftdicht verschließen und trocken aufbewahren.

Erdbeeren

Diese enthalten neben Nährstoffen, Vitaminen und Mineralien auch Zitronensäure, ätherische Öle, Schleim und Pektin. Auf Grund der Inhaltsstoffe sind sie appetitanregend, verdauungsfördernd, mild abführend und zusammenziehend. Obwohl sie Säuren enthalten, unterliegen sie der Säuregärung nicht und werden vom Magen leicht vertragen.
Die Früchte werden *bei Fieber, leichter Verstopfung,* aber auch *chronischem Durchfall* empfohlen. Ferner bei *Rheuma* und *Gicht,* weil sie hohen Vitamin C-Gehalt und alkalisierende Wirkung besitzen. Man kann Erdbeeren überdies *als harntreibendes Mittel* einsetzen, um die Ausscheidung von Harngrieß und Nierensteinen zu fördern. Die Blätter werden von vielen Menschen für Teezubereitung sowie als Beigabe zu Wildsalaten und Wildkräutersuppen geschätzt. Allerdings ist zu beachten, daß ein nicht unbeträchtlicher Teil der Menschen gegen Erdbeeren allergisch ist. Ist dies nicht der Fall, lohnt der Versuch einer

---

Beerenkur
Man ißt einen Monat lang täglich 500 g frische Erdbeeren. Um sie besser zu vertragen, können Sie die Früchte mit Joghurt, Milch oder saurer Sahne (Rahm) vermischen.

Zwei nicht alltägliche, aber doch sehr einfach zuzubereitende Erdbeerrezepte.

Erdbeereis
Zutaten: 1/4 l Sahne, 2 Eidotter, 100 g heller Honig, 400 g Erdbeeren, 2 Eischnee.

Die Erdbeeren werden mit der Gabel fein zerdrückt, die Sahne steifgeschlagen, Eidotter, Honig und Erdbeeren darunterziehen und den Eischnee unterheben. In Gefrierformen einlegen und sofort in die Tiefkühltruhe stellen. Mindestens 4 Stunden einfrieren lassen.

Erdbeerpudding
Zutaten: 500 g frische oder tiefgekühlte Erdbeeren, 1/2 l Apfelsaft, 1 leicht gehäufter Teelöffel Agar Agar, 1/4 l Sahne, 1 gehäufter Teelöffel Honig, 1 Messerspitze Ingwerpulver, 1 Messerspitze Zimtpulver, etwas geriebene Zitronenschale.

Die Erdbeeren vierteln, kleine Früchte ganz lassen. In den Apfelsaft rühren Sie mit einem Schneebesen das Agar Agar und die übrigen Zutaten. Nicht ganz bis zum Sieden erhitzen. Nun gießt man einen Teil in bereitgestellte Formen oder Schalen, gibt einen Teil der Erdbeeren darauf, gießt über diese den angedickten Saft und gibt wieder eine Lage Früchte darüber. Mit Saft abschließen und

2 Stunden kühlstellen. Danach vorsichtig den Rand umfahren, und den steifen Obstpudding auf Teller stürzen. Man kann den Pudding mit steifgeschlagener Sahne, die mit Honig gesüßt wurde, garnieren und kalt servieren.

Erdbeerblätter als Tee
Dazu verwendet man 2 Teelöffel zerkleinerte Blätter, die mit 1 Tasse kochendem Wasser überbrüht werden, 5 Minuten ziehen lassen, abseihen und mit Honig süßen. Erdbeerblätter, mit Brombeer- und Himbeerblättern zu gleichen Teilen gemischt, ergeben einen erfrischenden Frühstückstee (statt schwarzem Tee trinken).

Essig

In keiner Küche sollte Kräuteressig als Würzmittel fehlen. Sie selbst haben die Möglichkeit, Essig nach geschmacklichem Belieben zu gestalten. Begnügen Sie sich nicht mit einer Art von Essig, setzen Sie mehrere Sorten an. Sie benötigen nur guten Apfelessig und ein paar Kräuter für jeweils verschiedene Speisen.

Estragonessig
Auf einen Liter Essig 100 g Estragonkraut geben (etwa ein Stengel). Den Estragon mindestens eine Woche im Essig in einem zugedeckten Gefäß liegen lassen und dann abseihen. Besonders delikat wird dieser Essig, wenn Sie noch eine Handvoll Himbeeren dazugeben.

Lorbeeressig
In einen Liter Essig fünf große Lorbeerblätter legen – nach 14 Tagen wird der Essig abgeseiht und ist gebrauchsfertig.

Kräuteressig
Auf einen Liter Essig kommen 100 g gemischte Kräuter wie Estragon, Zitronenmelisse, Lindenblüten, Weichselblätter und Lorbeerblätter. 14 Tage stehen lassen, dann abseihen. *Eine zweite Möglichkeit:* Verwenden Sie in gleicher Weise Estragonblätter, Sellerie oder Dille, Blätter von schwarzen Johannisbeeren, Lindenblüten und Lorbeerblätter. Dieser Essig eignet sich gut zum Säuern verschiedenster Salate.

Melissenessig
Rezept wie oben; man gibt 100 g Melissenblätter bei. Der abgeseihte Essig hat angenehmen Zitronengeruch.

Safranessig
Dieser gelbe, pikant schmeckende Essig wird folgendermaßen angesetzt: Statt Apfelessig Weißweinessig verwenden und in einen Liter eine Prise Safran streuen. Der Essig dient zum Würzen von Fisch und Fischsuppen.

Dillessig
Einen Bund Dille fein wiegen und einem Liter Apfelessig beimischen. Zwei Wochen ziehen lassen, dann abseihen. Dillessig soll unbedingt in dunklen Flaschen aufbewahrt werden, da die Dille – wie auch andere Kräuter – lichtempfindlich ist und viel von ihrer Wirkung einbüßt.

Knoblauchessig
Er hilft als Vorbeugungsmittel gegen Verkalkung und hohen Blutdruck. 4 frische Knoblauchzehen mit einem Liter Essig ansetzen. Die Flasche vier Wochen in der Sonne stehen lassen. Danach kann der Essig verwendet werden, doch soll man die Knoblauchzehen nicht entfernen, sondern bis zum Schluß in der Flasche belassen.

Estragon

Ist eine rund einen Meter hohe Pflanze, die auch in unseren Gärten gut wächst. Für den Hausbedarf genügt es, nur eine einzige Pflanze zu setzen. Kurz vor der Blütezeit werden entweder das Kraut oder nur die Blätter geerntet. Sie enthalten ätherische Öle, Gerbstoffe, Bitterstoffe und in frischem Zustand Vitamine. Stark ist der Anteil an Mineralstoffen; interessanterweise kommt auch Jod vor.
Estragonblätter wirken *appetitanregend, verdauungsfördernd* und ein wenig *harntreibend*. Man sagt der Droge zudem eine gewisse Wirkung gegen *Arteriosklerose* (Gefäßverkalkung) nach. Estragon ist ein Küchengewürz, das sich vorzüglich für salzlose Diät eignet.
Als Gewürz kommen ausschließlich die frischen oder getrockneten Blätter in Betracht. Sie haben angenehmes, eigenartiges Aroma und würzig-herben Geschmack. Estragon wird in aller Welt geschätzt, eine besonders bedeutsame Rolle spielt das Kraut jedoch in der französischen Küche. Mit den frischen Blättern würzt man feine Sahnesaucen, auch helles Fleisch. Weinessig wird gerne mit Estragon angesetzt. Schließlich eignet sich das Gewürz noch für Suppen und Marinaden aller Art, gekochten Fisch, Omeletten, Spargel und Krabben.
Estragon ist ferner Bestandteil der *Sauce Bernaise* und dient natürlich zur Herstellung des *Estragon-Senfs*. Das Kraut harmoniert auch mit anderen Gewürzen, sollte aber doch eher alleine wirken können. Man muß mit Gefühl dosieren.

Fenchel

Früher wurde der Fenchel nur der Samen wegen verwendet, heute schätzt man nicht nur in Italien, sondern auch bei uns die Blattstengel und die Knollen. Fenchelfrüchte enthalten neben anderen Substanzen ein ätherisches Öl, das den *Appetit anregt*, die *Verdauung fördert* und *Blähungen verhindert*. Überdies wird Fenchel als hervorragendes *Hustenmittel* eingesetzt. Als Gewürz kommen hauptsächlich die Früchte in Betracht, mitunter aber auch die jungen Blätter und die dicken, zarten Blattstengel.
Der Fenchel ist seit altersher als Gewürz- und Heilpflanze bekannt. Mit ganzen oder zerstoßenen Samen würzt man Backwaren, Brot und Saucen; mit den frischen Blättern hingegen Salate, Kräuterbutter, Fisch und Fischsuppen, gedünstetes Fleisch sowie verschiedene Käsearten. Die Hausfrau in Südeuropa benützt ihn gerne zum Anrichten von frischem Quark (Topfen). Mit Blättern und Schalen können Sie Pellkartoffeln pikant würzen. Vorsichtig verwendet, harmoniert dieses intensive Gewürz mit Dille, Knoblauch, Zwiebel und anderen Gewürzen. Die Fenchelknollen selbst lassen sich auch als Salat zubereiten.

Fenchel mit Bandnudeln:
Zutaten: 2 Fenchelknollen, 500 g Fünfkorn-Vollwertnudeln oder 400 g Hirseteigwaren, Kräutersalz, Bohnenkraut, Olivenöl, 100 g geriebener Parmesankäse, 1 Strauß Petersilie.

Die Fenchelknollen putzen, vierteln und in reichlich Salzwasser 30 Minuten gar kochen. Das Gemüse herausnehmen, gut abtropfen lassen und warm stellen. Das Wasser wieder aufkochen, die Nudeln hineingeben und im Fenchelwasser garen lassen. Die Fenchelknollen unterdessen in schmale Streifen schneiden, dann in heiße, zerlassene Butter geben. Nach Belieben mit Bohnenkraut, eventuell Kräutersalz und einer Spur Oregano würzen, mit den abgetropften Nudeln mischen und mit Parmesan bestreut servieren. Dazu kann man eine Kräutermajonnaise reichen.

Fenchelsalat
Zutaten: 3 Fenchelknollen, Suppengrün, Bohnenkraut, Honig, 1 Eßlöffel Apfelessig, 3 Eßlöffel Distelöl, weiters 3 hartgekochte Eier, 1 Eßlöffel saure Sahne.

Fenchelknollen waschen und putzen, das Suppengrün feinschneiden, ebenso die Knollen (oder hauchfein raspeln). Aus etwas Kräutersalz, Honig, Bohnenkraut, Essig und Öl eine Salatsauce rühren und auf den Fenchel gießen. Zugedeckt eine Stunde ziehen lassen. Dann die Eidotter mit der Gabel zerdrücken, mit Sahne verrühren und leicht unter den Fenchel mischen. Dieser Fenchelsalat kann gleich so serviert werden, aber auch auf Kopf- sowie Tomatensalat. Dazu gehört Vollkornbrot mit Butter.

Bei Husten oder Blähungen empfiehlt sich folgender *Tee:* 1 Eßlöffel zerstoßene Samen mit ½ Liter Wasser kalt aufsetzen und zum Sieden bringen, kurz ziehen lassen, abseihen, mit Honig süßen und pro Tag 2–3 Tassen trinken.

Gänseblümchen

Das allgemein bekannte Gänseblümchen blüht fast während des ganzen Jahres, mitunter sogar noch im Dezember. Zeitig im Frühjahr werden die grünstengeligen Blattrosetten einschließlich der Blattknospen gesammelt. Außer Vitaminen enthält das Gänseblümchen auch *entzündungshemmende und auswurffördernde* Wirkstoffe und wird daher in erster Linie bei Entzündungen der Atemwege, der Schleimhäute und der Haut angewendet.
Man verwendet es zum Würzen von Salaten und als Beigabe zu Suppen. Gänseblümchenblätter und -blüten unter den Salat gemengt, wirken nicht nur dekorativ und schmecken angenehm, sie verbessern gleichzeitig auch das Wohlbefinden. Wenn Sie die noch geschlossenen Blütenknospen des blättrigen Gänseblümchens pflücken und in Essig 3 Wochen einlegen, verfügen Sie über guten Kapernersatz bei Brot- und Quark(Topfen-)aufstrichen.
Ein bewährtes Hustenmittel ist der Tee:

Gänseblümchentee
Man vermischt zu gleichen Teilen: Huflattichblätter, Spitzwegerichblätter, Gänseblumenblätter und -blüten. Von dieser Mischung nimmt man 1 Eßlöffel voll und übergießt ihn mit kochendem Wasser. 10 Minuten ziehen lassen und tagsüber 2–3 Tassen trinken.

Aus Blüten und Blättern des Gänseblümchens sowie Spitzwegerich und Fichtennadelwipfeln läßt sich guter **Sirup** herstellen.

Gänseblümchen-Sirup
In einem Topf eine Lage Blüten und Gänseblumenblätter geben, darüber eine Lage Spitzwegerichblätter, darüber eine Lage »Maiwipfeln« (das sind die jungen Triebe der Fichte). Nun kommt eine Lage mit Huflattichblättern darüber, dann beginnt das Ganze mit einer Schichte Gänseblümchen usw. So lange, bis fünf Lagen übereinanderliegen. Den Topf mit heißem Wasser füllen, über Nacht stehen lassen. Am Morgen wird das Ganze bis zum Kochen erhitzt und abgeseiht. Nun die gleiche Menge Honig beifügen und bis zur Sirupdicke einkochen.

Gerste

Gerste hat eine umfassende Ausstattung an Mineralstoffen und Vitaminen. So sind an Mineralstoffen Kalzium, Kalium, Magnesium, Eisen, Kobalt, Kieselsäure und die Vitamine B_1, B_2, B_6 und E enthalten. Einen besonders hohen Anteil gegenüber anderen Getreidearten hat die Gerste an Inosit. Inosit wird heute zu den B-Vitaminen gereiht. Mangel an Inosit führt zu Hautschäden, Haarausfall und Wachstumsstörungen. Inosit verstärkt die Wirkung der E-Vitamine. Auch für das Nervensystem hat Inosit große Bedeutung. Heute besteht keine Diskussion mehr darüber, das Inosit auch die Bauchspeicheldrüse zur Bildung von Insulin stimuliert.
Damit kann *Zuckerkranken geholfen* werden. Außerdem wirkt Inosit der *Arteriosklerose* entgegen. Das Vitamin B (ohne dessen Anwesenheit der Abbau des Zuckers im Muskel nicht vollzogen werden kann) ist in den Randschichten des Korns reichlich vorhanden. Die Schleimbildung der Gerste übt heilende Wirkung auf den ganzen *Magen-Darm- und Lungenbereich* aus. Die Gerste ordnet sozusagen den Darm, da sie nicht nur die Darmtätigkeit anregt, sondern auch gegen Durchfall hilft.

Gerstencremesuppe
30 g feingemahlene Gerste in 1/4 Liter kochende Gemüsebrühe einrühren.
10 Minuten leicht kochen lassen, mit gemahlenem Kümmel, Fenchel und etwas Kräutersalz würzen, 15 Minuten quellen lassen. Langsam essen, einspeicheln.

Diese Suppe sollte einige Tage bei Magenleiden gegessen werden. Nach Kräftigung des Magens kann etwas frische Milch oder ein Stückchen Butter statt Kräutersalz beigemengt werden. Sicherlich ist dies eine Heilsuppe, doch wird sie auch Gesunden schmecken.

Gerstenfrikadellen (für 4 Personen)
Zutaten: 400 g gemahlene Gerste, 750 g Wasser, 2 Kaffeelöffel Vitam-Gemüsebrühe, 1 große Zwiebel, 1 Knoblauchzehe, 70 g Haselnüsse leicht geröstet und gemahlen. Frische, feingehackte Kräuter (Majoran, Schnittlauch, Liebstöckel, Selleriegrün, Basilikum), frisch geriebene Muskatnuß, Kräutersalz.

Gerste *(Hordeum vulgare L.)*

Die kleingeschnittene Zwiebel mit der Gemüsebrühe aufkochen und die feingeschrotete Gerste einrieseln lassen. Zu dickem Brei kochen. Dann alle Zutaten gut vermengen, Frikadellen formen und in nicht zu heißem Fett hellbraun braten. Oder die Frikadellen auf ein befettetes Blech setzen, mit Sesam bestreuen und bei mittlerer Hitze ca. 20 Minuten backen.

Grundrezept zum Kochen der ganzen Gerste
Man nimmt für 4 Personen 400 g Gerste, 3/4 Liter Wasser, dazu Gewürze für pikante Speisen, 1 Lorbeerblatt, 1 Teelöffel geriebenen Koriander, 1/2 Teelöffel getrocknetes Basilikum, 1/2 Teelöffel getrockneter Thymian, 1 Eßlöffel Vitam-Gemüsebrühe.

Das Getreide in einen Topf schütten, das Wasser zugießen, über Nacht quellen lassen. Am nächsten Tag die Körner mit dem Einweichwasser aufkochen und die entsprechenden Gewürze beifügen. 30–60 Minuten auf kleiner Flamme kochen, bis die Körner weich sind. Auf der ausgeschalteten Platte noch 10 Minuten nachquellen lassen. Das überschüssige Wasser abgießen und für Sauce oder Suppe verwenden. Bei pikanten Speisen das Lorbeerblatt herausnehmen.

Rustikaler Gerstensalat
Zutaten: 4 Eßlöffel saure Sahne, 1 Eßlöffel Obstessig, 2 Eßlöffel Sonnenblumenöl, 2 Eßlöffel feine Zwiebelwürfel, 4 Eßlöffel gehackte Kräuter: Petersilie, Liebstöckel, Estragon, Dille und Thymian, 3 Gewürzgurken, 300 g Gerste, nach dem Grundrezept gekocht, Kräutersalz, 2 Tomaten, 2 hartgekochte Eier, Salatblätter oder Kresse.

Die Sahne mit Öl, Essig, Zwiebelwürfeln und den Kräutern verquirlen, die Gurkenwürfel beigeben, alles mit dem Getreide vermengen und abschmecken. 30 Minuten zugedeckt ziehen lassen. Tomaten vierteilen, Eier schälen und in Scheiben schneiden.
Den Gerstensalat auf Salatblätter häufen oder mit Kresse umlegen, dann mit Tomatenscheiben und Eiern garnieren.

Gewürznelken

... sind die getrockneten, nicht aufgeblühten Knospen des Gewürznelkenbaumes. Sie enthalten ätherische Öle. Gewürznelken wirken *appetitanregend und verdauungsfördernd.*
In der Küche sind Gewürznelken ein Universalgewürz, das wirklich überall verwendet werden kann und jeder Speise zu pikantem Aroma verhilft. Geradezu

Gewürznelke *(Eugenia caryophyllata Thun.)*

klassisch ist die mit einem Lorbeerblatt und Nelken gespickte Zwiebel für Fleischbrühen und Marinaden. Die ganzen Gewürznelken verbessern den Geschmack von Rotkohl, Weißkohl, Aal, Karpfen und Schweinebraten. Man benützt sie auch zum Einmachen von Obst, Gurken und Kürbis. Gemahlene Nelken sind der würzige Bestandteil von Backwaren, insbesondere von Weihnachtsgebäck. Sie passen weiters gut zu Zimt, Ingwer und auch zu Pfeffer, Lorbeer, Zwiebel oder Knoblauch. Mit frischen, duftenden Kräutern harmonieren sie nicht. Verwenden Sie die Nelken bitte sparsam: Nur 1 Nelke für 4 Portionen.
Das Nelkenöl wird sogar in der Zahnheilkunde verwendet. Es wirkt *desinfizierend* und *stark schmerzlindernd.* Wer daheim Zahnschmerzen bekommt, kann eine Gewürznelke kauen und wird bemerken, daß innerhalb von 10 Minuten Zahnschmerzen deutlich nachlassen. Schließlich helfen Gewürznelken als Beigabe zu Tee gegen *Durst, Übelkeit, Blähungen, Erbrechen* und *Koliken.* Sie wirken zudem wohltuend auf das *Atemsystem.* Hervorragend schmecken Gewürznelken in Birnen- und Apfelgerichten.

Grünkern

... ist ein in der Milchreife (wenn das Korn noch weich ist) geernteter und auf Holzfeuer gedarrter Dinkel. Dinkel ist eine alte Kulturform des Weizens, die schon von den Kelten angebaut wurde. Er läßt sich, ähnlich wie Buchweizen, nicht durch einseitige Düngungsmaßnahmen zu hohen Erträgen zwingen (wie der heutige Zuchtweizen). Er wird daher nur noch selten angebaut und bleibt meist als wetterhartes und standfestes Getreide auf karge, steinige Böden beschränkt. Hauptverwendung des Dinkels ist die Herstellung des Grünkerns. Sobald die Körner die Milchreife erreicht haben, werden sie gedarrt und bekommen dadurch einen sehr pikanten Geschmack. Grünkern kann als brauchbare Diät *bei mangelnder Absonderung der Verdauungsdrüsen* dienen. Er verfügt auch über bedeutenden Eiweißgehalt. Seine Mineralstoffe sind durch die unvollkommene Ausreifung nicht so hoch wie beim herkömmlichen Weizen oder sonstigen Getreiden. Grünkern wird wie Weizen oder andere Kornsorten zubereitet.

Grünkernsuppe

Zutaten: 100 g Grünkernschrot, etwas Suppengrün (Möhren, Sellerie etc.), Zwiebel, Petersilie, Tomaten, Vitam-Suppenextrakt, etwas Kräutersalz, 40 g Sonnenblumenöl, saure Sahne (Rahm).

Den Grünkernschrot mit Tomaten und Suppengrün in Öl kurz andünsten, nach und nach etwa 2 Liter heißes Wasser dazugeben und auf kleiner Flamme gar kochen. Mit den Würzmitteln abschmecken. Das Eigelb mitverrühren und saure Sahne (Rahm) dazugeben. Zum Schluß gehackte Petersilie darüberstreuen.

Grünkernauflauf

Zutaten: 1/2 Liter Milch, 1/2 Liter Wasser, 200 g Grünkernschrot, 50 g Butter, 125 g Birnendicksaft, 2 Eier, 50 g gehackte Nußkerne, 50 g Weintrauben, 50 g geraspelte Äpfel, Saft einer halben Zitrone, etwas abgeraspelte, ungespritzte Zitronenschale, 1 Prise Kräutersalz, 20 g Butter.

Grünkornschrot in die kochende Flüssigkeit geben und unter häufigem Umrühren zu dickem Brei kochen. Fett, Eigelb und Zucker schaumig rühren. Den erkalteten Brei, die zerhackten Nüsse und die Weintrauben, den Zitronensaft sowie Zitronenschale, Salz und zuletzt den Eischnee daruntermischen. Diese Masse abwechselnd mit den geraspelten Äpfeln in eine gut befettete Auflaufform geben. Letzte Lage ist Grünkern und obenauf Butterflöckchen. Im vorgeheizten Ofen bei mittlerer Hitze 30 Minuten backen.

Gundermann

Auch Gundelrebe genannt. Man findet sie in Gärten, in lichten Wäldern, auf Wiesen und Weiden sowie sehr häufig als Feldunkraut von der Ebene bis ins Gebirge. Gundermannkraut enthält einen Bitterstoff, ätherisches Öl, Gerbharze, Cholin, Vitamine und andere Substanzen. Es wirkt *stoffwechselfördernd* und wird als Gewürz bei mangelnder Magensäurebildung, aber auch ungenügender Gallenbildung empfohlen. Die Heilpflanze hat weiters günstigen Einfluß auf die *Harnwege* und verhindert *Magen- und Darmkatarrhe.* Schließlich ist Gundermann auch bei *Erkrankungen der Atemwege* nützlich.
Als Gewürz verwendet man sowohl frisches als auch getrocknetes Kraut. Letzteres bekommt im Laufe der Zeit graugrüne Farbe. Sammelgut vorsichtig trocknen und dann in gut schließenden Gefäßen luftgeschützt aufbewahren.
Schon im Mittelalter fand Gundermann in den Küchen Europas Verwendung. Man glaubte damals, daß es vor Pest und Hexen schützen könne. Leider ist es ein recht selten gewordenes Gewürzkraut, das frisch dem Würzen von Kartoffeln, Rühreiern, Omeletts, Kräuterbutter, Gemüsesuppen, Füllmassen und Käse dient. Getrockneter Gundermann eignet sich als Bestandteil von Gewürzmischungen für Suppen, getrocknetes Fleisch sowie für Saucen und Koteletts.
In der Kräuterkunde verwendet man ihn als Hustenmittel und zur Wundheilung. Als Hustentee wird er am besten als Mischtee genommen.

Husten-Mischtee
Man mischt Gundelrebe und Engelwurz zu gleichen Teilen. 1 Teelöffel dieser Mischung mit kochendem Wasser überbrühen, 10 Minuten ziehen lassen, danach abseihen. 3 Tassen über den Tag verteilt trinken. Die Gundelrebe als Zugabe zu Wildkräutersalat oder Wildkräutersuppe hebt das allgemeine Wohlbefinden und verbessert den Geschmack.

Hafer

Er ist neben Mais die fettreichste Getreidefrucht. Hafererzeugnisse liefern also nicht nur durch Kohlenhydrate Kalorien. Hafer zählt zu den ergiebigsten und auch gesündesten Energiequellen. Sportler sollten Hafer zwei Stunden vor jedem Wettkampf einnehmen. Seine Fettstoffe enthalten mit Linolsäure eine der wichtigsten essentiellen Fettsäuren (essentiell: Wird vom Körper nicht selbst erzeugt und muß daher zugeführt werden). Auf Grund des hohen Fettanteils decken rund 100 Gramm Haferflocken den Tagesbedarf an lebenswichtigen, essentiellen Fettsäuren. Dies ist besonders für die Ernährung von Kleinkindern wichtig – der Bedarf an diesen Stoffen ist da nämlich weit höher als beim Erwachsenen.

Die größte Bedeutung aller Hafer-Inhaltsstoffe besitzt jedoch Eiweiß. Dem Körper müssen täglich in ausreichender Menge acht essentielle Aminosäuren verabreicht werden. Sechs dieser Aminosäuren sind in Hafer enthalten, was bei keiner anderen Getreideart der Fall ist. Die restlichen, noch fehlenden Aminosäuren ergänzt man durch Genuß von Milch oder Sojaprodukten. Auch hinsichtlich des Gehaltes an Mineralien und Vitaminen nimmt Hafer eine Sonderstellung unter den Getreidesorten ein. Am Beispiel des Vitamin B 1: Hafer enthält davon um 25 Prozent mehr als etwa Weizen.

Hafer *fördert ideal die Leistungsfähigkeit.* Das äußert sich in verbessertem Durchhaltevermögen bei Belastung, in geringerer Ermüdung und *erhöhter Widerstandskraft* gegenüber Infektionen, aber auch schädlichen Umwelteinflüssen.

Haferflockensuppe

Zutaten: 50 g Haferflocken, 1 Eßlöffel Vollmehl, 1 Eßlöffel Butter, 1 kleine Stange Lauch, 2 kleine Zwiebeln, 200 g Karotten, 1 Petersilienwurzel, 1 Sellerieknolle, 1 Liter Wasser, 1/8 Liter Sahne, 1 Eßlöffel Vitam-Gemüsebrühe, etwas Kräutersalz, 1 Bund Petersilie und ein wenig Bohnenkraut.

In heißer Butter Haferflocken, Mehl und das kleingeraspelte Gemüse anrösten, dann nach und nach mit Wasser aufgießen. Nun Gemüsebrühe hinzufügen und kräftig würzen. 30 Minuten leicht kochen lassen und anschließend die Sahne in die Suppe einrühren. Beim Servieren mit Bohnenkraut nachwürzen und mit Petersilie bestreuen.

Haferfrikadellen

Zutaten: 150 g Haferflocken, 1/2 Liter Milch, 3 Eier, 1 Eßlöffel Vitam-Gemüsebrühe, 1 große Zwiebel, 2 Eßlöffel Butter, 2 Eßlöffel Petersilie, 2 Eßlöffel Vollmehl, 1 Teelöffel Backpulver, 1 Teelöffel Oregano, Öl zum Herausbacken.

Die Haferflocken werden mit heißer Milch begossen. Drei Stunden quellen lassen. Dann die Zwiebel feinschneiden und in Fett glasig anrösten. Petersilie daruntermischen, mit den Haferflocken gut vermengen, Oregano dazugeben und abschmecken. Die Eier verquirlen, mit den Haferflocken verrühren, Mehl hinzufügen, dann auch das Backpulver.

Lassen Sie den Teig noch eine halbe Stunde quellen. Mit angefeuchteten Händen kleine Frikadellen formen und in heißem Öl herausbacken. Am besten paßt dazu als Beilage gedünstetes Gemüse. Wer Frikadellen eher pikant liebt, soll durchaus noch etwas Currypulver dazumischen.

Haferkeks

Zutaten: 250 g Hafermehl, 100 g Birnex, 50 g Butter, 100 g gemahlene Haselnüsse, 5 Eßlöffel Milch, 1 Teelöffel Backpulver, etwas gemahlenen Anis, etwas Zimt.

Butter mit Hafermehl verbröseln und mit allen übrigen Zutaten zu einem geschmeidigen Teig verkneten. Ausrollen, Kekse ausstechen, mit Milch bestreichen und 15 Minuten bei guter Mittelhitze backen.

Bircher-Benner-Müsli

Zwei Eßlöffel Haferflocken eine halbe Stunde in rund fünf Eßlöffel Wasser einweichen. Einen Eßlöffel geriebene Mandeln, Haselnüsse oder Sonnenblumenkerne dazugeben, 200 g Äpfel hineinreiben und vermischen. Je nach Geschmack mit Honig süßen. Eventuell Leinsamen oder Hirseflocken beimengen.

Hagebutte

... ist die Scheinfrucht der Heckenrose und neben Sanddorn sowie Johannisbeeren einer der besten Vitamin-C-Lieferanten. Man sammelt Hagebutten im September und Oktober. Verarbeitet werden sie zu Hagebuttenmarmelade, oder man trocknet sie. Die Früchte enthalten, wie erwähnt, Vitamin C, ferner Karotin, Vitamin B, Gerbstoffe, Zitronen- und Apfelsäure, Zucker und Schleime. Hagebutten wirken *appetitanregend, harntreibend, kräftigend* und *verhindern Blutungen* der ganz kleinen Blutgefäße. In der Küche ist die Hagebutte ein wenig verwendetes Gewürz, obwohl sie, zu Mark verarbeitet, ausgezeichnet mit verschiedenen Speisen harmoniert.

Hagebuttenmarmelade (Hagebuttenmus)

Zutaten: 1000 g Hagebutten zu 1/2 Liter Wasser, 150 g Honig, die abgeriebene Schale einer Zitrone oder Orange (beides natürlich ungespritzt), etwas frischen Ingwer.

Die Hagebutten gründlich waschen, Stiel und Blütenansätze sowie die Kerne entfernen. Die Hälfte der Früchte in einen Topf geben, mit Wasser knapp bedecken und 30 Minuten kochen. Das Kochwasser abgießen und die übrigen Früchte darin kochen. Alle Hagebutten passieren. Das geht am besten mit einem Passiergerät wie der »flotten Lotte«. Sie können aber auch durch den Wolf drehen. Etwas abkühlen lassen, nach Geschmack süßen und würzen. Das Mus in kleine Schraubgläser füllen und im Kühlschrank aufbewahren. Die Haltbarkeit beträgt etwa zwei Wochen. Günstig ist es, die Hagebuttenfrüchte einzufrieren, in der Tiefkühltruhe aufzubewahren und bei Bedarf immer wieder frisch zu machen, da bei dieser Art der Zubereitung die meisten Vitamine erhalten bleiben.

Hagebuttenkuchen

Zutaten: 180 g Butter, 140 g Honig, 2 Eier, ½ Teelöffel Zimtpulver, 150 g Weizen feingemahlen, 1 gestrichener Teelöffel Backpulver, 50 g Haselnüsse, 125 g Kokosflocken, 3 Eiweiß, 120 g Honig, 200 g dickes Hagebuttenmus, für die Backform Butter. Zubereitungszeit etwa 40 Minuten.

Die Butter bei milder Temperatur schmelzen und dann wieder abkühlen lassen. Honig und Eier sowie Zimt gründlich verrühren, das mit Backpulver gemischte Mehl und die Butter untermischen. Eine Backform einfetten, den Teig einfüllen und 30 Minuten stehenlassen. Den Kuchenboden bei 200 Grad 20 Minuten lang backen, bis die Oberfläche fest ist. Nun werden die Nüsse grob gehackt und mit den Kokosflocken in einer trockenen Pfanne unter mehrmaligem Wenden leicht geröstet. Eiklar sehr steif schlagen und den Honig langsam hineinlaufen lassen, bis eine feste Masse entstanden ist. Die Kokosflocken-Nußmischung unterheben, den vorgebackenen Boden mit dem Hagebuttenmus bestreichen, wobei der Rand rundherum ½ cm frei bleiben muß. Den Nußguß darüber verteilen und letztlich den Kuchen im Backrohr wieder 20 Minuten backen, so daß der Guß fest wird. Danach empfiehlt es sich, den Kuchen nochmals einen Tag stehenzulassen, weil er sich dann besser schneiden läßt und außerdem noch besser schmeckt.

Hagebuttentee

Wird bei Vitamin C-Mangel und Nierenerkrankungen verwendet. Man nimmt dazu 2 Teelöffel zerkleinerte Hagebutten, die in ¼ Liter Wasser kalt angesetzt werden.

Nach einigen Stunden zum Kochen bringen, abseihen und warm trinken. Den Tee stets frisch bereiten und nicht mehr als drei Tassen täglich trinken.

Eine mit mir befreundete Familie bereitet seit über 50 Jahren ein spezielles Hagebuttenmus zu. Nach dem ersten Frost geht die Familie hinaus und sammelt Hagebutten vom Strauch. Die Früchte werden entkernt. 1000 g des verbleibenden Fruchtfleisches mit ¼ l Wasser zum Kochen bringen. Anschließend rührt man 300 g Honig mit dem Saft einer Zitrone ein. Noch 5 Minuten kochen lassen, danach vom Feuer nehmen und so lange rühren, bis das Mus dick wird. In Gläser abfüllen und kühl aufbewahren.

Heidelbeere
(Vaccinium myrtillus)

Heidelbeere

Auch die Heidelbeere sollte in keiner Küche fehlen. Sie enthält nämlich sehr viel Vitamin C, aber auch die Vitamine A und B sowie Gerbstoffe. Gerade diesen Gerbstoffen verdanken Heidelbeeren ihren guten Ruf im Zusammenhang mit erfolgreicher *Bekämpfung von Durchfall.* Die Blätter enthalten Substanzen, die in der Lage sind, bis zu einem gewissen Grad den *Blutzucker zu senken.* Heidelbeerblätter werden daher in Form von Tee von Zuckerkranken verwendet.
Heidelbeeren sind verschiedenartig nutzbar zu machen. Die frische oder auch gefrorene Frucht eignet sich als Zugabe zu Müslis oder Kompotten. Verwenden kann man weiters den Frischsaft, Marmelade oder die getrockneten Beeren. Letztere kauen Sie im Falle von Darmstörungen. Wer an Verstopfung leidet, muß Heidelbeeren allerdings meiden.
Eine hervorragende **Rohmarmelade** für Frühstück und Bestreichen von Mehlspeisen erhalten Sie, wenn Sie 500 g frische oder gefrorene Beeren pürieren und mit Honig abschmecken. Einen Teelöffel Agar Agar mit 1/4 Liter Wasser und derselben Menge Heidelbeersaft stark erhitzen (die Flüssigkeit soll aber noch nicht sieden). Dann mit dem Fruchtpürree vermengen und kalt stellen. Diese Marmelade hält sich im Kühlschrank rund eine Woche.
Als **Tee** verwenden Zuckerkranke einen Aufguß von einem Eßlöffel getrockneten Heidelbeerblättern. Diese werden mit 1/4 Liter kochendem Wasser überbrüht. 15 Minuten ziehen lassen, abseihen und tagsüber zwei Schalen zwischen den Mahlzeiten trinken. Allerdings nie vor dem Frühstück auf nüchternen Magen!
Bei Durchfall und Darmstörungen setzen Sie drei Eßlöffel getrocknete Heidelbeeren in 1/2 Liter kaltem Wasser an, zehn Stunden ziehen lassen, abseihen und tagsüber trinken.

Himbeere

Die reife Frucht ist säuerlich erfrischend und wirkt mit ihren Mineralsalzen wesentlich durstlöschender als Wasser. Trotz des säuerlichen Geschmacks reizen Himbeeren den Magen nicht. Rund 100 g dieser Frucht decken den täglichen Bedarf an Vitamin C. Himbeeren werden im Rahmen von *Diäten für Leberkranke* und bei Gelbsucht verabreicht. Sie fördern den *Gallenfluß*. Himbeeren wirken sich weiters stabilisierend auf den Säure-Basen-Haushalt aus. Sie haben ferner sowohl *schweißtreibende* als auch *kühlende Wirkung*. Bei *Fieber* kann daher der Genuß von Himbeeren durchaus empfohlen werden.
Himbeeren sind schließlich für Patienten bekömmlich, die Neigung zu Übelkeit und Erbrechen zeigen. Die *Darmbewegungen werden reguliert, Verstopfung beseitigt.* Früher verschrieb man einen Aufguß aus Himbeerblättern bei Ruhr und inneren Blutungen.
Himbeeren eignen sich gut zum Einfrieren und lassen sich mit Hilfe von Aga Aga leicht zu Rohkostmarmelade verarbeiten. Ein ausgezeichnetes Rezept stellt Ihnen Frau Obweger vom Hotel Alpenrose in Millstatt (Kärnten) zur Verfügung:

Himbeer-Rohkost-Marmelade
1000 g frische Himbeeren werden gewaschen und dann zu Brei zerquetscht. 400 g Honig einrühren und die Masse 10 Minuten lang kochen. Danach vom Herd nehmen und so lange rühren, bis die Himbeermarmelade richtig steif geworden ist. Nun in vorher ausgekochte Gläser füllen und gut verschließen.

Hirse

Die Hirse gehört zu den ältesten Kulturpflanzen. Sie war in früheren Jahrtausenden die wichtigste Nahrung der Urbevölkerung und kann als mineralstoffreichstes Getreide der Erde bezeichnet werden. In Hirse sind alle Mineralien vertreten, die für den menschlichen Organismus eine Rolle spielen: etwa Eisen, Fluor, Phosphor, Schwefel, Magnesium, Kalzium. Ungewöhnlich hoch ist zudem der Gehalt an Kieselsäure. Geschälte Hirse weist noch immer viermal soviel Kieselsäure auf als beispielsweise geschälter Weizen.
Da die Schale der ungeschälten Rohhirse sehr hart und unverdaulich ist, verwendet man praktisch nur geschälte. Ungeschält kann Hirse lediglich in Getreidemühlen gemahlen und als Mehl bzw. Schrot Verwendung finden.
Der heilende Effekt von Hirsekuren *bei Hautleiden* ist seit langem erprobt. Wichtig ist nur die nötige Konsequenz in der Behandlung. Die Wirkung hängt vom Kieselsäuregehalt ab. Diese Säure sorgt beim jungen Menschen für elasti-

schen Körper, für glatte und frische Haut sowie kräftige, glanzvolle Haare. Auch Zähne werden durch Kieselsäure gesund und hell, ebenso Finger- und Zehennägel. Im Alter nimmt der Kieselsäureanteil im Gewebe immer mehr ab – daher sollte man die erforderliche Menge mit der Nahrung zuführen, um die Elastizität der Zellen zu gewährleisten.
Kieselsäuremangel verursacht unangenehme Erscheinungen, wie Bindegewebsschwäche, Bandscheibenschäden, erhöhte Verletzungsanfälligkeit, Zahnprobleme, brüchige Nägel, stumpfe und glanzlose Haare, aber auch mangelnde Erneuerungsfähigkeit der Haut (frühzeitige Alterung!). Mit ausgezeichnet schmeckenden Hirseprodukten kann man all diesen Zuständen erfolgreich den Kampf ansagen.

Hirse-Grundrezept (für 4 Personen)
Zutaten: 1 Schale Hirse, 2 Schalen Wasser oder Gemüseabsud, einige Wacholderbeeren, 1 Lorbeerblatt, etwas Majoran, Liebstöckel, Basilikum und Meersalz.

Die Hirse zweimal warm waschen, damit sie nicht bitter schmeckt. In die kochende Flüssigkeit mit den Gewürzen einrühren, salzen, einigemale kurz aufkochen lassen und dann zudecken. Bei mäßiger Hitze im Rohr eine Stunde dünsten lassen. Über die fertige Hirse einen Eßlöffel naturbelassenes Öl (siehe entsprechende Hinweise unter dem Begriff Öl) oder Butter, bzw. geriebenen Käse geben. Mit diesem Grundrezept sind viele weitere Variationen möglich – sowohl pikant wie auch süß.

Hirsesuppe
Zutaten: 1 Kaffeelöffel Butter, 1 Kaffeelöffel Speiseöl, 1 kleine, geschnittene Zwiebel, verschiedene Kräuter (etwas Basilikum, Liebstöckel, Majoran, Koriander) und 4 Eßlöffel Hirseflocken.

Zuerst die Zutaten andünsten – wobei das Fett nicht zu heiß werden darf. Mit einem Liter Wasser aufgießen, nachwürzen und 15 Minuten kochen lassen. Dieselbe Suppe kann mit Hirsemehl und verschiedenen anderen, kleingeschnittenen Gemüsen auch anders zubereitet werden.

Hirsenudeln
Zutaten: 60 g Butter, 80 g geriebener Käse, etwas Bohnenkraut, Muskatnuß, 2 Eßlöffel Vitambrühe, 3 Eßlöffel Sonnenblumenöl, 1 Knoblauchzehe, 10 große Champignons, etwas Salz, feingewiegte Petersilie.

Ein Paket Hirsenudeln (erhältlich in Reformhäusern) vier Minuten sprudelnd kochen lassen, wegstellen. Im Saucenpfännchen Butter schmelzen und mit Käse zu Creme rühren. Mit Bohnenkraut und Muskatnuß würzen. Öl und Knoblauch auf mittleres Feuer stellen und die Champignons hineinhobeln. Würzen und rund drei Minuten dünsten. Die Nudeln nach zwei Minuten abseihen, in einer heißgemachten Schüssel anrichten und mit der Käsesauce übergießen. Schließlich mit Champignons garnieren, mit Petersilie bestreuen und servieren.

Hirseflockenbusserln
Zutaten: 100 g Buchweizenmehl, 100 g Hirseflocken, 1 Eßlöffel Sojamehl, 2 Eier, 80 g Honig, 70 g gehackte Haselnüsse, 150 g Butter.

Buchweizenmehl, Hirseflocken und Sojamehl gemeinsam auf ein Backbrett geben, in der Mitte eine Mulde eindrücken und die Eier hineingeben. Die übrigen Zutaten auf dem Rand verteilen, dann alles gut durchkneten. Nun mit einem Löffel kleine Häufchen ausstechen, auf ein befettetes Blech setzen und im vorgeheizten Backrohr bei 200 Grad Celsius etwa eine Viertelstunde backen.

Holunder

Diese Pflanze kann vielseitig verwendet werden: Blüten, Blätter, Rinde und Früchte besitzen Heilwirkung oder eignen sich als Gewürz. Aus der Blüte kocht man Tee gegen fieberhafte Erkrankungen sowie gegen Leiden aus dem rheumatischen Formenkreis.

Holundertee
Übergießen Sie zwei Eßlöffel Holunderblüten mit einem halben Liter kochendem Wasser. Fünf Minuten ziehen lassen und den Tee ziemlich heiß trinken. Wenn Sie auch eine *Schwitzkur* durchführen wollen, nehmen Sie zwei Schalen. Zur Vorbeugung gegen Grippe wird dem Tee Zitronensaft zugesetzt. Mit Honig süßen.
Aus Holunderblüten läßt sich allerdings auch *Most* herstellen, was in früheren Zeiten auf dem Lande durchaus gebräuchlich war. Dieses erfrischende und belebende Getränk verwendet man für entschlackende Frühjahrskuren. Die Hoffnungen ruhen dabei in erster Linie auf der abwehrstärkenden Wirkung dieser Pflanze.

Ein altes Bauernrezept: Holundermost
Sieben große Blütendolden in sieben Liter Wasser 24 Stunden lang ansetzen. Drei ungespritzte und in Scheiben geschnittene Zitronen beifügen. Nach einem Tag durch ein Tuch seihen. Nun einen Kilo Honig und nochmals je nach Geschmack Zitronensaft hineingeben. Mehrmals gut umrühren und wieder

24 Stunden stehenlassen. Der frische Holundersaft ist dann bereits trinkfertig. Noch besser ist es aber, den Saft in Flaschen abzufüllen und diese im Keller aufzubewahren. Es entwickelt sich nämlich in weiterer Folge Kohlensäure. Nach drei bis vier Wochen besitzen wir Holundermost, der gekühlt getrunken wird.

Eine weitere Möglichkeit für die Verwendung von Holunderblüten besteht darin, daß Sie diese in Pfannkuchenteig herausbacken.

Holunder in Pfannkuchenteig
Zutaten: 100 g Nacktgerste, 50 g Hirse, 50 g Buchweizen, 400 g Milch, 2 Teelöffel Honig, abgeriebene Schale von einer ungespritzten Zitrone, 4 Eier.

Nacktgerste, Weizen, Hirse und Buchweizen mehlfein mahlen. Aus diesem Vollmehl, der Milch, Honig und dem Eigelb einen Pfannkuchenteig rühren und eine Stunde quellen lassen. Inzwischen wird das Eiweiß steif geschlagen und nach einer Stunde unter den Pfannkuchenteig gehoben. Nun die Holunderblüten in den Teig tauchen und in heißer Butter hellbraun herausbacken. Wer möchte, kann den Teig noch mit zwei Eßlöffel Rum würzen. Hervorragend paßt zu gebackenen Holunderpfannkuchen Apfelmus.

Holunderblättertee
Einen Eßlöffel Holunderblüten mit Wurzeln und Blättern vermischen und mit einem halben Liter kaltem Wasser ansetzen. Dann kurz aufkochen, schließlich drei Minuten ziehen lassen. Tagsüber schluckweise gegen Wassersucht, Harnverhaltung und auch Rheumatismus trinken.

Reife, schwarze Holunderbeeren sind ebenfalls vielseitig einzusetzen: Trocknen Sie beispielsweise die Beeren auf einem Sieb, und verwenden Sie diese später für Beerentee.

Holunderbeerentee
Einen Teelöffel getrocknete Beeren in einer Schale kaltem Wasser ansetzen und acht bis zwölf Stunden ziehen lassen, dann abseihen und erwärmen. Zwei bis drei Schalen täglich helfen als Abführmittel. Mehr als drei Schalen sollten allerdings nicht an einem Tag getrunken werden, da sonst Brechreiz auftreten kann.

Beeren werden auch gerne zu Holundersaft oder zu Holundermus verarbeitet. Versuchen Sie nachstehendes Rezept.

Holundermus
1000 g Holunderbeeren, 1000 g entkernte Pflaumen, 250 g geviertelte, entkernte Äpfel, eine halbe Schale Wasser und 250 g Honig werden in einem Topf zugestellt und zum Sieden gebracht. Füllen Sie in ein Mullsäckchen eine Gewürznelke, ein Stückchen Zimtrinde sowie ein Stück Schale einer ungespritzten Zitrone. Dieses Säckchen hängt man in das Obst hinein und läßt alles auf kleiner Flamme rund 20 Minuten kochen. Danach den Herd abschalten und noch eine Stunde weiterdunsten lassen. Anschließend das Mus in vorher ausgekochte Gläser füllen und verschließen. Diese Marmelade eignet sich übrigens vorzüglich zum Füllen von Pfannkuchen.

Holundersaft
Man nimmt 2000 g reife, gewaschene Beeren und kocht diese mit wenig Wasser. Dann den Saft durch ein Tuch seihen und mit derselben Menge Honig solange kochen, bis Sirup entsteht. Den Sirup in Flaschen füllen und luftdicht verschließen. Der Geschmack kann durch Zugabe von Kirsch- oder Zitronensaft verbessert werden.

Hopfen

Wildwachsend findet man Hopfen in ganz Europa. Die auf den Fruchtschuppen gebildeten Drüsen enthalten ein Harz, das man auch Hopfenmehl nennt. Wichtigste Inhaltsstoffe sind ätherische Öle, Gerb- und Bitterstoffe sowie Wirksubstanzen, die zusätzlich *appetitanregend, harntreibend* und *beruhigend* auf das Nervensystem sind. Hopfen wirkt deshalb auch leicht einschläfernd. Tee vor dem Schlafengehen wird zuweilen gegen Schlaflosigkeit und Nervosität, aber auch gegen sexuelle Übererregbarkeit eingesetzt.

Beruhigungstee
Zwei Teelöffel zerkleinerte, getrocknete Zäpfchen mit einer Schale Wasser überbrühen. Zehn Minuten ziehen lassen, abseihen und abends warm trinken.

Als Gewürz verwendet man die unfruchtbaren Zapfen. Wer sich der Mühe unterziehen will, Hopfen zu züchten, möge sämtliche männlichen Pflanzen im Umkreis roden, um eine Befruchtung zu verhindern. Das aus den unreifen Pflanzen gewonnene Hopfenmehl verwendet man in Bierbrauereien (daher das alte Sprichwort: »Bei dem sind doch Hopfen und Malz verloren ...«). Die im

Hopfen (Humulus lupulus L.)

Mehl enthaltenen, gegen Bakterien gerichteten Stoffe wirken sich günstig auf die Gärung des Bieres aus und verhindern die Entwicklung unerwünschter Mikroorganismen. Das Hopfenmehl gibt dem Bier Würze und Haltbarkeit.
Früher fanden Hopfenpflanzen auch in der Medizin Verwendung. Im Haushalt benützt man Hopfen noch immer zum Würzen von Suppen oder Getränken. In erster Linie dient er aber der Industrie als Konservierungsmittel.
Schon im alten Rom wurde allerdings aus den jungen Trieben der Pflanzen unter Beigabe von Salz, Pfeffer, Essig und Öl ein schmackhafter Salat zubereitet. Etwas ältere Triebe richtet man ähnlich wie Spargel an. In unseren Breiten ist die Verwendung des Hopfens als Küchenkraut leider nahezu in Vergessenheit geraten. Nur in französischen Küchen stellen junge Hopfenknospen noch immer ein begehrtes und gesuchtes Salatgemüse dar. Der Geschmack erinnert leicht an Spargel. Vorzugsweise werden Hopfensprossen blanchiert, als Salat zubereitet oder mit Sahne(Rahm)sauce zu Kalbsbries serviert.

Ingwer

Seit Jahrtausenden findet Ingwer Verwendung. Die Pflanze stammt aus China, auch aus Indien und stellt in diesen Ländern eines der wichtigsten Gewürze dar. Ingwer wird sowohl frisch als auch getrocknet verwendet. Zur Herstellung des getrockneten Ingwers kocht man vorerst die Wurzelstöcke in Milch oder Wasser und trocknet sie dann an der Sonne. Getrockneter Ingwer enthält ätherisches Öl, einen Bitterstoff, ferner Harz, Stärke, Mineralien und andere Substanzen, deren Bedeutung noch nicht ganz erforscht ist.
Ingwer wirkt *magenstärkend, speicheltreibend, verdauungsfördernd, schleimlösend* und auch *entzündungshemmend.* Zur besseren Verdauung soll vor den Mahlzeiten nasser Ingwer mit etwas Salz gekaut werden. Ingwerpaste, mit Milch und Zucker gekocht, dient als Haustrunk *bei Erkältungen und Schnupfen.* Weiters eignet sich Ingwer als *Bestandteil von Rheumadiäten.* So wird die Einnahme einer allmählich steigenden Dosis Ingwer bei rheumatisch bedingten Entzündungen des Herzmuskels und anderen Entzündungen empfohlen. Man beginnt mit 10 Gramm pro Tag (zusammen mit derselben Menge Honig) und steigert, je nach Dauer der Krankheit. Manche Ärzte lächeln zwar über dieses Hausmittel, müssen aber doch in jedem Fall zu Rate gezogen werden, weil Selbstmedikation bei Herzbeschwerden sehr gefährlich sein kann.
Überraschenderweise wirkt Ingwer nicht nur gegen Verstopfung, sondern auch gegen Durchfall.
In der Küche dient Ingwer zum Würzen von Eingelegtem, Lebkuchen, Biskuits, Curry und einigen Fleischgerichten. Bekannt sind Getränke wie Ingwerbier oder Gingerale.
Eine Herausforderung an jede experimentierfreudige Köchin stellen eingelegte, frische Wurzeln von Ingwer dar. Der charakteristisch scharfe und zugleich

würzige Geschmack paßt gut zu Geflügel, Fleisch, Fisch, auch zu Obstsalaten (vorzugsweise Äpfel, Bananen) und Fruchtkompotten.
In der chinesischen Medizin besitzt Ingwer ebenfalls Bedeutung und wird vielseitig verwendet. So führt man bei rheumatischen Beschwerden Einreibungen mit Ingwersaft durch, um starke Hautreizung und damit verbesserte Durchblutung herbeizuführen. In China gilt Ingwer als Kräftigungsmittel für alle sogenannten Yang-Typen (eher kraft- und antriebslose Menschen).

Ingwerbäckerei
Zutaten: 140 g Honig, 1 Ei, 10 g Ingwer, Schale einer halben, ungespritzen Zitrone, 120 g frisch gemahlenes Vollkornmehl, eine Messerspitze Hirschhornsalz.

Honig und Mehl werden schaumig gerührt, dann mit geriebenem Ingwer, feingehackter Zitronenschale und Hirschhornsalz vermengen und auf einem Brett gut durchkneten. Den Teig etwa drei Millimeter dick auswalken und mit Formen ausstechen. Die Kekse auf ein befettetes Blech legen und über Nacht kühl stehenlassen. Am nächsten Tag bei mäßiger Hitze backen.

Kandierter Ingwer
250 g geputzten und geschälten Ingwer in kleine Würfel schneiden, 250 g Honig mit einem 1/8 Liter Wasser vermischen. Die Würfel in dieser Flüssigkeit ansetzen und auf kleiner Flamme zum Kochen bringen. 45 Minuten kochen lassen. Nach dieser Zeit den Saft einer ganzen Zitrone beimengen und auf kleiner Flamme nochmals 30 Minuten weiterkochen lassen. Schließlich den Topf vom Herd nehmen und den Ingwersirup samt den ganzen Stücken in vorher ausgekochte Gläser füllen und gut verschließen.

Ingwersahne
Zutaten: 1/8 Liter Sahne, 300 g Quark (Topfen), 8 in Sirup eingelegte Ingwerfrüchte, 4 Eßlöffel Ingwersirup, 1 Messerspitze gemahlener Ingwer.

Der Quark (Topfen) wird mit dem Sirup und dem gemahlenen Ingwer gut verrührt. Sieben kleine Ingwerwürfel werden fein geschnitten und unter die Sahne gehoben sowie mit dem Quark vermengt. Nun in Glasschälchen verteilen und mit einer Scheibe geschnittenen Ingwers verzieren.

Schwarze Johannisbeere

Sie ist vor allem durch ihren Reichtum an Vitamin C bekannt. Aber der Johannisbeersaft wirkt auch als schweißtreibendes Fiebermittel, alkalisiert die Körpersäfte, hat zudem harn- und windtreibende Wirkung und wird allgemein sehr gut vertragen. Johannisbeeren belasten den Magen- und Darmtrakt nicht. Ferner vermehrt diese Frucht den Speichelfluß und reinigt auf diese Weise sogar die Zähne.
Johannisbeeren fördern regelmäßige Darmtätigkeit und sind deshalb auch bei Verstopfung einzunehmen. Wegen der harntreibenden Wirkung verordnet man sie bei bestimmten Krankheiten des Nieren- und Harntraktes als zusätzliches Hilfsmittel. Johannisbeeren fördern nämlich auch die Ausscheidung von Nierengrieß und wirken lindernd auf die Schleimhäute der Harnwege, die bei Entzündungen oft höllisch brennen.
Auch bei Gelbsucht wird der Genuß von Johannisbeeren empfohlen. Bereits geschädigte Leberzellen sollen angeblich durch die Wirkungsweise der Beeren wieder regeneriert werden. Einen Aufguß aus den Blättern benützt man zum Gurgeln gegen Halsschmerzen. Innerlich eingenommen, wirkt er – wie bereits erwähnt, harntreibend.
In unseren Küchen werden sowohl rote, weiße wie auch schwarze Johannisbeeren als Genußmittel zu Saft, Marmelade und Gelee benützt.

Johannisbeermarmelade
1000 g gewaschene Johannisbeeren in einem Topf zerquetschen und mit ganz wenig Wasser fünf Minuten aufkochen. Nun 500 g Honig dazugeben und nochmals fünf Minuten aufkochen. Dann den Topf vom Herd nehmen und die Marmelade so lange weiterrühren, bis sie kalt ist. In Gläser abfüllen und oben als Abschluß ein in Rum getauchtes Pergamentpapier darauf legen. Gut verschließen.

Johannisbeergelee
100 g geputzte, zerquetschte Beeren mit etwas Wasser kurz aufkochen und durch ein Sieb oder eine sogenannte »Flotte Lotte« passieren. Gleichzeitig einen Kaffeelöffel Agar Agar mit einem halben Liter Wasser ebenfalls aufkochen. Das Agar-Agar-Wasser mit dem Johannisbeersaft vermengen, nochmals kurz zum Sieden bringen und abfüllen. Nach dem Erkalten steht herrliches Johannisbeergelee zur Verfügung. Es eignet sich als Fülle für Pfannkuchen.

Johannisbeercreme
Zutaten: 3/8 Liter Wasser, 75 g fein gemahlenes Weizenvollkornmehl, 2 Eidotter, 2 Eiklar, 400 g frische oder auch tiefgekühlte Johannisbeeren, etwas Zimt und Honig.

Schwarze Johannisbeere *(Ribes rubrum L.)*

¼ Liter Wasser zum Kochen bringen, frisch gemahlenes Mehl mit Wasser anrühren und mit dem Schneebesen einrühren. Eine Minute kochen lassen, dann im Wasserbad unter ständigem Umrühran abkühlen. Eidotter, Honig, Zimt und Johannisbeeren daruntermischen, Eischnee unterziehen und einige Johannisbeeren zum Verzieren übrig lassen. In Schalen füllen und garniert als Nachtisch reichen.

Johannisblättertee
Zwei Teelöffel frische oder getrocknete Blätter mit einer Schale kochendem Wasser überbrühen. Drei Minuten ziehen lassen und zwei Schalen täglich trinken. Der Tee wirkt bei Halsschmerzen, Harngrieß.

Johannisbeerlikör
700 g zerquetschte Johannisbeeren in eine Flasche geben, dazu 200 g Honig und 1 Liter Weingeist (96 Prozent) gießen. Zwei Wochen in die Sonne stellen, danach abfiltern und in Flaschen abfüllen.

Kaffee

Pfarrer Kneipp schrieb schon vor mehr als 100 Jahren: »Die Kaffeestaude ist eine Giftpflanze, und somit ist auch die Bohne giftig«. Hat der Kaffee also gar keine guten Eigenschaften? Nun, er gehört zu den sogenannten Reizmitteln und erzeugt bei vielen Menschen ein recht angenehmes Gefühl – solange er wirkt, meint Kneipp weiter. Ist die Wirkung vorüber, fühlt man sich unter Umständen sogar schlechter als vorher.
Die meisten Menschen machen sich keine rechte Vorstellung darüber, wie sehr Kaffee das Nervensystem beeinträchtigt. Kneipp vertritt die Ansicht, daß Kaffee vor allem bei Frauen die Ursache von Blutarmut (Anämie) ist. Seiner Meinung nach sollte er unbedingt durch andere Getränke ersetzt werden. In erster Linie komme dafür Malzkaffee in Frage, an den sich schon so mancher hartnäckige Bohnenkaffeetrinker recht rasch gewöhnt hat. Oder Gerstenkaffee.
Über die Wirkung dieser Kaffeearten kann man – wieder nach Kneipp – folgendes sagen: Im selben Maße, wie der Bohnenkaffee zehrt, nährt der Getreidekaffee. Während die Bohnen anregende Wirkung besitzen, beruhigen die Getreidekörner. Bei vielen Erkrankungen ist Malzkaffee auf jeden Fall vorzuziehen.
Wußten Sie, daß man auch aus Eicheln sehr guten Kaffee brauen kann? Der berühmte Pfarrer aus Wörrishofen empfiehlt ihn ausdrücklich. Kneipp schrieb: »Es ist nur schade, daß er nicht die wohlverdiente Gunst des Volkes hat.«
Und so bewertet die moderne Wissenschaft den Kaffee: Die Kaffeebohne enthält neben Coffein auch Xanthin, Theobromin, Theophyllin, aromatisches Öl, Wachs, Gerbsäuren, Gummi, Zucker und Zellulose. Coffein stellt natürlich den Haupt-

wirkstoff dar und hat vielseitige Wirkung auf das Nervensystem. Die Substanz *stimuliert die Großhirnrinde* und wird daher bei Schock und Durchblutungsstörungen als Arznei verordnet. In hoher Dosierung kann jedoch Kaffee so starke Pulsbeschleunigung bewirken, daß die Herztätigkeit beeinträchtigt wird. Der Herzmuskel bezieht nämlich jenes Blut, das seiner eigenen Ernährung dient, hauptsächlich in der Phase der Erschlaffung (Diastole). Ist diese Phase zu kurz, kommt es zu Versorgungssschwierigkeiten des so leistungsintensiven Muskels – ernste Herzkrankheiten (Angina pectoris, Infarkt) können die Folgen sein. Weitere Symptome einer »Kaffeevergiftung«: Kopfschmerzen, Schlaflosigkeit, Verwirrungszustände und Muskelzittern. Dazu muß bemerkt werden, daß nicht alle Menschen gleich auf Kaffee reagieren.
Kaffee *erhöht die Sekretion im Magen- und Darmtrakt.* Menschen mit Neigung zu Gastritis sollten dieses Getränk in jedem Fall meiden, weil sonst durch vermehrte Salzsäureabsonderung Magengeschwüre entstehen können. Auch Herzkranke – aus den erwähnten Gründen – und Leute mit zu hohem Blutdruck sollten auf Kaffee verzichten, wenn ihnen an der Gesundheit etwas liegt. Neuere Untersuchungen weisen darauf hin, daß durch die Verwandlung eines Teils des Coffeins im Organismus auch krebsfördernde Substanzen frei werden könnten. In einem Nachschlagewerk »Schlank, fit und gesund« steht über Coffein, es bewirke beim wirklich Müden eher eine Leistungsverschlechterung in bezug auf Reaktionsfähigkeit und Konzentration. Das wurde bei zahlreichen Testpersonen festgestellt. Im Anschluß an die belebende ist nämlich mit einer negativen Phase zu rechnen. Diese ist um so stärker ausgeprägt, je höher die Dosierung war. Bei vielen Kaffeetrinkern schließt sich in diesem Zusammenhang ein Teufelskreis: Man versucht, den Leistungsabfall, der sich fast immer einstellt, durch noch größere Mengen an Kaffee aufzufangen und gerät so in Abhängigkeit.
Kehren wir zurück zum gesunden Hausverstand: Coffein, aber auch Theobromin und Theophyllin wirken auf das zentrale Nervensystem sowie auf Herz, Lunge, Nieren und Skelettmuskulatur. Mit der Reizung des Nervensystems werden natürlich auch wir gereizt, nervös und überempfindlich. Fehler bei manuellen Arbeiten treten auf, wir trinken den ganzen Tag Kaffee, um diese Symptome zu bekämpfen. Gestreßte, die abends kurz nachrechnen, kommen auf sechs, sieben und oft auch mehr Schalen Kaffee. Jede Schale Mokka enthält beispielsweise bis zu 150 Milligramm Coffein. Bei 500 Milligramm jedoch beginnen bereits die ersten Vergiftungserscheinungen. Durch schlechten Schlaf sind wir am nächsten Morgen wieder müde, und der Kreis schließt sich mit Kaffee.
Der Ernährungsforcher Dr. M. O. Bruker konnte kürzlich in einer Arbeit nachweisen, daß jeder, der längere Zeit regelmäßig Kaffee trinkt, irgendwann einmal an Kreislaufstörungen zu leiden beginnt.
Kaffee ist in meinen Augen eine Gewöhnungsdroge, deren negative Eigenschaften die positiven bei weitem überwiegen. Ich empfehle daher, den Konsum stark einzuschränken, wenn schon ein völliges Loskommen nicht möglich sein sollte. Ein Versuch mit den genannten Alternativen lohnt! Alle gesunden Kaffeesorten – wie Malzkaffee, Gerstenkaffee oder Eichelkaffee – sind in Reformhäusern jederzeit erhältlich. Ich selbst bevorzuge seit vielen Jahren Kräutertee, dessen Zusammensetzung auf die jeweiligen Bedürfnisse abgestimmt ist.

Kakao

Auch Kakao beinhaltet Spuren von Coffein, mehr jedoch das beim Kaffee erwähnte Theobromin. Diese Substanz hat bei weitem nicht die starke Wirkung des Coffeins, es hiflt jedoch sehr gut bei körperlicher und geistiger Ermüdung. Theobromin erweitert die Gefäße (blutdrucksenkend) und wirkt wassertreibend. Kakao erhöht tatsächlich die Konzentrationsfähigkeit, wirkt aufmunternd und eignet sich daher als hervorragendes Frühstücksgetränk für Schulkinder. Nicht jedoch in Form von Fertigprodukten, die zum überwiegenden Teil (bis 80 Prozent) aus Zucker bestehen und daher schädlich sind.
Giftige Nebenwirkungen wären nur bei krasser Überdosierung der isolierten Wirksubstanz zu befürchten. Kakaotrinkern droht bestimmt kein Unheil. Auch der Säure-Basen-Haushalt wird nicht negativ beeinflußt.
Im Zusammenhang mit Schokolade ist Kakao völlig zu Unrecht etwas in Verruf geraten. Ich setze mich durchaus dafür ein, Kakao auch im Rahmen der Vollwertkost für verschiedene Speisen zu verwenden. Aber, wie schon Paracelsus sagte: »Die Dosis entscheidet . . .«

Schokoladecreme
Zutaten: 80 g Weizen, 1 Eßlöffel Kakao, 1/4 Teelöffel Zimt, 1/4 Liter Wasser, 150 g Milch, 3 Eßlöffel Honig, 60 g Haselnüsse, 2 Teelöffel abgeriebene Orangenschalen (von einer ungespritzten Orange), 2 Eßlöffel Vanillerum (Rezept unter Vanille), 100 g Sahne, 1 Eßlöffel gehackte Nüsse.

Den Weizen fein mahlen, dann Mehl, Kakao und Zimt mit dem Wasser anrühren (zu dickem Brei). Milch, Honig, die geriebenen Nüsse, Orangenschale und den Vanillerum mit der Schokoladenmasse verrühren. Die Sahne steif schlagen und unterziehen. Die Creme sodann in eine Glasschale füllen, mit Nüssen bestreuen und mit Schlagsahne garnieren, gut gekühlt servieren.

Bioschokolade Andrea
Zutaten: 50 g Butter, 85 g Kakao, 140 g Honig, 4 Eßlöffel süße Sahne, 1/2 Vanilleschote, 1 Teelöffel Zimt, 1 gehäufter Teelöffel Agar Agar.

Die Butter im Wasserbad erhitzen, danach die Zutaten unter ständigem Rühren mit dem Schneebesen einmengen. Diese Schokolade eignet sich sowohl für die Masse als auch für die Glasur der Sachertorte, aber auch zum Bestreichen von Keksen und Anisbrot.

Haselnußschokolade
Zutaten: 50 g Kakaobutter, 85 g Kakao, 140 g Honig, 90 g Haselnüsse gerieben (besser: klein gehackt), eine Prise Zimt, 1 gehäufter Teelöffel Agar Agar, 7 Teelöffel Sahne.

Kakao *(Theobroma Cacao L.)*

Zubereitung wie Schokolade.
Schokoladentortenglasur: 0,15 Liter Milch, 60 g Kakao, erhitzen, die halbe Vanilleschote beifügen, 60 g Butter, 90 g Honig und 75 g Reismehl unter leichtem Kochen einrühren, die Glasur vor dem Erkalten auftragen.

Sachertorte à la Andrea
Zutaten: 135 g Butter, 140 g Schokolade, 4 Eier, 180 g Honig, 200 g Vollkornmehl, 130 g Milch, 1/2 Backpulver, 1/2 Vanilleschote, 1 Eßlöffel Rum, etwas Zitronensaft.

Butter mit Honig und Dottern schaumig rühren, danach abwechselnd mit Milch, Mehl, Backpulver und Milch einmengen. Das steif geschlagene Eiweiß unterheben, eine Stunde bei mittlerer Hitze backen, die ausgekühlte Torte durchschneiden und mit Johannisbeergelee oder Aprikosenmarmelade bestreichen, wieder zusammensetzen, oben und außen herum dünn bestreichen, zum Schluß mit Bioschokolade oder Schokoladentortenglasur überziehen und zwei Stunden stehen lassen. In 12 Stücke schneiden und mit steif geschlagener Sahne servieren.

Wer auf Kakao verzichten möchte, der möge sogenanntes Carobipulver zum Kochen und Backen verwenden. Dieses Pulver wird aus den getrockneten Schoten des Johannisbrotbaumes hergestellt. Man mahlt das Fruchtmark fein und verarbeitet es zu einem kakaoähnlichen Pulver. Es enthält kein Coffein und wird in der Pharmazie auch als Bestandteil eines Hustensaftes verwendet. Bei Infektionen des Darmtraktes setzt man Carobi vor allem bei Kleinkindern ein.

Kalmus

Wird ausschließlich wildwachsend im Herbst gesammelt. Die Wurzelstücke trocknet man frei in der Luft oder bei einer Temperatur von rund 35 Grad. Der Wurzelstock enthält ätherische Öle. Bitterstoffe, Schleim- und Gerbstoffe sowie Cholin und Glykoside. Kalmus wirkt gegen *Blähungen*, Gallenleiden und Stoffwechselbeschwerden. Als Gewürz findet der getrocknete, aromatisch riechende Wurzelstock ebenfalls Anwendung. Man unterscheidet je nach Aufbereitung geschälten und ungeschälten Kalmus, der höheren Gehalt an Wirkstoffen aufweist. Der Geschmack ist etwas bitter. Kalmus wird seit altersher zur Nikotinentwöhnung verwendet. Man kaut ein Stück Kalmuswurzel – das ist zwar anfangs bitter, hilft aber, die Sucht nach der Zigarette zu überwinden.
Kalmus wird vor allem in der islamischen, aber auch der englischen Küche verwendet. Mit der zu Pulver vermahlenen Wurzel würzt man Süßspeisen und

Obstkompotte. Ferner wird Kalmuspulver orientalischen Getränken beigegeben und findet sich auch in appetitanregenden Bitterlikören.
Das Pulver ist weiters Bestandteil zahlreicher Gewürzmischungen wie zum Beispiel Curry. Kalmus verträgt sich gut mit Muskat, Zimt und Vanille. Der Geschmack erinnert an Ingwer.

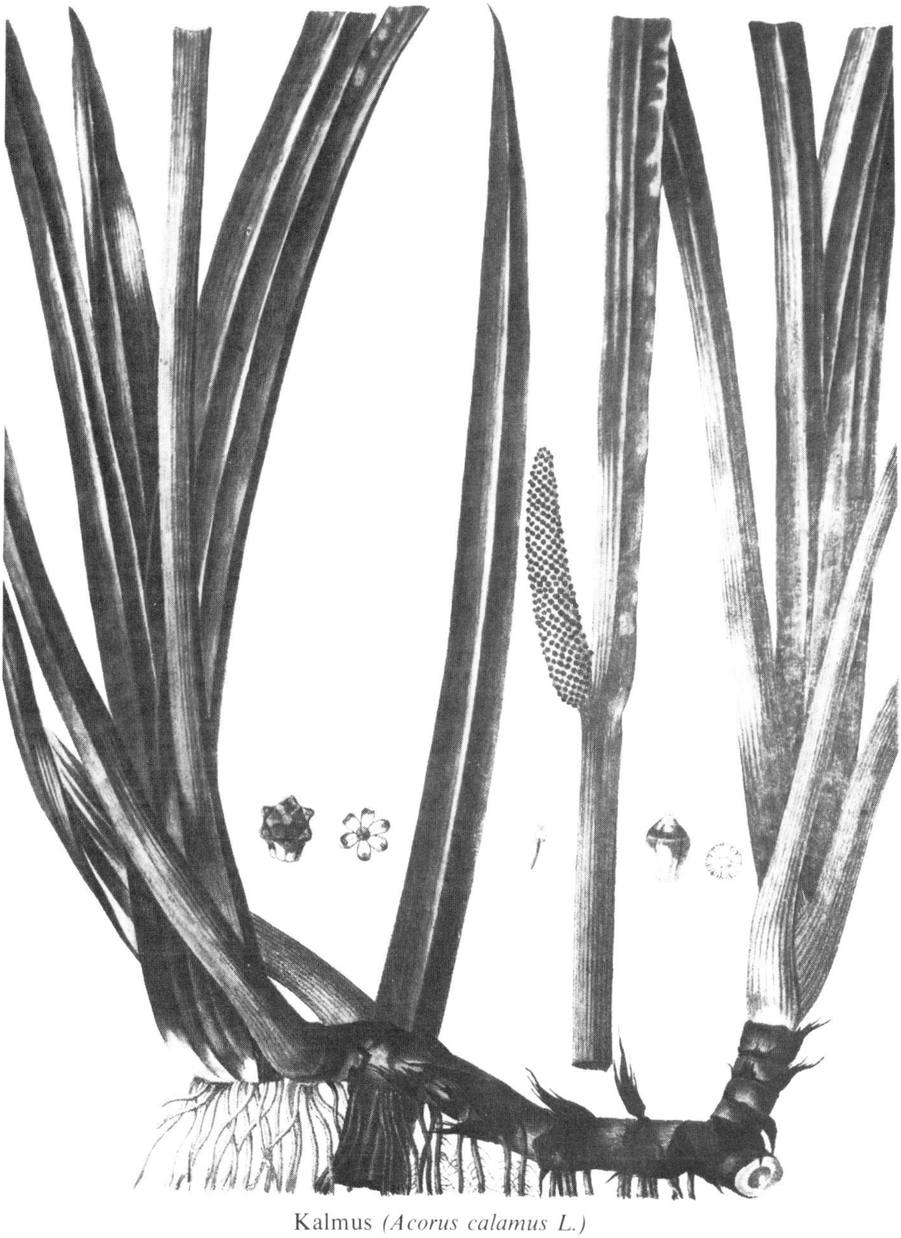

Kalmus *(Acorus calamus L.)*

Kapern

Die als Gewürz in den Handel kommenden Kapern sind die noch fest geschlossenen, meist in Essig und Öl eingelegten Blütenknospen des Kapernstrauches. Sie enthalten Rutin und haben pikanten, etwas bitteren Geschmack. Schon mittelalterliche Kräutersammler empfahlen die in Essig oder Salz eingelegten Kapern vor dem Essen als *Appetitanreger.* Auch heute werden Kapern zur Zubereitung pikanter Vorspeisen verwendet und erfreuen sich großer Beliebtheit.
Wahrscheinlich waren Kapern auch schon den alten Römern und Griechen bekannt. Sogar im Alten Testament werden sie erwähnt.
Kapern nehmen wir heute gerne zum Abschmecken von weißen Saucen, als Würze für Fisch, Klöpse, Reis, Fleischsalate und Gurken. Für Rouladen, Mayonnaisen und Käsespeisen sind Kapern geradezu unerläßlich. Je kleiner sie sind, desto besser schmecken sie. Eingelegt, sind sie nahezu unbegrenzt haltbar. Kapern passen zu Dille, Zwiebel, Senf = Mostrich, Pfeffer, Meerrettich und werden immer erst zum Schluß dem Gericht hinzugefügt. Es besteht die Möglichkeit, aus geschlossenen Gänseblümchenknospen oder den Blütenköpfen der Kapuzinerkresse »falsche« Kapern zu machen, indem man diese in Essig, Salz und Öl zwei Wochen einlegt.

Triester Dorsch
Zutaten: 1000 g Dorsch, 2 Eßlöffel Speiseöl, 1 Eßlöffel Kapern, 6 grüne Oliven, 1 kleines Glas Rotwein, 1 Eßlöffel Zitronensaft, Salz und Pfeffer.

Den Dorsch salzen, pfeffern und von beiden Seiten in heißem Öl anbraten. Dann die feingewiegten Kapern und Oliven dazugeben. Mit Wein übergießen, mit Zitronensaft beträufeln und 20 Minuten dünsten lassen. Man serviert den Triester Dorsch mit Kartoffeln und Salat.

Kardamom

Verwendet werden von dieser Pflanze die Samen. Sie wirken *speichelfördernd, kühlend, gegen Blähungen, harnfördernd* und helfen mitunter auch, wenn die Menstruation ausbleibt. Kardamom-Samen werden Arzneien gegen *Übelkeit* und *Erbrechen* beigemengt. Er ist wie Ingwer in Indien beheimatet und auch mit dieser Pflanze verwandt.
In den Handel gelangen die Samen ausgelöst. In unseren Breiten darf gemahlener Kardamom nur aus ausgelösten Samen hergestellt werden. Ätherische Öle verleihen dem Kardamom den würzigen und etwas scharfen Geschmack.
In der Küche wird dieses Gewürz bei uns nicht sehr häufig verwendet. Dennoch essen wir davon, weil es in einer Pfefferkuchenwürzmischung enthalten ist, das

für Weihnachtsgebäck und Lebkuchen gebraucht wird. Auch verschiedene Kräuterliköre enthalten Kardamom. Das Pulver eignet sich sehr gut zum Würzen von Fisch, Fleischgerichten, gebratenem Schinken, pikanten Saucen, Hühnern.

Nürnberger Lebkuchen
Zutaten: 4 Dotter, 300 g Honig, 280 g Mandeln, 30 g Aranzini, 30 g Zitronat, 8 g Zimt, 1 g Kardamom, 1 g Gewürznelken, Schnee von 4 Eiklar, Backoblaten, Marzipancreme, Zitronensaft, 30 g Mandeln.

Dotter und Honig werden sehr lange gerührt (eine Dreiviertelstunde). Dann mit den geriebenen Mandeln, feingeschnittenem Zitronat und Aranzini sowie den gestoßenen Gewürzen mit dem festen Schnee des Eiklars vermengt. Die Masse kleinfingerdick auf die Oblaten streichen und dabei einen ein Zentimeter breiten Rand lassen. Bei mäßiger Hitze backen. Am nächsten Tag mit Marzipancreme bestreichen sowie mit halbierten weißen Mandeln belegen, trocknen lassen. Das Rezept für Marzipancreme à la Gradwohl finden Sie unter »Nüsse«.

Karotte (Möhre)

Sie enthält 85 Prozent Wasser, weiters Eiweiß, Fett, Kohlenhydrate (in sehr geringen Mengen), Kalzium, Phosphor, Eisen und einige wichtige Vitamine. Um die gesunden und nahrhaften Inhaltsstoffe nicht zu verlieren (diese befinden sich knapp unter der Schale), sollte man Karotten vor dem Kochen nicht schälen. Karotten sind *appetitanregend und windtreibend.* Der Darm benötigt sie wegen der Ballaststoffe.

Karotten werden daher bei Verdauungsstörungen in fast allen einschlägigen Diätplänen empfohlen. Karottensaft hilft bei *Nierensteinen* und *anderen Nierenleiden.* Die Karotte wirkt sogar *blutstillend* und sorgt für *starke Knochen.* Auch der Haut nützt der regelmäßige Genuß dieser Wurzel.

Karottentee aus der ganzen Pflanze zeigt gute Wirkung bei *Gicht.* Gegen *Blasen-* und *Nierensteine* verwendet man den **Extrakt.** Das Blattwerk der Karotte ist ebenfalls reich an Nährstoffen und sollte kleingehackt Salaten beigegeben werden.

Schweizer Rüblitorte
Zutaten: 4 Eigelb, 2 Eßlöffel heißes Wasser, 200 g Honig, 2 Eßlöffel Rum, 100 g Weizenvollmehl, 200 g Mandeln, 200 g Karotten, 4 Eiklar, 1/4 Liter Sahne, 1 gehäufter Teelöffel Backpulver, 3 Eßlöffel Sanddornsaft mit Honig vermischt, 1/4 Liter Sahne für den Belag, 10 g Butter, 40 g gehobelte Mandeln.

Das Eigelb mit heißem Wasser 3 Minuten schaumig schlagen und langsam Honig und Rum dazugeben, dann weitere fünf Minuten schlagen. Nun über die Eigelbcreme das frisch gemahlene Mehl (mit dem Backpulver) geben; darüber kommen die geriebenen Mandeln und die feingeriebenen Karotten. Den Eischnee und die anderen Zutaten vorsichtig unterziehen – nicht mehr rühren. Die Masse in eine gut befettete Backform einfüllen, in das vorgeheizte Rohr schieben und bei 125 Grad 30 Minuten backen. Nach dem Backen auskühlen lassen und dann zweimal durchschneiden. Mit geschlagener Sanddornsahne (Sanddornsaft unter die geschlagene Sahne mischen) füllen. Die Torte wird sodann in Stücke geschnitten und mit einem Teil der geschlagenen Sahne bestrichen. Mit leicht gebräunten, gehobelten Mandeln verzieren.

Karotten auf türkische Art
Zutaten: 500 g Karotten, etwas Kräutersalz, Curry, 1 Zehe Knoblauch, 2 Eßlöffel Olivenöl, 2 Eßlöffel Vollmehl, 1 Becher Joghurt, 1/2 Teelöffel Kümmel.

Die Karotten in 5 Millimeter dicke Scheiben schneiden, in Wasser (nur wenig) kernig dünsten. Dann abseihen und mit Kräutersalz, Curry sowie Knoblauch würzen. In Olivenöl kurz anrösten, anrichten und warmes Joghurt darüber geben. Mit Kümmel bestreuen. Dazu paßt:

Champignonsoufflé
Zutaten: 40 g Butter, 80 g Vollmehl, 4 Eier, 150 g geriebener Emmentaler, 150 g blättrig geschnittene Champignons, 2 Eßlöffel Parmesan, Salz, Muskat, Petersilie.

Mehl und Fett leicht anrösten, vom Herd nehmen, mit Milch aufgießen, aufkochen, bis sich der Teig vom Rand löst. Butter und Käse dazugeben, verrühren und auskühlen lassen. Dann Dotter einrühren und Gewürze hinzufügen. Champignons und Schnee unterheben, in eine befettete Form füllen und bei 100 Grad 30 Minuten backen.

Karottenrohkost
Pro Person nehmen Sie 100 g Karotten, 1 kleinen Apfel, 10 g Haselnüsse, etwas Petersilie, 3 Eßlöffel Milch, 1 Eßlöffel Zitronensaft. Karotten raspeln, Haselnüsse grob mahlen, Apfel reiben und mit den übrigen Zutaten verrühren.

Karotten mit Feldsalat
Zutaten: 5 Eßlöffel kalt geschlagenes Öl, 2 Eßlöffel Obstessig, 1 Eßlöffel frisch geriebener Meerrettich, 500 g Karotten, 100 g Feldsalat.

Das Öl mit Essig cremig rühren und mit fein geraspelten Karotten sowie dem gut gewaschenen Feldsalat anrichten, mit der Salatsauce vermischen.

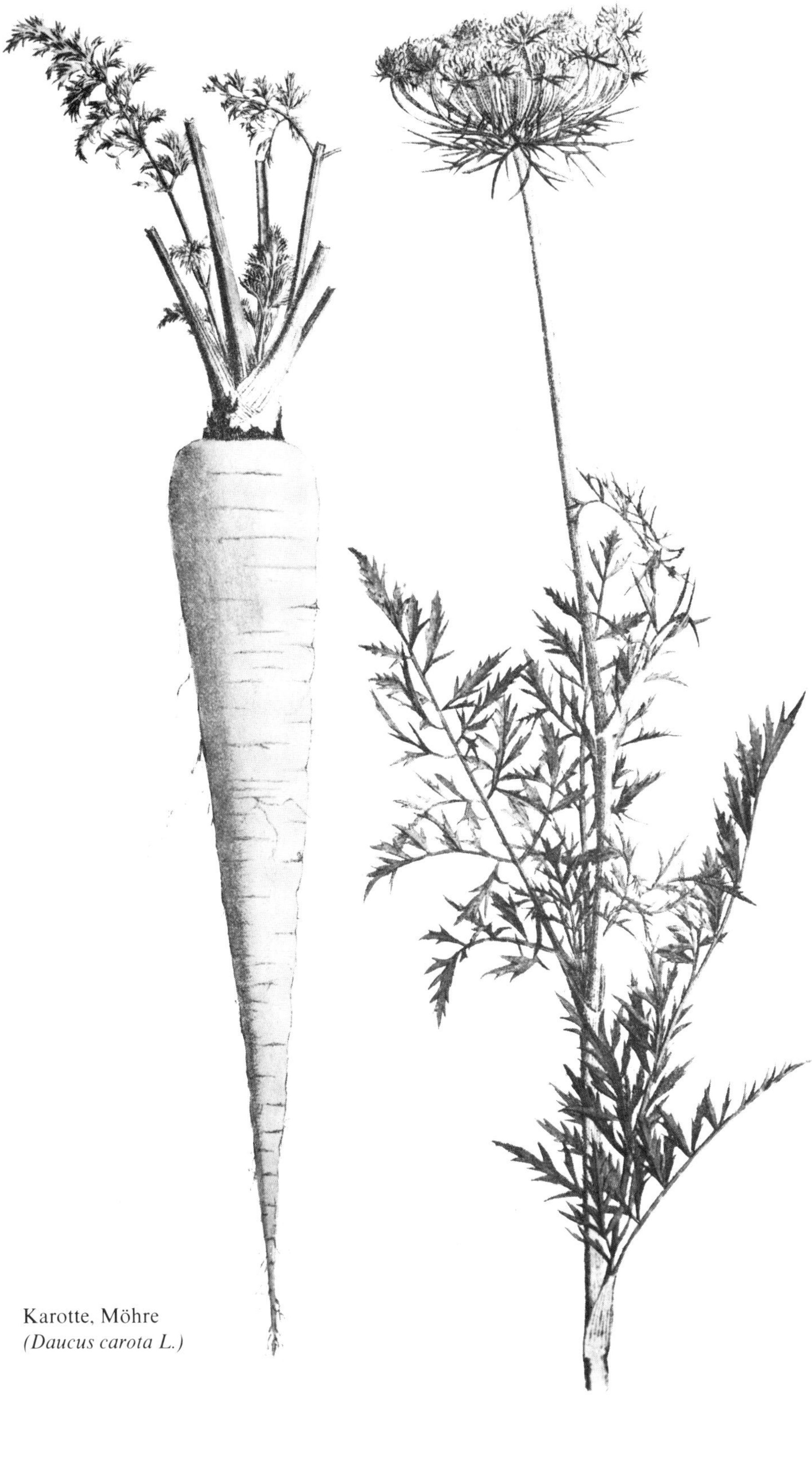

Karotte, Möhre
(Daucus carota L.)

Kartoffel

Die Kartoffel ist ein echtes Vollnahrungsmittel – leicht verdaulich, aber doch reich an Nährstoffen – wie lebenswichtigen Aminosäuren und Mineralien. Bemerkenswert ist der hohe Anteil an Vitamin C. In Kartoffeln findet man wesentlich mehr davon als in Citrusfrüchten. Der Gehalt an Vitamin C ist allerdings stark von der Lagerung abhängig: Im Vergleich zu frischen Kartoffeln verlieren monatelang gelagerte bis zu 80 Prozent Vitamin C! Kartoffeln eigneten sich daher früher als gutes Mittel *gegen Skorbut* (vor allem bei Seefahrern eine gefürchtete Krankheit, die meist mit dem Verlust aller Zähne endete).
Ein Extrakt der Blätter wirkt *krampflösend bei chronischem Husten* und hat auch *beruhigenden Effekt.* Eine Paste aus rohen Kartoffeln, auf *Verbrennungen* gelegt, bringt in den meisten Fällen sofort Linderung. Patienten mit Magenverstimmung und Geschwüren vertragen Kartoffeln bestens. Zuckerkranke und Fettleibige sollten sie allerdings meiden. Dafür mögen Kinder in der Wachstumsphase viel Kartoffeln essen. Wird die Kartoffel geschält, verliert sie viel von ihren gesunden Wirkstoffen. Für uns muß daher das oberste Gebot sein, Kartoffeln ungeschält zu kochen und, wenn irgend möglich, auch ungeschält zu essen. Bei den meisten Kartoffelsorten bestehen da keine Einwände, wenn sie vor der Zubereitung mit einer Bürste gut abgerieben werden. Bei alten Kartoffeln ist es allerdings besser, die Schale nach dem Kochen zu entfernen. Die beste Art der Zubereitung ist nicht das Kochen in Wasser, sondern das Braten in Folie.

Bircher-Benner-Kartoffeln
Zutaten: Pro Person 2 Kartoffeln, die vor der Zubereitung gut gewaschen, gebürstet und halbiert werden. Kümmel, Oregano, Curry und andere Gewürze, etwas Distelöl.

Die Schnittfläche mit gemahlenem Kümmel und den anderen Gewürzen einreiben. Dann mit der Schnittfläche auf ein befettetes Backblech legen. Die Oberseite mit einem geschlagenen Ei bestreichen. Darauf wieder Gewürze streuen. Auch eine Spur Paprika sollte nicht fehlen. Die Kartoffeln nun bei 240 Grad im Rohr 20 Minuten backen. Wer überprüfen will, ob die Kartoffeln schon weich sind, möge sich einer Stricknadel bedienen. Vor dem Servieren mit Distelöl bestreichen – auch Käse kann dazu verwendet werden. In diesem Fall aber nochmals kurz im Rohr gratinieren. Dazu passen: Spiegelei und grüner Salat oder gekochte Broccoli mit Kräuterquark = Kräutertopfen.

Kartoffelpuffer
Zutaten: 1000 g gewaschene und gebürstete Kartoffeln, 1 kleine Zwiebel, 1 Ei, Oregano, 50 g Vollweizenmehl, Kräutersalz, etwas Butter.

Die Kartoffeln samt Schale auf einer Raspel gut reiben, das Vollweizenmehl, Kräutersalz und die feingeschnittene Zwiebel daruntermischen, mit Oregano abschmecken. Nun aus der Masse kleine Fladen formen, die in heißem Öl herausgebacken werden. Im vorgeheizten Backrohr warmhalten. Kartoffelpuffer kann man übrigens auch süß mit Johannisbeermarmelade, Brombeergelee oder Apfelmus essen. Käseliebhaber mögen unter die Kartoffelpuffermasse 50 g Parmesan mengen.

Kartoffelsuppe Gusti
Zutaten: 1 kleine Petersilienwurzel, 1 große Karotte, 1 Stück Sellerie, 1 Stück Lauch, 2 große Kartoffeln, Vitam-Gemüsebrühe, Majoran, Knoblauch, 2 Eßlöffel getrocknete Pilze, Maiskeimöl, etwas Vollweizenmehl, 1 Lorbeerblatt.

Das Wurzelwerk fein reißen oder nudelig schneiden und mit einem Viertelliter Wasser augießen. In Würfel geschnittene Kartoffeln beigeben, ebenso die vorher eingeweichten und abgeseihten Pilze. Sodann mit Gemüsebrühe, Majoran und einer zerquetschten Knoblauchzehe würzen. Die Suppe so lange kochen, bis die Kartoffeln weich sind. Mit Maiskeimöl und Mehl eine lichte Mehlschwitze = Einbrenn machen, diese mit der Suppe verkochen.

Zur Aufrechterhaltung des Säure-Basen-Haushaltes im Körper empfiehlt der Ernährungswissenschafter Waerland den *Basen- oder Gemüsetee* zum Frühstück. In Zeiten großer körperlicher oder geistiger Belastung kann dieser Tee ein ausgezeichnetes Erfrischungsgetränk sein.

Basen- oder Gemüsetee
Zutaten: 2 gewaschene und gebürstete Kartoffeln, die würfelig geschnitten werden, eine in Streifen geschnittene Karotte, eine Petersilienwurzel, 1 Zwiebel, 1/2 Stück Sellerie, 1 große Knoblauchzehe.

Die Zutaten in einem Liter Wasser 15 Minuten kochen. Die Suppe schließlich durch ein Sieb abgießen. Dieser Gemüsetee wird am günstigsten morgens oder auch vor den Mahlzeiten getrunken. Das Gemüse kann eventuell für das Mittagessen aufgehoben und verwendet werden.

Kerbel

Kerbel ist eine einjährige, süßlich-aromatische Pflanze, die von Juni bis August blüht. Die Blüten sind zu Dolden gebündelt. Verwendet werden die Blätter, die aromatisches Öl, Karotin, Vitamin C, Magnesium, Eisen und in kleineren Mengen noch andere Spurenelemente enthalten. Geerntet wird Kerbel vor der Blütezeit, solange er noch grün und fest ist. Dann wird er ähnlich wie Petersilie verwendet.
Mit den gehackten Blättern würzt man Hackbraten, Salatgarnituren, Ei- und Fischgerichte. Auch Sandwiches werden mit Kerbel bereichert. Wenn man Kerbel in Essig einlegt, verbessert man dessen Aroma. Kerbelsuppe kann aus Stielen und Blättern der Pflanze und Vitam-Gemüsebrühe sowie Eigelb gekocht werden. Kerbeltee wirkt recht gut *bei hohem Blutdruck.*

Knoblauch

Wird seit altersher als wahres Wundermittel gepriesen. Knoblauch verfügt über einen hohen Gehalt an ätherischen Ölen und zeichnet sich durch scharfen Geschmack aus. Ein Inhaltsstoff wirkt nachweislich bakterienvernichtend. An sonstigen Wirksubstanzen enthält Knoblauch noch etwa Glykoside, Eiweiß, Vitamine (A, B1, B2, C) sowie Schwefel.
Knoblauch nützt dem Verdauungstrakt, indem er die *Magensaftabsonderung anregt, galletreibend* und *krampflösend* wirkt. Besondere Bedeutung dürfte er im Zusammenhang mit *besserem Blutstrom durch die Herzkranzgefäße* (über die unser Herz ernährt wird) zukommen.
Knoblauch wurde weiters *gegen zu hohen Blutdruck* erfolgreich eingesetzt und besitzt *vorbeugende Wirkung gegen Arteriosklerose* (Gefäßverkalkung).
Im Gegensatz zu den Küchen im Mittelmeerraum ist Knoblauch in Österreich und Deutschland wegen des durchdringenden Geruchs nicht ganz so beliebt, wie es dieses Gewürz zweifellos verdienen würde. Dabei wäre Knoblauch als Würze zu Fleisch, Geflügel und Kaninchengerichten geradezu unentbehrlich. Saucen, Mayonnaisen und feine Kräutersuppen lassen sich mit Knoblauch entscheidend verbessern.
Er ist in zahlreichen Gewürzmischungen enthalten. Man verwendet aber am besten die frischen Zehen. Er verträgt sich praktisch mit allen Gewürzen. Knoblauch kann man mitkochen, sollte ihn aber nicht in heißes Fett geben. Für vier Portionen werden meist zwei Zehen verwendet. Wie angedeutet, nützt am besten die Verwendung von frischem Knoblauch, weil dieser noch alle Wirkstoffe enthält. Beim Kochen verliert auch der Knoblauch den größten Teil seiner Inhaltsstoffe.

Knoblauch
(Allium sativum L.)

Knoblauchdressing
Eine Zehe Knoblauch mit etwas Salz verreiben und ein wenig Honig beimengen. In einen Becher Joghurt rühren und mit Zitronensaft nachsäuern. Sie können natürlich auch eine kleine Zwiebel, Petersilie und Schnittlauch fein wiegen und untermischen. Vor Gebrauch mindestens eine Stunde ziehen lassen. äieses Dressing paßt zu allen Gemüsesalaten.

Knoblauchsauce
Zutaten: 40 g Butter, 40 g Vollkornmehl, etwas Kräutersalz, drei Knoblauchzehen, 3 Eßlöffel saure Sahne (Rahm).

Knoblauch schälen und mit etwas Salz fein zerdrücken. In lichter Mehlschwitze = Einbrenn kurz aufschäumen lassen und mit Wasser aufgießen. Dann abschmecken und zum Schluß die saure Sahne (Rahm) einrühren.

Knoblauchsuppe
Eine Zwiebel fein zerhacken, drei Knoblauchzehen fein zerdrücken und in heißer Butter anrösten. Anschließend etwas Vollmehl einstreuen und lichte Mehlschwitze = Einbrenn machen. Vorher hat man schon aus einem Liter Wasser und drei Eßlöffel Vitam-Gemüsebrühe eine Suppenbasis hergestellt. Mit dieser die Einbrenn aufgießen, mit Salz abschmecken und mit gerösteten Grahamweckerlwürfeln servieren.

Knoblauchlikör
Dient der Vorbeugung von Arteriosklerose und nützt auch bei zu hohem Blutdruck. 250 g Knoblauch schälen und fein schneiden. Anschließend in einem Liter Alkohol zwei Wochen warmstellen. Dann abfiltern. Zur Kur dreimal täglich einen Teelöffel vor den Mahlzeiten einnehmen. Wer den Geruch des Knoblauchs als störend empfindet, kann sich mit Knoblauchkapseln behelfen – diese entwickeln keinen Geruch.

Knoblauchessig
250 g Knoblauch schälen, klein schneiden und mit einem Liter Essig übergießen. Zwei Wochen warmstellen, zwischendurch mehrmals schütteln. Nach zwei Wochen ist diese Knoblauchtinktur fertig und dient als hervorragende Würze.

Koriander
(Coriandrum sativum L.)

Koriander

Dieses Gewürz wird schon bei den alten Ägyptern und Hebräern erwähnt. Man verwendet die Samen, die Öl und andere fette Substanzen enthalten. Die Inhaltsstoffe wirken krampflösend, windtreibend, fieberhemmend und entwässernd. Sie sind weiters in vielen Medikamenten, die gegen Übelkeit, Erbrechen und Unterleibsschmerzen verordnet werden, enthalten.
Ein Absud aus den Samen wird Patienten verabreicht, die stark fiebern. Koriander hilft in dieser Form *gegen Durst* und *lindert die Begleitumstände des Fiebers. Gegen Hämorrhoiden* verwendet, stillt Korianderpulver Blutungen.
Blätter und Früchte finden Anwendung in Wurstfüllungen, Gemüsegerichten, Saucen usw. Auch Koriander ist Bestandteil von Currypulver und besonders in Pilzgerichten sowie Rezepten mit roten Rüben (rote Bete) beliebt. Wichtig ist, daß dieses Gewürz im Gegensatz zu vielen anderen immer mit den Speisen mitgekocht werden muß.
Weitverbreitet ist die Verwendung des Korianders bei Vollkornbackwaren wie

Vollkornbrot

2500 g Mehl werden je nach Geschmack zur Hälfte fein und zur anderen grob vermahlen. Weitere Zutaten: 100 g Leinsamen, 20 g Kümmel, 10 g Anis, 20 g Koriander, 50 g Salz, anderthalb Liter Wasser, 1/2 Liter Buttermilch, 20 g Hefe (Germ).

Die Hefe (Germ) in lauwarmem Wasser auflösen. Leinsamen, Brotgewürze und Salz mit dem trockenen und frisch gemahlenen Mehl vermischen. Wenn das Mehl ganz frisch gemahlen wurde, hat es die gerade ideale Temperatur zum Verarbeiten. Für gutes Gelingen ist wichtig, daß alle Zutaten etwa dieselbe Temperatur besitzen. Nun die Buttermilch, die aufgelöste Hefe sowie das Wasser beimengen und gut kneten, bis glatter, geschmeidiger Teig entsteht, der sich von den Händen löst.
Zwei Stunden an einem warmen Ort gehen lassen, dann nochmals durchkneten und formen. Wieder anderthalb Stunden gehen lassen. Schließlich im vorgeheizten Backrohr bei 240 Grad backen. Nach 20 Minuten auf 200 Grad zurückstellen und weitere 60 Minuten backen. Dann ausschalten und zehn Minuten nachziehen lassen. Es ist vorteilhaft, ins Backrohr ein Gefäß mit Wasser zu stellen, damit die Brotrinde nicht so hart wird.

Kümmel

Dieses Gewürz gehört zu den aromatischen Pflanzen – wie Anis, Dille und Fenchel. Wilder Kümmel wächst überall auf der Welt. Er ist eine zweijährige Pflanze mit gefiederten Blättern. Die Früchte werden fälschlich Samen genannt und enthalten Öl. Der Ölgehalt hängt vom Standort der Pflanze ab und kann stark variieren. Kümmelfrüchte sind *appetitanregend, fördern die Verdauung* und *beseitigen Blähungen.* Entsprechend die Anwendungsgebiete:
Destilliertes Kümmelwasser wird Kleinkindern, die oft stark an kolikartigen Blähungen leiden, verabreicht. Man nennt diese Flüssigkeit *aqua carminativa regia* – königliches Windwasser. Kümmel eignet sich zum Würzen verschiedenster Speisen wie für Kohlgerichte, Kartoffeln, Brot, Eintopfgerichte, Kuchen oder Schweinefleisch. Zarte Frühlingskümmelblätter kocht man in Suppen mit, um ihnen aromatischen Geschmack zu verleihen. Kümmel roh gekaut, nützt gegen schlechten Atem.

Kümmeltee

Einen Teelöffel zermahlene Kümmelfrüchte mit einer Schale kochendem Wasser überbrühen, fünf Minuten ziehen lassen, abseihen und drei Schalen täglich schluckweise und nicht zu heiß trinken. Kümmeltee wirkt gegen Blähungen, bei

Kümmel
(Pimpinella saxifraga L.)

Magen- und Darmbeschwerden und anregend auf die Drüsensekretion im Magen-Darm-Trakt. Bei träger Magentätigkeit ist Kümmeltee zu empfehlen. Für Kinder kocht man einen Teelöffel Samen mit Milch.

Kümmelschnaps
Zwei Handvoll Samen mit einem Liter Weingeist (96%) ansetzen und drei Wochen warm aufbewahren. Danach abseihen und mit Honig etwas süßen. In Flaschen abfüllen. Schon ein kleines Likörglas voll hilft bei Magenkrämpfen und Verdauungsstörungen. Der handelsübliche Kümmellikör enthält leider meist keine Wirkstoffe des Kümmels mehr.

Kümmelsuppe
Zutaten: 50 g Butter, 60 g Vollweizenmehl, 5 g Kümmel, anderthalb Liter Wasser, 1 Eßlöffel Vitam-Gemüsebrühe, 2 Schnitten Vollkornbrot, etwas Kräutersalz.

Butter zerlassen und Mehl zu einer lichten Mehlschwitze = Einbrenn einstreuen. In diese geben wir gehackten Kümmel und gießen mit Wasser auf. Gemüsebrühe hinzugeben und die Suppe fünf Minuten aufkochen lassen. Zum Schluß mit Kräutersalz abschmecken und mit Petersilie bestreuen. Zwei Schnitten Vollkornbrot zu Würfeln schneiden, kurz anrösten und als Suppeneinlage verwenden.

Kümmelstangerl
Zutaten: 200 g Vollkornmehl, 140 g Butter, 3 Eßlöffel Sahne (Rahm), etwas Kräutersalz und 1 Eidotter.

Das Mehl wird mit der Butter vermengt und mit Sahne sowie Salz zu einem Teig geknetet, aus dem man dünne Rollen von etwa zehn Zentimeter Länge formt. Diese mit Dotter bestreichen, mit Kümmel bestreuen und auf einem Blech bei stärkerer Hitze backen.

Lauch (Porree)

Gehört zu den europäischen Nutzpflanzen und stellt beim Anbau keine besonderen Ansprüche. Der Boden sollte tiefgründig und ungedüngt sein. Die jungen Pflanzen werden in Freilandbeeten gezogen. Lauch ist winterhart und damit hervorragend als Gemüse in der kalten Jahreszeit geeignet.
Inhaltsstoffe sind schwefelhaltige ätherische Öle und Geruchsstoffe, weiters Schleim und Zucker. Man könnte Lauch als ein »unverstandenes Gemüse« bezeichnen, denn seine Verwendung erstreckt sich bei uns höchstens auf Suppen. Ganz anders jedoch die französische Küche: Da kann dieses delikate Gemüse seine Qualitäten voll unter Beweis stellen. Lauch gedünstet, als Beilage zu

Fleisch oder Fisch, gehört zu den Lieblingsgerichten aller französischen Feinschmecker. Fisch kann beispielsweise auch auf Lauch gedünstet werden. Verwendet wird die frische Stange nach Entfernung der Wurzeln und der bereits welken Blätter.

Lauchkartoffelauflauf

Zutaten: 300 g Lauch, 600 g Kartoffeln, Butter, 100 g Reibkäse, je 1 Eßlöffel gehackte Petersilie, Liebstöckel und Oregano, 1 gestrichener Teelöffel Kräutersalz und Curry, je 1 Messerspitze Bohnenkraut und Muskatnuß, 100 g saure Sahne (Rahm). Zum Bestreuen 2 Eßlöffel grob gehackte Haselnüsse, 2 Eßlöffel Reibkäse, 30 g Butter, 2 Eier.

Den Lauch putzen und in etwa einen Zentimeter dicke Ringe schneiden. Kartoffeln kräftig bürsten und in spaghettidicke Streifen raspeln. Heizen Sie den Backofen auf 200 Grad vor und fetten Sie eine feuerfeste Form gut an. Dann Käse, Salz und die Gewürze mit Lauchringen und Kartoffelstreifen gut vermischen. Diese Masse in die Form füllen. Nun Sahne mit den Eiern, etwas Muskatnuß und Salz verquirlen und über den Auflauf gießen. Nüsse mit dem Käse mischen und darauf streuen. Darüber noch Butterflocken verteilen. Schließlich die Form zudecken (eventuell mit Alufolie verschließen) und 30 Minuten backen. Die Alufolie abziehen, noch 20 Minuten lang offen backen, bis der Auflauf fest ist. Dazu reichen Sie am besten einen Cocktail aus roten Rüben (rote Bete).

Lauchgemüse

Zutaten: 800 g Lauch, 50 g Butter zum Dünsten, 50 g Butter für die Mehlschwitze = Einbrenn, 70 g Vollmehl, 800 g Kartoffeln, 200 g Karotten = Möhren, etwas Kräutersalz, etwas Oregano.

Den nudelig geschnittenen Lauch mit feingeraspelten Karotten im Fett mit einer Spur Salz im eigenen Saft weichdünsten und zur vorher zubereiteten, lichten Mehlschwitze = Einbrenn geben. Nun fügt man die würfelig geschnittenen Kartoffeln dazu. Aufgießen und langsam kochen, bis die Kartoffeln weich sind. Zum Schluß mit Oregano würzen und eventuell mild nachsalzen.

Lauchsuppe

Fünf Stück größeren Lauch putzen und waschen, fein nudelig schneiden und in 50 g Butter dünsten. Mit 40 g Vollmehl stauben. Nach dem Anrösten aufgießen und etwas Liebstöckel beifügen. Eine Viertelstunde vor dem Anrichten läßt man kleinwürfelig geschnittene Kartoffeln mitkochen. Abschmecken und mit geriebenem Bohnenkraut würzen. Als Einlage empfehle ich geröstete Vollkornbrotwürfel.

Lavendel

Lavendelblätter sind reich an ätherischen Ölen, Harz, Bitter- und Gerbstoffen. Sie wirken im Bereich des Magens und des Darmes krampflindernd und hemmen Durchfälle. Lavendel eignet sich daher besonders gut zu fetten Fleischspeisen und Gemüsen.
In der Heilkunde dient Lavendel als *nervenberuhigendes* Mittel bei Schlaflosigkeit, aber auch bei *Koliken, nervösem Herzklopfen* und *Reizbarkeit.* Selbst leicht *blutdrucksenkende Wirkung* wurde festgestellt.
Als Gewürz nimmt man die getrockneten, bitter schmeckenden und stark duftenden Blätter. In der Heilkunde sowie in der Kosmetik benützt man nur die Blüten. Auf Grund des starken, an Rosmarin erinnernden Aromas soll man nur geringe Mengen verwenden, also sparsam mit diesem Gewürz umgehen. Lavendel findet vor allem in französischen, italienischen und auch spanischen Küchen Verbreitung.
Einige Blatttriebe genügen bereits für Fischsuppen, Fischsalat oder gedünstetes Fleisch mit Gemüse. Besonders beliebt ist eine Gewürzkräutermischung aus der Provence mit Lavendel, Oregano, Basilikum, Bohnenkraut und Thymian. Nie mit Rosmarin zusammen verwenden! Lavendel muß möglichst luftdicht getrocknet werden. Man bewahrt ihn lichtgeschützt auf. Die Haltbarkeit beträgt nur wenig mehr als ein halbes Jahr.
Oft wird Lavendel statt Mottenkugeln verwendet. Füllen Sie die getrockneten Blätter in Mullsäckchen oder ähnliches und legen Sie diese in den Kleiderschrank. Angeblich genügt der intensive Duft, um die Motten zu vertreiben. Die Wäsche erhält außerdem durch diese Maßnahme angenehmen Geruch.

Lavendeltee
Einen Teelöffel Blüten mit einer Schale kochendem Wasser übergießen. Fünf Minuten ziehen lassen, abseihen und drei Schalen täglich warm und schluckweise trinken. Dieser Tee hilft ganz ausgezeichnet gegen Schlafstörungen, gegen die man allerdings auch ein Schlafbad bereiten kann.

Schlafbad
Eine Handvoll blühendes Kraut mit einem Liter kochendem Wasser überbrühen und 15 Minuten ziehen lassen. Den Absud ins Badewasser schütten. Bei angenehmer Temperatur 15 Minuten in der Wanne liegenbleiben und ganz bewußt ruhig und tief atmen. Konzentrieren Sie sich auf die Atmung – dadurch verdrängen Sie all jene Gedanken, die Sie nach einem arbeits- und aufregungsreichen Tag am Einschlafen hindern. Nach dem Baden den Körper nur leicht abstreifen und sofort ins Bett gehen. In Apotheken erhalten Sie Lavendelöl und Lavendelgeist. Beides nach Verordnung des Arztes gebrauchen.

Liebstöckel

Hat als Küchengewürz uralte Tradition und kann in jedem Garten im Halbschatten angepflanzt werden. Liebstöckel ist winterhart. Pro Haushalt genügt der Anbau einer einzigen Pflanze. Alle Pflanzenteile enthalten ätherische Öle, Bitterstoffe, Harze, Zucker und organische Säuren. Liebstöckel *steigert die Harnabscheidung* und *die Gallensekretion* sowie auch *die Drüsentätigkeit im Magen- und Darmtrakt.*
Als Würze finden vor allem die jungen Blätter Verwendung, die sellerieartig riechen und im Geschmack ganz stark dem Würzmittel »Maggi« ähneln. Die getrockneten Blätter werden zuweilen zu Pulver verarbeitet, das man lichtgeschützt aufbewahren sollte. Am besten wäre allerdings, die getrockneten Blätter erst kurz vor dem Gebrauch zu zerstoßen. Gelegentlich werden auch die Wurzeln als Gewürz benützt. Diese verfügen nämlich über gewisse Heilkraft.
Mit den frischen Blättern würzt man Salate, Suppen, Tomaten, Paprika, aber auch Fleisch (Schweine- und Lammbraten), Saucen und Quarkaufstriche.
Liebstöckel ist sehr aromatisch, weshalb eine Messerspitze völlig ausreicht. Liebstöckel paßt gut zu Majoran, Zwiebel und Knoblauch. Aus der Pflanze lassen sich alte Bauernrezepte entwickeln. Wir wollen einige Beispiele anführen.

Luststocksalbe
Diese stellt man her, indem man in Butterschmalz große Mengen von Liebstöckel brät. Der Abguß gilt als hochwirksamer Balsam bei Erkältungen und Halsschmerzen.

Husten- und Bauchwehtropfen
Man füllt eine Weinflasche mit Liebstöckelblättern voll und gießt mit gutem Obstschnaps auf. Danach die Flasche an einem warmen, aber nicht der Sonne ausgesetzten Platz 14 Tage stehenlassen. Anschließend den Saft abgießen und in kleine Flaschen füllen. Bei Husten oder Bauchkrämpfen jeweils ein Likörglas voll trinken.

Liebstöckeltee
Zwei Teelöffel getrocknete oder einen Teelöffel frische, zerkleinerte Wurzeln über Nacht in einer Schale kaltem Wasser ansetzen, in der Früh abseihen und den Absud tagsüber schluckweise trinken.

Lorbeer

Getrocknete Lorbeerblätter dienen seit jeher als Gewürz. Sie enthalten neben ätherischen Ölen auch Glykoside und Bitterstoffe, welche die *Verdauung fördern* und den *Appetit anregen.* Aus den Früchten wird Lorbeeröl gepreßt, das in der Medizin Verwendung findet.
Als Gewürz nimmt man jedoch die Blätter, deren Geruch ganz charakteristisch ist. Gut getrocknete Lorbeerblätter sollen nicht gebrochen, nicht grau, sondern hellgrün sowie fleckenlos und ohne Stiel sein. Man würzt damit Schmorgerichte, Suppen, Gurken, Pilze und Gemüsespeisen. Zum Pökeln von Fleisch und zum Marinieren von Fisch, für Essig, Wildbret und verschiedene Fischspeisen wird Lorbeer ebenfalls verwendet. Lorbeerblätter sind überdies in zahlreichen Gewürzmischungen enthalten. Alle salzigen Speisen werden mit Lorbeerblättern feiner. Die Blätter kocht man immer mit – ein Blatt reicht für vier Personen. Lorbeerblätter sollten höchstens zwei Jahre lagern. Am besten erneuert man jedoch den Vorrat jedes Jahr.
Das bereits erwähnte *Lorbeeröl* wird äußerlich gegen Zerrungen, Quetschungen und manchmal auch als Ohrentropfen verwendet. *Lorbeersalbe* schmiert man auf Furunkel und Abszesse.

Lorbeerkartoffeln
Zutaten: 1000 g Kartoffeln, Salzwasser, 60 g Fett (Butter), 60 g Vollmehl,
1 Zwiebel, Petersilie, etwas Kräuteressig, 4 Eßlöffel saure Sahne (Rahm),
1 Lorbeerblatt, etwas Thymian, 6 Essiggurken.

Die Kartoffeln werden gedämpft, geschält und in Scheiben geschnitten. Sodann in brauner Mehlschwitze = Einbrenn aus Fett und Mehl feingehackte Zwiebel und Petersilie anrösten. Nach Aufgießen mit Wasser Salz, Essig, feingehackte Gemüse und saure Sahne beimengen und die Sauce gut verkochen. Schließlich die Kartoffelscheiben, die blättrig geschnittenen Gurken, noch etwas Sahne und die Sauce vermischen. Je nach Geschmack mit Zitronensaft oder auch Dille nachwürzen.

Lorbeer *(Laurus nobilis L.)*

Löwenzahn

Der als Unkraut bezeichnete Löwenzahn gehört tatsächlich zu den wichtigen Arzneipflanzen. Man sammelt die Wurzeln vor der Blütezeit im Februar und März und kann sie in gekochtem Zustand in kleinen Mengen genießen. Sie wirken *harntreibend* und können in der *Diabetikerkost* eine Rolle spielen.
Die Blätter *regen die Verdauungsdrüsen* an und haben ebenfalls *harntreibende* sowie *leicht abführende Wirkung.* Ich empfehle die jungen Blätter (im Salat) oder den Preßsaft im Rahmen von Frühlingskuren einzunehmen.

Löwenzahnsalat
Acht Handvoll junge Löwenzahnblätter sammeln, gut waschen und dann gut abtropfen lassen. Zusammen mit zwei Eßlöffeln Walnußkernen grob hacken und mit einem Eßlöffel Honig vermischen. Aus drei hartgekochten Eiern schält man das Eigelb heraus und zerdrückt es mit einer Gabel. Nun Eigelb mit einem halben Eßlöffel Zitronensaft vermengen sowie mit vier Eßlöffeln Sonnenblumenöl, etwas Paprika, Pfeffer, einem Teelöffel Senf und einer Spur Kräutersalz. Gut durchmischen und über den Löwenzahn gießen. Nun Schnittlauch feinschneiden und das gekochte Eiweiß ebenfalls feingehackt über den Salat streuen.

Löwenzahnsirup
100 g Löwenzahnblüten waschen, gut abtropfen lassen und in einem Mörser zerquetschen. 50 g junge Tannentriebe und einen halben Liter destilliertes, gekochtes Wasser beigeben. Auf einem warmen Platz 24 Stunden stehenlassen, dabei mehrmals umrühren. Nun 500 g Honig sowie Schale und Saft einer ungespritzten Zitrone dazumengen. Fünf Minuten auf kleiner Flamme kochen lassen, abseihen und in kleine Flaschen füllen.

Löwenzahnaperitif
400 g zarte Löwenzahnblätter waschen und nudelig schneiden. Eine kleine Sellerieknolle, vier Äpfel, vier kleine Rüben würfelig schneiden, alles zusammen mit dem Saft von zwei Zitronen und einem Becher Joghurt im Mixer pürieren. Dazu etwas Tomatensaft und ein wenig süße Sahne (Rahm) beigeben, mit einer Brise Cayennepfeffer und etwas Selleriesalz abschmecken. So kalt wie möglich servieren.

Bei *Preßsaft,* mit dem Sie vier Wochen lang im Frühjahr eine richtige Kur machen können (dreimal täglich einen Eßlöffel voll einnehmen), ist etwas Vorsicht geboten: Es kann zu Unverträglichkeitsreaktionen kommen. In diesem Fall ist die Kur zu unterbrechen. Verwendet werden Wurzeln und Blätter.
Löwenzahntee ist nicht ganz so wirksam wie der Preßsaft, sollte aber vor allem

Löwenzahn
(Taraxacum officinale)

im Winter doch hin und wieder getrunken werden. Nehmen Sie dafür zwei Teelöffel getrocknete Wurzeln und Blätter und stellen Sie diese in einer Schale kaltem Wasser zu. Bis zur Siedehitze bringen und fünf Minuten ziehen lassen. Tagsüber dreimal lauwarm und schluckweise trinken.

Majoran

Das Majorankraut enthält ätherische Öle, Gerbstoffe, Bitterstoffe und andere Substanzen, die sich *verdauungsfördernd* und *harntreibend* auswirken. Weitere Effekte: Majoran ist *beruhigend* und *krampflösend.* Wegen des hohen Gerbstoffgehaltes empfiehlt man ihn *gegen Durchfall* und verwendet das Kraut gerne zum Würzen fetter Speisen.
Als Gewürz findet getrockneter Majoran Anwendung. Frisches Majorankraut kann allerdings auch als Suppengrün genommen werden. Es ist in ganz Mitteleuropa verbreitet. Mit Majoran würzt man vornehmlich Hülsenfrüchte und Gemüsesuppen, gedünstetes und geschmortes Hammelfleisch, Hackbraten, fettes Geflügel, Bratkartoffeln, Füllmassen und gegrillte Fleischspeisen. Bei der Wurstherstellung ist Majoran sogar unentbehrlich – es heißt im Volksmund auch Wurstkraut.
Als Hauptwürze nur mit Salz und Pfeffer benützen. Sehr sparsam gebraucht, harmoniert Majoran mit Thymian, Salbei und Rosmarin, paßt aber keinesfalls zu Oregano. Getrocknet ist Majoran etwa ein Jahr haltbar.

Kartoffelcremesuppe mit Majoran
500 g Kartoffel waschen, bürsten und raffeln. Dann die geraspelten Kartoffeln mit Wasser 10 Minuten aufkochen. Aus Mehl und Butter eine lichte Mehlschwitze = Einbrenn anfertigen, darin eine feingeschnittene Zwiebel und ein wenig Petersilie anrösten. Nun mit dem Kartoffelabsud aufgießen, Majoran, eine Spur Pfeffer und etwas Salz beigeben und die Suppe gut verkochen lassen. Kurz vor dem Anrichten Sahne (einige Eßlöffel) hinzufügen und nochmals aufwallen lassen. Beim Servieren feingehackten Schnittlauch auf die Suppe streuen.

Majorankartoffeln
800 g Kartoffeln in Salzwasser dämpfen und in Scheiben schneiden. Aus 60 g Butter und derselben Menge Vollmehl eine braune Mehlschwitze = Einbrenn machen, diese mit Wasser aufgießen und mit Vitam-Gemüsebrühe würzen. Mit Majoran vermischen und kochen lassen. Mit Essig abschmecken und schließlich die Kartoffelscheiben in die Sauce geben.

Majoranfleisch
Zutaten: 50 g Sonnenblumenöl, 120 g Zwiebel, 500 g Rindfleisch, etwas Kräutersalz, Wasser, 1 Teelöffel Vitam-Gemüsebrühe, 10 g Vollmehl, Majoran, 1/8 Liter saure Sahne (Rahm).

Die gehackte Zwiebel in heißem Fett feinrösten. Dann Essig, großwürfelig geschnittenes Rindfleisch, etwas Wasser, Salz und feingewiegtes Gewürz dazugeben. Das Fleisch nun unter häufigem Begießen mit Wasser und Beigabe der Gemüsebrühe weich dämpfen. Ist das Fleisch weich und der Saft verkocht, wird mit Mehl gestaubt. Nochmals Majoran, saure Sahne und Wasser hinzufügen und die Sauce aufkochen lassen. Als Beilage schmeckt vorzüglich gedämpfter Vollreis.

Majorantee
Er wird gegen Appetitlosigkeit und Husten verabreicht. Nehmen Sie zwei Teelöffel getrocknetes Kraut und überbrühen Sie mit einer Schale gekochtem Wasser. Fünf Minuten ziehen lassen. Täglich zwei Schalen schluckweise trinken. Für Kinder mit Honig süßen.

Majoranöl
Wer Majoran anbaut, kann das Öl selbst herstellen. Ein Glas mit großer Öffnung nehmen, frischblühendes Majorankraut hineinschneiden, bis das Glas voll ist. Nun kalt gepreßtes Olivenöl hineingießen, gut verschließen und mindestens vier Wochen in die Sonne stellen. Nach dieser Zeit das Öl durch ein Tuch abseihen und auspressen. In dunkle Flaschen füllen und für den Winter aufheben. Majoranöl eignet sich gut für Gliederschmerzen und Nervenentzündungen als Einreibung.

Mayonnaise

Mayonnaisen ohne Eier sind leicht bekömmlich und haben den Vorteil eines niedrigen Cholesteringehaltes. Sie sind somit auch für Menschen mit Störungen des Fettstoffwechsels verträglich.

Quark-(Topfen-)mayonnaise
Zutaten: 2 Eßlöffel Quark (Topfen), 2 Eßlöffel Milch, 2 Eßlöffel Gemüsebrühe, 1 Kaffeelöffel Senf, 1 gestr. Teelöffel Currypulver, 1 Teelöffel zerstoßener Koriander, 1 Messerspitze geriebenes Bohnenkraut, 1 Spur Kräutersalz, Zwiebelpulver, Knoblauchpulver.

Alles mit einer Schneerute oder einem Küchenstab gut verquirlen, 3 Eßlöffel kalt gepreßtes Öl hinzufügen, 1 Kaffeelöffel Zitronensaft und je nach Dicke der Sauce etwas Quark (Topfen). Glatt rühren und kalt stellen.

Kräutermayonnaise
Zutaten: 1/2 Zwiebel mittlerer Größe ganz fein hacken, 1/8 Liter Sahne = Schlagobers, 1 Bund Petersilie fein gewiegt, 1 Knoblauchzehe in Kräutersalz

zerdrückt, 1 Kaffeelöffel Zitronensaft, 1 Kaffeelöffel Senf scharf, 1 Messerspitze Kräutersalz zum Abschmecken, 1 Prise Muskat.

Die Zutaten in eine Rührschüssel geben und mit einem Handmixer zu einer Creme verrühren, wer keinen Mixer hat, kann eine Schneerute verwenden.

Mayonnaisen eignen sich besonders gut als Beigabe zu Getreidespeisen wie z. B. Buchweizenfrikadellen, Hirselaibchen und ähnlichem, aber auch zu Rohkost und Salaten.

Meerrettich

Meerrettich, auch Kren genannt, ist reich an Vitamin C und enthält so wichtige Mineralien wie Kalium, Magnesium, Kalzium und Eisen. Weiters ätherische Öle. Meerrettich *regt die Magen- und Darmsekretion an.* Die Wurzel *fördert die Verdauung* und wird daher sinnvollerweise für fette Speisen verwendet. Der Genuß ist aber wegen des hohen Vitamin-C-Gehaltes im Vorfrühling – wo wir schon an Vitaminmangel zu leiden beginnen – als Vorbeugung gegen Grippe zu verwenden.
Als Gewürz dient die frisch geschälte und auf einem rostfreien Eisen geriebene Wurzel. In österreichischen und deutschen Küchen schneidet man Meerrettich auch in Scheiben und verwendet ihn als Einlegegewürz für Gurken, rote Bete und Mischgemüse. Rohen, geriebenen Meerrettich serviert man als appetitanregende Beigabe zu Bauchfleisch, kurz angebratenem Fleisch vom Tafelspitz bis zum Steak und zu Fischgerichten, aber auch zu hartgekochten Eiern und Fettkäsen. Darüber hinaus wird Meerrettich zur Geschmacksverbesserung für Senf, Mayonnaisen, Sahnesaucen und Quark (Topfen) benützt. Sehr beliebt ist in unseren Breiten der sogenannte »Apfelkren«, ein Gemisch aus geriebenen Äpfeln und Meerrettich unter Beigabe von etwas Essig.

Warmer »Semmelkren«
Zutaten: 3 Grahamweckerln, 1/4 Liter Gemüsebrühe, 2 Eßlöffel Sahne, 20 g Butter, 40 g Meerrettich, 1 Eidotter, etwas Salz.

Die Grahamweckerln werden blättrig geschnitten und in kalter Gemüsesuppe eingeweicht. Aufkochen, versprudeln und mit geriebenem Meerrettich, Sahne, Eidotter, Salz und etwas Butter vermischen.

Sahne-Meerrettich (= Oberskren)
Zutaten: ½ Liter Sahne, 20 g Vollmehl, 20 g Butter, 20 g Honig, etwas Salz, Meerrettich je nach Geschmack.

Das Mehl mit ein wenig Sahne glatt verrühren, die übrige Sahne aufkochen lassen. Eingerührtes Mehl, Butter, Honig und Salz beimengen und so lange kochen, bis eine dicke Sauce entsteht. Gerissenen Meerrettich nach Geschmack hinzufügen. Dieser »Oberskren« wird sehr gerne zu gekochtem Schinken serviert.

Mandel-Meerrettich
Zutaten: 40 g Butter, 20 g Mandeln, 40 g Vollmehl, ½ Liter Milch, etwas Salz, Honig und Meerrettich nach Geschmack.

Geriebene weiße Mandeln werden in Butter geröstet und mit Mehl gestaubt. Wenn das Mehl angeröstet ist, mit kochender Milch aufgießen, Honig und eine Prise Salz hinzufügen. Alles gut verkochen lassen und knapp vor dem Anrichten geriebenen Meerrettich je nach Geschmack daruntermengen.

Neben der eingangs erwähnten verdauungsfördernden Wirkung mildert Meerrettich auch Hustenreiz, *verflüssigt zähen Schleim, treibt Harn* und *beseitigt Blähungen.* Er wird gerne gegen Gicht, Rheuma, Bronchialkatarrh und Infektionen empfohlen. Vorsicht: Durch den Genuß größerer Mengen könnte es zu Nierenreizungen kommen. Gegen Verdauungsschwierigkeiten hilft:

Rote-Bete-Meerrettich
Gekochte rote Rüben (rote Bete) werden auf dem Reibeisen gerieben und mit ebenfalls geriebenem Meerrettich sowie Äpfeln und Essig vermengt. Eine Stunde ziehen lassen und dann als Beilage zu Hauptspeisen servieren.

Rote-Bete-Cocktail
Zutaten: 3 mittelgroße rote Bete, 4 Äpfel, ⅛ Liter Sahne, 2 Eßlöffel Zitronensaft und frischer Meerrettich.

Rote Bete (rote Rüben) gut waschen, bürsten und auf einer Raspel feinreiben. Ebenso einen Apfel zubereiten. Die restlichen Äpfel werden in Würfel geschnitten. Alles mit Zitronensaft und Meerrettich vermengen. Die Sahne steif schlagen und unterziehen. Noch ein erprobtes Mittel gegen Grippe: Eine Messerspitze frisch geriebenen Meerrettich mit Honig vermischen und mit Brot essen.

Melisse

Die bei uns beheimatete Zitronenmelisse erntet man am besten bei kühlem, trockenen Wetter zur Mittagszeit – da ist der Gehalt an ätherischen Ölen am größten. Das Kraut im Schatten trocknen. Melisse enthält in frischem Zustand auch Vitamine, wirkt *appetitanregend, beruhigend* und *leicht blutdrucksenkend.* In vielen Fällen bewährt sich Melissentee *bei Migräne.* Als Gewürz verwendet man in erster Linie die jungen, vor der Blüte gesammelten Blätter, die ihre ursprüngliche Farbe nicht verlieren sollten.
Getrocknete Melissenblätter finden vor allem in Gewürzmischungen Verwendung. Sie verlieren den eigenartigen Zitronengeruch leider sehr rasch, weshalb man den Vorrat alljährlich erneuern muß. Am besten lichtgeschützt in dicht schließenden Gefäßen aufbewahren.
Mit frischen Melissenblättern würzt man fertige Speisen, zu denen das Zitronenaroma paßt: Salate, Suppen, Fischgerichte, Kräutersaucen, Pilzgerichte, Joghurt, Milchgetränke, Bowlen, Limonaden und Essig. Gut schmeckt gekochter Reis, der mit einigen frischen, zerkleinerten Melissenblättern geschmacklich abgerundet wird.

Sauce für Wildsalate
Drei Eßlöffel Quark (Topfen), zwei Eßlöffel Zitronensaft, drei Eßlöffel Milch, zwei Eßlöffel Öl und je einen Eßlöffel Fenchelkraut, Borretsch, Zitronenmelisse sowie eine Prise Salz, etwas Honig und ½ Teelöffel Paprika gut vermischen und über Wildkräuter gießen.

Der berühmte *Melissengeist* wurde von den Karmeliterinnen im 17. Jahrhundert als Medikament entdeckt und besteht aus Alkohol, Wasser, Melisse, Nelken, Muskat und Zitronenschale. Wer selbst einen Auszug herstellen möchte, der nehme: Vier Hände voll frischer Melissenblätter und eine Handvoll Pfefferminzblätter. Diese in einem Liter 96prozentigem Alkohol oder hochwertigem Obstbrand ansetzen und die Flasche zwei Wochen in der Sonne stehen lassen. Dann abfiltern. Dreimal täglich 15 Tropfen genügen, um die gewünschte Wirkung auf lädierte Nerven zu erreichen.

Schlaftee
Mischen Sie zu gleichen Teilen Melisse und Hopfen und überbrühen Sie davon einen Teelöffel voll mit einer Schale kochendem Wasser. 10 Minuten ziehen lassen und abends 20 Minuten vor dem Schlafengehen, mit Honig gesüßt, langsam trinken.

Melisse
(Melissa officinalis L.)

Mohn

Man versteht darunter den sogenannten Schlafmohn, dessen reife Samen 50 Prozent Öl, aber keine giftigen Inhaltsstoffe in sich bergen. Diese kommen nur im Milchsaft der Mohnkapsel vor und werden zur Herstellung von Arzneimitteln, aber leider auch für Rauschgift verwendet. Allerdings benützt man hier eine andere Art des Schlafmohns, die in Asien beheimatet ist. Die in Mitteleuropa wachsende Mohnart hat hohen Nährwert und enthält neben Eiweiß auch Zucker, Mineralstoffe und organische Säuren.
Mohn ist ein beliebtes Genußmittel. Als Gewürz verwendet man ausschließlich die reifen Samen, die süßlichen Geschmack besitzen. Mohn dient der Zubereitung süßer Füllmassen und wird für Kuchen anstelle von Walnüssen gerne verwendet. Mit ganz licht gemahlenen Mohnkörnern würzt man vorzugsweise Salzgebäck.

Mohngolatschen
Zutaten: 300 g Mehl, 20 g Hefe, 50 g Honig, 1/8 Liter Milch, 1 Ei, Salz, 50 g Butter, 50 g Vollkornmehl.

Man bereitet festen Hefeteig und läßt ihn aufgehen. Dann auf einem bemehlten Brett auseinanderdrücken und in viereckige Stücke schneiden. Die Mohnfülle daraufgeben, die Ecken übereinanderschlagen und zusammendrücken. Die »Golatschen« nun mit der oberen Seite nach unten auf das befettete Blech legen und nochmals aufgehen lassen. Dann mit Eiklar bestreichen und nach Wunsch gehackte Mandeln daraufstreuen. Bei mäßiger Hitze backen.

Mohnfülle
Zutaten: 20 g Mohn, 80 g Honig, 1/8 Liter Milch, 20 g Rosinen, Zitronenschalen, Zimt.

Den Honig in Milch aufkochen und darin feingeriebenen Mohn weich kochen. Mit Rosinen, Zimt und Zitronenschalen vermengen. Zur Verbesserung des Geschmacks kann man auch kleingeschnittenes Zitronat dazugeben.

Mohntorte
Zutaten: 120 g Butter, 150 g Honig, 4 Eidotter, 150 g Mohn, 50 g Zitronat, Zitronenschale, Eiklar von 4 Eiern, etwas Mehl für die Backform.

Butter flaumig rühren, mit Honig und Dottern gut abtreiben. Dann mit geriebenem Mohn, feingeschnittenem Zitronat und steifgeschlagenem Schnee vermengen. Die Masse in einer befetteten und mit Mehl bestreuten Form eine Stunde backen. Diese Torte kann mit Johannisbeergelee bestrichen werden.

Muskatnuß

Dieses Gewürz enthält sehr viel Öl, das der Muskatnuß den charakteristischen Geruch und Geschmack verleiht. Aus Muskatblüten preßt man Öl, das unter dem Namen Muskatbutter in den Handel gelangt. Muskatbutter findet in der pharmazeutischen Industrie Verwendung.
Die Frucht ist pfirsichartig und ockergelb. Bei Vollreife springt das Fruchtfleisch auf, und in seinem Inneren befinden sich Samen, die von einem fleischigen Mantel umgeben sind. Dieser Mantel wird entfernt und ist als Muskatblüte bekannt. Der eigentliche Samen ist die Muskatnuß.
Das Gewürz war schon im 16. Jahrhundert bekannt und beliebt. Man würzte damals Spinat, Saucen, Fleischgerichte, Muscheln und Pasteten mit Muskatnuß. Heute wird Muskatnuß außerdem noch in Weihnachtsbäckerei und anderen Mehlspeisen verwendet. Muskat ist weiters Bestandteil verschiedener Gewürzmischungen und paßt gut zu Pfeffer, aber auch zu Lorbeer. Mit Muskatnuß nur in kleinsten Dosen würzen! Die Nuß hält sich etwa zwei bis drei Jahre.

Muskatbäckerei
Zutaten: 200 g Mandeln, 200 g Honig, 1 Ei, 2 Gewürznelken, Zimt, Muskatnuß, Butter und Mehl für das Blech.

Ungeschälte, geriebene Mandeln, Honig, Ei, geriebene Muskatnuß, gestoßene Nelken und Zimt auf einem Brett zu Teig verarbeiten. Daraus eine daumendicke Wurst rollen. Nun rund drei Zentimeter lange Stückchen abschneiden, mit einer halbierten Mandel belegen und auf ein befettetes Blech geben. Im Rohr nicht zu schnell backen.

Auch medizinisch hat Muskat Bedeutung: Es wirkt gegen Blähungen und regt in höherer Dosierung den Geschlechtstrieb an. Jedoch ist Vorsicht geboten, da bei Überdosierung Krämpfe, Schwindelgefühle auftreten können. Muskat kann allerdings auch *bei Kreislaufbeschwerden* und *zu niedrigem Blutdruck* ein wenig zur Verbesserung der Situation beitragen. Das Öl eignet sich als *Einreibemittel bei Zerrungen, Neuralgien und Kopfschmerzen.*

Nelkenwurz

Wächst bei uns unter Büschen in lichten Wäldern und auf Schuttplätzen. Sie ist eine ausdauernde Krautpflanze und hat einen dichtverzweigten, bis zu 2 cm dicken Wurzelstock sowie kleine, unscheinbare, feinblättrige, gelbe Blüten.

Nelkenwurz fand früher in Bauernküchen viel Verwendung, später wurde sie jedoch von Nelke und Zimt mehr und mehr verdrängt. Wer sie jedoch in einer sauberen Umwelt findet, sollte das blühende Kraut zwischen Mai und Juni sammeln, bzw. die Wurzeln im September oder Oktober ausgraben.

Wie hoch die Heilwirkung der Nelkenwurz eingeschätzt wurde, zeigt schon der volkstümliche Name »Allerweltsheil«! Man schreibt dem blühenden Kraut *stopfende, entzündungswidrige* und *gefäßzusammenziehende Wirkung* zu. Außerdem hilft es gegen *Durchfall, Magenschmerzen, Appetitlosigkeit.*

Früher wusch man auch schlecht heilende Wunden in Nelkenwurzheilbädern. Die Wurzel wird gereinigt, getrocknet und an Stelle von Gewürznelken und Zimt in der Küche verwendet. *Apfelkompott* mit Gewürzwurzeln gekocht und über Nacht in den Kühlschrank gestellt, zeichnet sich durch besonders gutes Aroma aus.

Als *Teeaufguß* nimmt man 2 Teelöffel Kraut, die man mit 1 Tasse kochendem Wasser überbrüht. 5 Minuten ziehen lassen und 2 Tassen täglich trinken. Bei Appetitlosigkeit und Magenentzündungen empfiehlt es sich, einen Teelöffel getrocknete, zerkleinerte Wurzeln mit einer Tasse kaltem Wasser ansetzen, 12 Stunden ziehen lassen, nach 12 Stunden abseihen und diesen Auszug schluckweise zu trinken.

Nelkenwurz *(Geum urbanum L.)*

Nuß

Nüsse gehören zu den energiereichsten Nahrungsmitteln – sie haben nahezu doppelt so viele Kalorien wie beispielsweise Getreide. Das ist auf den besonders hohen Fettanteil (50 bis 60 Prozent) zurückzuführen. Weiters verfügen Nüsse über sehr viel Eiweiß. In der Folge sollen einige bei uns häufig verwendete Nußarten ein wenig ausführlicher besprochen werden.

● **Walnuß**
Sie beinhaltet außer Fett und Eiweiß auch reichlich Mineralien, gilt als ausgezeichnetes Stärkungsmittel für Rekonvaleszente und soll zudem vorbeugend gegen Rachitis wirken. Bei Rheuma oder Beschwerden im Bereich der Harnwege sollten Walnüsse auf dem Speisezettel aufscheinen. Angeblich sorgt regelmäßiger Genuß von Walnüssen auch für eine Verbesserung bei Nachtblindheit, einer vor allem von Autofahrern gefürchteten Erscheinung. Für Heilzwecke werden auch die Blätter verwendet: Ekzeme und andere Hautprobleme kann man (nach genauer ärztlicher Diagnose) mit Umschlägen aus Walnußblättern behandeln. Gegen Schwellungen der Lymphdrüsen – deren Ursache ebenfalls ärztlich abgeklärt gehört – nützen oft Trinkkuren mit Walnußblättertee, der einige Monate zweimal täglich getrunken wird.
Am besten schmecken Walnüsse, wenn sie reif und trocken sind. Das ist meistens im Oktober oder November der Fall.
Unreife, noch grüne Früchte werden seit alters her für einen sehr hilfreichen *Magenschnaps* angesetzt. Man nimmt die Früchte dann, wenn sie noch mit einer Nadel zu durchstechen sind. In vier Teile schneiden und in eine weithalsige Weinflasche füllen. Mit Weingeist (96 Prozent) aufgießen, bis die Nüsse ganz bedeckt sind. Die Flasche an einen sonnigen Platz stellen und mindestens zwei Monate stehenlassen. Dieser Schnaps wirkt bei Verdauungsbeschwerden: Zweimal täglich einen Eßlöffel nehmen.

Nußkuchen
Zutaten: 100 g Butter, 140 g Honig, 2 Eier, 2 Dotter, 140 g Vollkornmehl. Für die Fülle: 2 Eiklar, 150 g Honig, 120 g Nüsse, 30 g Mandeln, Butter und Mehl für die Backform.

Die Butter mit Honig, Eiern und Dottern sehr schaumig rühren, mit Mehl vermischen und in einer Tortenform hell backen. Mit folgender Fülle bestreichen: In den festen Schnee des Eiklars Honig, geriebene Nüsse und Mandeln mischen. Dann noch eine Viertelstunde ins Rohr stellen.

»Hausfreunde«
Zutaten für diesen Energiespender aller Sportler und Wanderer: 200 g Honig, 4 Eier, 200 g Butter, 250 g Vollkornmehl, 100 g Walnüsse und Haselnüsse

Walnuß *(Iuglans regia L.)*

gemischt, 100 g Rosinen, drei Rippen Schokolade oder 60 g Bioschokolade (siehe Kakao).

Honig, Butter und Dotter schaumig rühren. Geschnittene Nüsse, Rosinen und geriebene Schokolade beimengen. Mehl, eine Messerspitze Backpulver und Schnee aus drei Eiklar darunterrühren. Das Backblech mit Fett bestreichen und die Masse daraufgeben. Bei mittlerer Hitze backen, in Stangen schneiden und auf einer Schüssel auskühlen lassen.

● Haselnuß

Haselnüsse enthalten im Vergleich zu Walnüssen dieselbe Fettmenge, aber mehr ungesättigte Fettsäuren. Auch der Anteil an Kalzium ist wesentlich höher. Weitere Vorteile der Haselnuß: Sie ist leichter verdaulich, blutstillend und gefäßverengend. Letztere Eigenschaft kann natürlich nur für Leute mit zu niedrigem Blutdruck als Vorteil bezeichnet werden – Hypertoniker (Hypertonie = Bluthochdruck) sollten beim Genuß von Haselnüssen eher vorsichtig sein.
In der Volksmedizin genießen Haselnüsse den Ruf, Potenz und Fruchtbarkeit zu steigern.

Haselnußcreme

Zutaten: 1/8 Liter Milch, 3 Dotter, 1 Ei, 10 g Reismehl, 30 g Haselnüsse, 30 g Honig, 1/16 Liter Sahne.

Milch, Dotter, Reismehl und Honig über Dampf zu einer dicken Masse schlagen, erkalten lassen und dann mit gerösteten und geriebenen Haselnüssen sowie steifgeschlagener Sahne vermischen.

Haselnußplätzchen

Zutaten: 2 Eier, 200 g Honig, 1 Messerspitze Vanille, 250 g geriebene Haselnüsse, Oblaten, ganze Haselnüsse.

Unter steifen Schnee den Honig, die Dotter und die Vanille rühren.
Feingeriebene Haselnüsse unterheben und den Teig eine Stunde ruhen lassen. Dann auf einem Backblech Oblaten auflegen und diese mit der Masse etwa einen Zentimeter dick bestreichen. In Abständen von etwa zwei Zentimetern ganze Haselnüsse auf die Masse setzen. Bei 125 Grad ungefähr eine halbe Stunde backen. Anschließend auf dem noch warmen Blech in Schnitten schneiden und nach dem Erkalten anrichten.

● Mandeln

Sie unterscheiden sich im Geschmack wesentlich von Walnüssen und Haselnüssen, obwohl die Inhaltsstoffe ziemlich gleich sind. Mandeln genießen den Ruf,

Lebenskraft und Nervenstärke zu verbessern. Das aus Mandeln gewonnene Öl ist dem Olivenöl ähnlich und besitzt gute kosmetische Eigenschaften. Mandeln verfügen über wenig Zucker und eignen sich daher auch für Diabetiker. Eine alte Regel besagt: »Wenn du gesund bleiben willst, mußt du täglich zwei Mandeln essen . . .«
Der vor allem in Österreich bekannte »Gesundheitsapostel« Ferry Dusika, Exradrennfahrer und erfolgreicher Geschäftsmann, sieht mit 75 noch so aus wie 50 und schwört auf Mandelmilch.

Mandelmilch à la Dusika
Ausgelesene Mandeln werden zunächst mit Wasser überbrüht, bis sich die Schale löst. Die solcherart geschälten Mandeln Stück für Stück kosten, um bittere Mandeln aussortieren zu können. Dann mit einem Zuckermörser zerstoßen, bis fester Brei entsteht. Nun Feigen bester Qualität ganz klein zerschneiden und über Nacht in Wasser einweichen. Am nächsten Morgen die Feigen durch ein feines Sieb passieren. Den Feigensaft mit dem mit etwas Milch versetzten Mandelbrei und etwas Zitronensaft zu jenem wohlschmeckenden »Wundertrank« vermengen, der der Muttermilch an Wert gleichkommt.

Radrennfahrer und andere Spitzensportler trinken diese Ersatzmuttermilch vor Wettkämpfen und führen Erfolge nicht zuletzt darauf zurück.
Der burgenländische Vollkornbäcker Gradwohl bereitet für seine Vollkornwekken und Grießstollen folgende *biologische Marzipanfülle:*

Biologische Marzipanfülle à la Gradwohl
Zutaten: 400 g fein gemahlene Mandeln, 60 g Honig, 60 g Eiklar, 40 g Butter, 60 g Aranzini, kleinwürfelig zerhackt.

Honig und Butter schaumig rühren, aus dem Eiklar Schnee schlagen und in die Honig-Butter-Mischung unterheben. Zum Schluß Mandeln und Aranzini beimengen, bis eine Creme entsteht. Diese Marzipancreme kann auf alle Bäckereien gestrichen werden. Doch achten Sie bitte darauf, nur dünn aufzutragen, da die Mehlspeise sonst zu üppig wird.

Öle

Fette und Öle sind Trägersubstanzen für fettlösliche Vitamine (siehe Tabelle) und enthalten für den Stoffwechsel lebenswichtige Fettsäuren wie Linol- und Arachidonsäure. Fettartige Stoffe (Lipide) sind Bestandteile der Zellwände und besitzen Bedeutung bei der Abgabe der Nährstoffe aus dem Blut in die Zelle. Fehlen diese Lipide, kann nicht nur der Stoffwechsel gestört sein, sondern auch der Hormonhaushalt. Fette sind also notwendig essen wir aber zuviel und falsche Fette, steigt der Cholesterinspiegel, Rückstände lagern sich in der Gefäßrückwand ab und führen so zur Arteriosklerose. Eine andere Möglichkeit von Cholesterinrückständen stellen Gallensteine dar, die aus Cholesterinsalzen entstehen, welche sich in den Gallengängen ablagern.
Entscheidend ist der Anteil an ungesättigten Fettsäuren, die bewirken, daß sich Cholesterin in Blut- und Gallensaft abbaut und ausgeschieden wird. Pflanzliche Öle verfügen über einen hohen Anteil an ungesättigten Fettsäuren. Sie erhöhen den Cholesterinspiegel nicht. Aus diesem Grund sollten wir nach Möglichkeit nur kalt gepreßte und keine chemisch aufbereiteten oder durch Erhitzen gewonnene Öle und Fette verwenden. Werden die Öle kalt gepreßt, bleiben sämtliche Vitamine erhalten, und auch die Struktur des Fettes wird nicht verändert.

Distelöl
Wird aus dem Samen der Färberdistel Saflor gewonnen und hat den höchsten Anteil an mehrfach ungesättigten Fettsäuren (75%). Es ist besonders empfehlenswert als Salatöl und wirkt vorbeugend gegen alle Stoffwechselstörungen, beugt somit Herzinfarkt und Arteriosklerose vor. Im Übermaß genossen, kann es jedoch zu Augenstörungen und zu Blutungsneigung führen.

Olivenöl
Enthält 11% ungesättigte, 76% einfach ungesättigte und 10% mehrfach ungesättigte Fettsäuren. Olivenöl regt die Gallensekretion an und wird daher Gallensteinpatienten empfohlen. Da es einen hohen Anteil an ungesättigten Fettsäuren besitzt, ist es zur Verhütung von Fettstoffwechselstörungen angebracht. Die hohe Vitamin-A-Konzentration beugt bei Vitamin-A-Mangelerkrankungen wie Schleimhautaustrocknung, Nachtblindheit und Rachitis vor.

Weizen und Maiskeimöl
Wird jeweils aus dem getrockneten Keimling gepreßt. Es hat einen sehr hohen Anteil an mehrfach ungesättigten Fettsäuren, Vitamin E, Vitamin A und Mineralspuren. Beide Öle sind hervorragend zu Kochzwecken und für Salate geeignet, werden jedoch auch in der Körperpflege gerne eingesetzt.

Leinöl
Hat zwar einen etwas eigenartigen, aufdringlichen Geschmack, ist jedoch durch seinen hohen Anteil an Linolsäure sehr wichtig. Leinöl wirkt besonders bei Magen-Darmentzündungen, bei Darmträgheit und wird äußerlich bei Hautent-

zündungen angewandt. Alle bisher angeführten Ölsorten sind, wenn sie kalt gepreßt gewonnen wurden, für die Gesundheit von hervorragendem Nutzen und sollten in keiner Küche fehlen. Im Gegensatz dazu steht das

Kokosöl
Kokosöl wird durch Hitzeextraktion (bei rund 360 Grad) gewonnen und hat einen hohen Anteil an gesättigten Fettsäuren. Es sollte daher wegen der Gefahr von Gefäßerkrankungen nicht verwendet werden. Kokosfett ist leider zu einem nicht unerheblichen Teil in den meisten Margarinesorten enthalten. Das gleiche gilt für **Palmöl.**

Öle, kalt geschlagen, also hochwertige Öle, sind wichtige Bestandteile jedes Salatdressings. Sie verwandeln erst die Rohkost in richtige Heilkost. Beispiele für Dressings:

Joghurtdressing
Zutaten: 1 Becher Joghurt, 2 Eßlöffel kalt geschlagenes Öl, 2 Eßlöffel Obstessig, 1/2 Teelöffel Vollmeersalz, 1 Teelöffel Honig, 1 Teelöffel Senf, geschnittener Schnittlauch, etwas Dille.

Alle Zutaten in einer Schüssel mit einem Schneebesen gut schaumig durchrühren. Diese Sauce schmeckt besonders gut auf jungem, frischem Kochsalat, Spinat oder Spargel.

Weitere Dressings
Zutaten: 1 kleine Zwiebel feingeschnitten, 3 Eßlöffel Obstessig, 3 Eßlöffel kalt geschlagenes Öl, etwas Kräutersalz, eine Prise geriebenes Bohnenkraut.

Die Zutaten werden in einer Schüssel gut durchgerührt und über den Salat gegeben – besonders gut für Tomaten und Paprikasalate. Oder:

3 Eßlöffel kalt geschlagenes Öl, 2 Eßlöffel Zitronensaft, 1 Eßlöffel feingewiegte Dille, 1 Eßlöffel feingewiegter Kerbel.

Zutaten gut vermengen und über den Salat verbreiten, eignet sich besonders bei Spargel und Champignonsalat.

Für Blumenkohl, Karotten und harte Gemüse, paßt folgendes
Dressing
1/8 Liter Buttermilch, 2 Eßlöffel kalt geschlagenes Sonnenblumen- oder Distelöl, 1 Messerspitze Kräutersalz, 2 Messerspitzen Curry, gewiegter Schnittlauch.

Olive

Die reife Frucht enthält Eiweiß, Öl und Kohlenhydrate. In unreifem Zustand sind die Früchte graugrün, während des Reifens werden sie heller oder auch schwarz bis violett. Besondere Arten des Ölbaumes werden lediglich zur Gewinnung des Öls angebaut, andere liefern ausgezeichnete, reife Früchte. Die unreifen Oliven eignen sich besonders gut zum Einlegen in Öl, Salz oder Essig, bzw. als passende Zutat zu verschiedenen Gerichten. Für das Einlegen werden die Oliven häufig entkernt und der so entstandene Hohlraum mit pikanten Kapern, Mandeln oder Paprikaschoten gefüllt. Die besten gefüllten Oliven stammen aus der spanischen Provinz Andalusien.
Zur Ölgewinnung hingegen verwendet man vollkommen reife Früchte, wobei das beste Öl bei einer Temperatur von 20–25 Grad unter mäßigem Druck ausgepreßt wird. Man nennt es auch Jungfernöl oder Erstpressung. (Siehe Öle.)
Die Verwendung der Olive ist vielseitig.

Käsesalat mit Oliven
Zutaten: 250 g Emmentaler, 250 g Tomaten, 75 g gefüllte Oliven, 4 Eßlöffel Zitronensaft, 2 Eßlöffel kalt geschlagenes Öl, 1 Messerspitze Pfeffer oder Bohnenkraut, 1 Eßlöffel Schnittlauch.

Zitronensaft und Öl cremig rühren, Pfeffer oder Bohnenkraut sowie feingeschnittenen Schnittlauch dazugeben. Den Emmentaler und die Tomaten feinwürfeln, die Oliven in Scheibchen schneiden und alles unter die Salatsauce geben. 30 Minuten ziehen lassen, in grünen Paprikaschoten oder auf Salatblättern servieren.

Oregano (Dost)

Auch wilder Majoran oder im Volksmund »Kräutlein Wohlgemut« genannt. Die bis zu 1 m hohe Oreganopflanze besitzt einen hohen Anteil an ätherischen Ölen. Im ersten Jahr können bereits die köstlich duftenden Blättchen und Triebe geerntet werden. Will man Oregano trocknen, muß man ihn während der Blütezeit ernten und im Schatten auslegen.
Oregano wirkt *appetitanregend, galletreibend, entzündungshemmend,* aber auch bei *Husten* bringt ein Aufguß Linderung. Am besten wird Oreganotee mit Honig und frischem Zitronensaft gemischt.
Als Gewürz werden entweder das getrocknete Kraut oder die abgeriebenen, gemahlenen Blätter verwendet. Die getrockneten Blätter sind graugrün. Erstklassiger, getrockneter Oregano soll würzigen Geruch und bitteren Geschmack haben. Sowohl mit frischen als auch getrockneten Blättern – die ähnlich dem

Oregano (Dost) *(Origanum vulgare L.)*

Majoran schmecken – würzt man Tomatengerichte, Pizzas, Melanzani und Zucchini, Kartoffelsuppe oder Schmorfleisch. Oregano harmoniert nicht mit dem herkömmlichen Majoran. Man soll ihn mitkochen, damit sich sein Aroma voll entfalten kann.
In der Medizin wird Oreganotee sehr geschätzt.

Oreganotee
Nehmen Sie dazu Oreganoblätter, noch vor der Blüte, und lassen Sie einen Kaffeelöffel davon in ¼ l Wasser ganz kurz aufwallen und fünf Minuten ziehen. Bei Katarrhen, Husten sowie Unterleibsbeschwerden trinken. Nicht nur, daß Oreganotee gesüßt und mit Zitronensaft vermischt, ein beliebtes Hausgetränk ist, wird er von Erwachsenen und Kindern gleichermaßen gerne gegen Durst getrunken.

Starker Oreganoabsud
2 Handvoll, in 1 l Wasser kurz aufkochen, dann in das Badewasser abseihen. Er dient als stärkender, erfrischender Badezusatz besonders für ältere Menschen.

Oreganokartoffelauflauf
Zutaten: 750 g gekochte Kartoffeln, 100 g frische Champignons, 1 Knoblauchzehe, 1 Kaffeelöffel Oregano, je 1 Messerspitze Dille und Muskat, 1 kleine feingehackte Zwiebel, 4 in Scheiben geschnittene Tomaten, 50 g Reibkäse.

Die nicht zu weich gekochten Kartoffeln werden in Scheiben geschnitten wie zu einem Salat, oder gewürfelt. Die Champignons ebenfalls feinschneiden. Beides in eine Schüssel geben, darüber einen Kaffeelöffel Oregano streuen sowie Dille und Muskat. Nun kommt die zerriebene Knoblauchzehe und feingehackte Zwiebel dazu. Alles gut durchmischen und nochmals mit Kräutersalz abschmecken. Eine Auflaufform wird eingefettet und die Mischung hineingegeben. Obenauf legen wir einige Butterstücke, darüber eine Schicht geriebenen Käse. Auf den Käse nun die Tomatenscheiben geben und darüber nochmals eine Spur Oregano. Backzeit 30 Minuten bei mittlerer Hitze.

Pizza
Zutaten für den Teig: 150 g Quark (Topfen), 100 g Butter, 2–3 Eßlöffel Milch, 1 Ei, 1 Teelöffel Kräutersalz, 1 Teelöffel gemahlener Kümmel, 300 g frisch gemahlener Weizen, 1 Päckchen Backpulver.

Die Butter schaumig rühren, Quark (Topfen), Milch, Ei und Salz einrühren. Mehl mit Backpulver versieben und daruntermengen. Mit der Hand weiterverarbeiten, bis geschmeidiger Teig entsteht. 1 Stunde im Kühlschrank rasten lassen. Danach ausrollen, auf ein befettetes Blech geben und belegen.
Für den Belag benötigt man: 2 Eßlöffel Vollkornsemmelbrösel (= Paniermehl),

1 Bund Schnittlauch, 250 g Pilze, 350 g Tomaten, 1–2 Pfefferoni nach Schärfe, 2–3 Oliven, 1 Teelöffel Oregano, 1 Messerspitze Paprika, 1 Messerspitze Currypulver und geriebenes Bohnenkraut, 125 g Appenzellerkäse.

Der Pizzaboden wird nun mit Vollkornbrösel (= Paniermehl) bestreut, feingeschnittenen Pilzen, Tomatenscheiben belegt. Darauf kommen feingeschnittene Oliven und Pfefferoni, darüber feingehackten Schnittlauch und die Gewürze streuen. Zum Schluß mit grob geriebenem Käse abdecken. Bei 230 Grad im vorgeheizten Ofen auf mittlerer Schiene 30–35 Minuten backen.

Paprika

Hat seit seiner Einfuhr durch den Schiffsarzt des Columbus nach Europa in unseren Küchen einen festen Platz. Paprikaschoten enthalten Zucker, Eiweiß, Vitamine, ätherische Öle und das scharf schmeckende Capsaicin. Paprika wirkt sich günstig auf die Gesundheit aus. Je nach Nutzung unterscheiden wir zwischen dem süßlichen Gemüsepaprika, dessen Früchte auch unreif genossen werden können, und dem scharfen Paprika, der immer vollreif geerntet wird.
Die Schärfe des Gewürzpaprikas hängt vom Gehalt an Capsaicin ab. Gemahlener Paprika wird sehr vielseitig verwendet: In der Lebensmittelindustrie und in der Küche zur Herstellung von Feinkäse (Liptauer), für Tomatenketchup, Senf, Marinaden etc. Mit Paprika würzt man vor allem ungarische Gulascharten, Suppen, Gemüsefondues und Toast. Paprika paßt gut zu Zwiebel, Kümmel, Knoblauch, Majoran und Salz. Am besten jedoch verwendet man die Pflanze im Rohzustand als Beigabe zu Rohkostplatten und Salaten.
Paprika gilt als ungarische Spezialität. Nur wenige wissen, daß er gar nicht aus Ungarn stammt, sondern auch dorthin eingeführt wurde. Dennoch ist Paprika in Ungarn so populär, daß sich sogar die ungarische Forschung mit diesem Gewürz beschäftigt hat. Ein Forscher aus dem »Paprikaland« erhielt den Nobelpreis für die Gewinnung von reinem Vitamin C aus Paprikaschoten. Schon vorher war ihm der Nachweis eines weiteren wichtigen Stoffes, des Citrins, im Paprika gelungen. Citrin wirkt sich auf die Durchlässigkeit der Gefäßwände aus und beeinflußt damit Blutdruck sowie Kreislauf.
Inzwischen haben weitere Untersuchungen in Ungarn, aber auch Amerika ergeben, daß Personen, die Paprika genießen, weit weniger an arteriosklerotischen Veränderungen der Gefäße leiden als andere. Das Max-Planck-Institut in Seewiesen bestätigte diese wissenschaftlichen Erkenntnisse und erbrachte zudem den Beweis, daß durch Paprika die Thromboseneigung (Gefäßverstopfung durch Blutpfropfen) verringert wird. Angeblich entlastet eine Reismahlzeit mit Paprika das Herz und läßt es ruhiger schlagen.
Wirkungen gibt es auch auf den Magen: Die Magensaftabsonderung ist nach einer derartigen Mahlzeit interessanterweise geringer als nach ungewürzten

Speisen. Gewürzte Speisen bleiben nämlich länger im Magen liegen und werden so sozusagen vorverdaut. Dadurch wird der Kreislauf von Herzkranken nicht so schwer belastet.

Paprikasalat
Zutaten: 300 g Paprikaschoten, 4 Eßlöffel gekeimte Weizenkörner, 300 g Tomaten, 60 g Zwiebel, einige Salatblätter, 1 Eßlöffel gehackte Petersilie, 4 Eßlöffel kalt geschlagenes Öl, 3 Eßlöffel Obstessig, 1/4 Teelöffel Kräutersalz, 1 Messerspitze Cayennepfeffer.

Die Paprikaschoten würfelig schneiden, auch die Tomaten würfeln. Die Zwiebel in Ringe schneiden. Dann Öl und Obstessig cremig rühren und mit den angegebenen Zutaten vermengen. Den gekeimten Weizen, Paprikaschoten, Tomaten und Zwiebelringe unter die Salatsauce heben und kühl stellen.
In einer mit den Salatblättern ausgelegten Salatschüssel anrichten und mit Petersilie verzieren.

Gefüllte Paprika
Zutaten: 400 g Gerste, 50 g Wasser, 2 Kaffeelöffel Vitam-Gemüsebrühe, 1 große Zwiebel, 1 Knoblauchzehe, 70 g Haselnüsse leicht geröstet und gemahlen, frische feingehackte Küchenkräuter (Majoran, Liebstöckel, Selleriegrün, Basilikum, Bohnenkraut) sowie frische geriebene Muskatnuß, Kräutersalz.

Die kleingeschnittene Zwiebel mit der Gemüsebrühe aufkochen, feingeschrotete Gerste einrieseln lassen. Dann alle anderen Zutaten beimengen, zu einem dicken Brei kochen und ausquellen lassen. Die Masse in ausgehöhlte Paprikaschoten einfüllen und am Schluß den abgeschnittenen Schotenboden wieder einsetzen. Mit Zahnstochern fixieren und in Tomatensauce rund eine Stunde lang leicht dünsten.

Pastinak

Diese Pflanze wächst auf mäßig feuchten Wiesen und an Wegrändern sowie auf Böschungen. Angebaut werden aber auch Kulturformen mit dickeren Wurzeln und süßlichem, petersilähnlichem Geschmack. Der Geruch wiederum gleicht jenem von Möhren (Karotten). Besonders geschätzt wird Siampastinak.
Wurzeln und Früchte waren schon früher in der Heilkunde gebräuchlich und wurden vor allem als *schmerzstillendes* und *harntreibendes* Mittel verwendet. Weitere Heilanzeigen: *Fieber* und *Schwindsucht.* Die Wurzeln haben höheren

Nährwert als Möhren. Zum Würzen verwendet man die frische Wurzel, heutzutage aber relativ selten. Am besten paßt Pastinak zu Eintöpfen und gekochtem Rindfleisch (zusammen mit anderen Suppenkräutern). In der österreichischen Küche wird Pastinak noch etwas häufiger gebraucht – in Würzmischungen.
Der wild wachsende Pastinak eignet sich allerdings schlecht für die Küche, da er große Wurzeln mit scharfem Geruch und bitterem Geschmack ausbildet. Die Stengel und Blätter finden jedoch als würziges Suppengrün Verwendung, die Blätter dienen zudem feingehackt als Gemüse und Salatwürze.

Petersilie

Frische Petersilienblätter zählen wohl zu den am weitesten verbreiteten und bekanntesten Küchenkräutern. In fast allen Ländern der Welt schätzt man die Petersilie wegen ihres reichen Vitamingehaltes (C und Karotin). In den Blättern wurden auch Vitamine des B-Komplexes entdeckt. Alle Pflanzenteile – also auch die Wurzeln – enthalten ätherische Öle; die Blätter zusätzlich noch Magnesium und Eisen. Früchte, Wurzeln und Blätter wirken *appetitanregend* und *verdauungsfördernd*. Sehr erwünscht wird vielfach auch die *harntreibende* Wirkung.
Aber auch bei der Petersilie sollte der Leitspruch des Paracelsus gelten: »Die Dosis entscheidet!« Das heißt, ein Zuviel an Petersilie wäre der Gesundheit nicht zuträglich.
Als Gewürz werden vor allem die frischen Blätter benützt. Getrocknetes oder gemahlenes Petersilienkraut findet ebenfalls in vielen Küchen Anwendung in Form von Gewürzmischungen. Auch getrocknetes Petersilienkraut soll übrigens grün sein.
Heute stehen uns zum Glück in den meisten Fällen Tiefkühltruhen zur Verfügung, in denen frische Petersilie eingefroren und dann fast ohne Qualitätsverlust verwendet werden kann. Alle Vitalstoffe bleiben erhalten. Gerade im Winter oder im Vorfrühling – in dieser Zeit leiden die Menschen am ehesten an Vitaminmangel – ist es von Vorteil, Petersilie auf diese Art frisch zur Hand zu haben.
Mit Petersilie würzt man Fleisch, Fisch und Gemüse, Suppen, Aufstriche, Füllmassen, Mayonnaisen, Saucen, Omeletts, Eierspeisen und Pilzgerichte, belegte Brötchen und kalte Platten. Frisches Petersilienkraut sollte nicht mitgekocht werden – man setzt es den fertigen Speisen zu.
Nach einem altbayrischen Rezept gibt man jedem Semmelknödel einen Teelöffel feingehackte Petersilie bei. Größere Mengen an Petersilie sollten keinesfalls Menschen mit Nierenerkrankungen zu sich nehmen, weil sich in diesem Fall die harntreibende Wirkung negativ auswirkt. Auch Frauen während der Schwangerschaft sollten Petersilie nicht allzu intensiv gebrauchen. Bei Nierenleiden bezüglich einer speziellen Diät auf jeden Fall ärztlichen Rat einholen!
Ein Kochrezept im Zusammenhang mit Petersilie erübrigt sich auf Grund der

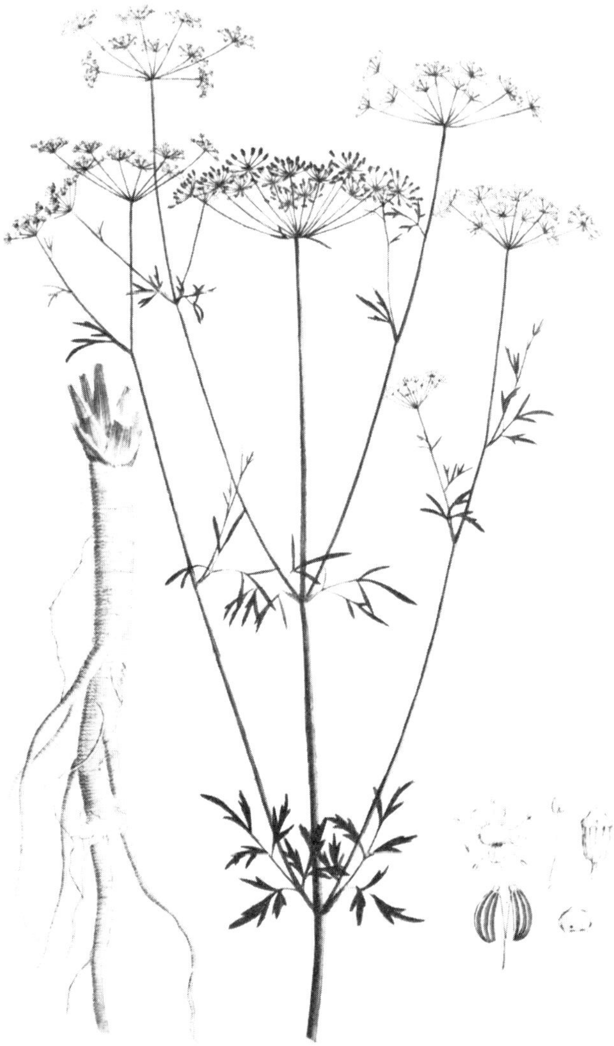

Petersilie *(Petroselinum sativum L.)*

Vielfalt der Verwendungsmöglichkeiten. Aber ein *Teerezept* wollen wir gerne verraten:

Petersilientee
Einen halben Teelöffel Samen und einen Teelöffel feingehackte Blätter mit einer Schale kochendem Wasser übergießen. Fünf Minuten ziehen lassen und dann über einen halben Tag verteilt maximal zwei Schalen trinken.

Pfeffer

Die Früchte des echten Pfeffers enthalten ein scharf schmeckendes Harz, ätherische Öle und ein Alkaloid, das die Schleimhaut reizt, aber auch die Verdauung fördert. Die Reizwirkung auf die Magenschleimhaut hat stimulierenden Effekt bezüglich der Magenfunktion. Außerdem regt Pfeffer vermutlich die Herztätigkeit an. Größere Dosen können somit natürlich auch schädliche Folgen haben.
Schwarzer und weißer Pfeffer sind nichts anderes als Früchte derselben Pflanze – nur verschieden reif. Schwarzer Pfeffer wird aus den unreifen Früchten gewonnen. Diese erntet man, sobald die Beeren zu reifen beginnen, legt sie in lockerer Schicht aus und trocknet sie an der Sonne. Man kann die Früchte aber auch in siedendes Wasser tauchen und dann bei großer Hitze trocknen.
Getrocknete Beeren sind runzelig und schwarz. Für besondere Feinschmecker werden unreife Beeren in Essig und Salz eingelegt. Diese Beeren behalten ihre grüne Farbe und werden daher *grüner Pfeffer* genannt. Um weißen Pfeffer zu gewinnen, erntet man erst die ausgereiften Früchte. Nach dem Pflücken müssen sie kurz gären, werden anschließend in Meerwasser eingeweicht und an der Sonne getrocknet. Nach diesem Prozeß läßt sich die äußere Schale leicht abstreifen, so daß nur mehr der weiße Pfeffer übrigbleibt. Er nimmt, wiederum getrocknet, gelblich-graue Farbe an. Geschmack und Geruch sind besser als beim schwarzen Pfeffer.
Unter den Gewürzen nimmt Pfeffer eine führende Stellung ein. Verwendung finden ganze, gemahlene und gestoßene Pfefferkörner. Weißer Pfeffer ist in zahlreichen Gewürzmischungen enthalten und wird bevorzugt zu weißen Saucen, Fleisch, Geflügel und Fisch genommen. Schwarzer Pfeffer hingegen paßt zu dunklem Fleisch, Muscheln, Hülsenfrüchten. Der grüne Pfeffer würzt Steaks, Tomatensuppen, Kräuterbutter und Kräutersaucen. Er harmoniert mit allen Cewürzen außer Cayenne, Chilli und Paprika. Gemahlener Pfeffer raucht schnell aus – daher erst kurz vor Gebrauch mahlen!

Grüne Pfefferbutter

Zutaten: 100 g Butter, 1 Eßlöffel Magertopfen (Quark), 1/2 Teelöffel Kräutersalz, 5 Teelöffel grüne Pfefferkörner, abgeriebene Zitronenschale, 4 Teelöffel Zitronensaft.

Die Butter wird soweit erwärmt, daß sie sich mit Quark (Topfen) und Sahne glattrühren läßt. Nun kommen fünf Teelöffel grüne Pfefferkörner, die unter fließendem Wasser abgespült und zerdrückt wurden, sowie die abgeriebene Schale einer halben ungespritzten Zitrone und vier Teelöffel Zitronensaft hinzu. Diese Mischung eine Stunde lang kaltrühren und nach dem Erkalten zu einer Rolle formen, in eine Alufolie einwickeln. Pfefferbutter im Kühlschrank bis zu einer Woche aufheben.

Pfefferminze

Diese mehrjährige Kulturpflanze ist eine Kreuzung zwischen der Wasserminze und der grünen Minze. Sie verbreitet sich sehr rasch durch Ausläufer. Ihre bis zu 90 cm hohen Stengel tragen eiförmige und je nach Sorte grüne oder rotunterlaufene Blätter. Die hellen, scharlachroten Blüten sind zu einstieligen Scheinähren zusammengezogen. Blütezeit ist von Juli bis September. Die Vermehrung erfolgt ausschließlich im Frühjahr oder im Herbst. Ernten kann man mehrmals im Jahr jeweils kurz vor der Blüte. Ernten Sie immer zur Mittagszeit, weil da der Gehalt an ätherischen Ölen am größten ist. Das Erntegut wird im Schatten bei einer Temperatur bis zu 35 Grad getrocknet.
Die Pfefferminze kann auch im Garten oder im Kästchen gezogen werden. Neben ätherischen Ölen enthält die Pflanze Gerbstoffe, Bitterstoffe und andere Substanzen, die für *krampflösende* Wirkung *bei Magen- und Darmbeschwerden* sorgen. Außerdem sagt man der Pfefferminze *galletreibenden* Effekt nach. Sie beseitigt weiters Blähungen, bewährt sich bei *Magenerkrankungen mit nervöser Basis* und fördert angeblich sogar den *Geschlechtstrieb.*
In der Pharmazie wird Minzöl heute auch zur Herstellung von Schnupfenmitteln, Nasentropfen, schmerzstillenden Salben, Hustenmitteln und Inhalationsstoffen verwendet. Das reine ätherische Pfefferminzöl mengt man gerne Körperpflegemitteln bei. Es wirkt zudem in purer Form bei Erkältungen und Verbrennungen und wird auch bei Hautinfektionen oft mit sehr gutem Erfolg angewendet.
Als Gewürz dienen die frischen oder getrockneten Blätter, bzw. die jungen, vor der Blüte geernteten Zweigspitzen. Sie riechen angenehm nach Menthol und haben würzigen, kühlenden Geschmack. Getrocknete Blätter sollen grün sein. In der englischen Küche ist Pfefferminze für die Zubereitung von Minzsauce überaus beliebt. Jedoch auch in der arabischen und spanischen Küche wird die Pfefferminze als Gewürz verwendet.
Sie ist in vielen Gewürzmischungen enthalten. Gewürzt werden Lamm- und Hammelbraten, Leber, gedünstete Gemüse, Karotten (Möhren), Erbsen, Kohl und Quark (Topfen), Pfefferminze paßt zu Salbei, Bohnenkraut und Estragon als Würze für Hackfleisch, Geflügelsaucen und ähnliches.
Bei längerer Lagerung verliert die Pfefferminze an Wirkstoffgehalt und Würzkraft. Daher ziemlich bald nach dem Kauf oder der Ernte verbrauchen!
Eine alte Kärntner Spezialität kocht man im Hotel Alpenrose in Obermillstatt mit Minze:

Kärntner Kasnudeln
Zutaten: 250 g Vollkornweizenmehl frisch gemahlen, 1 Ei, 1 Teelöffel Kräutersalz, 8 Eßlöffel Milch.
Alle Zutaten in einer Schüssel zusammenmischen und auf einem Brett so lange kneten, bis der Teig glatt ist. Nun den Teig eine halbe Stunde rasten lassen.
In der Zwischenzeit fertigen Sie die Fülle an: 500 g grober Topfen (Quark), 500 g gekochte Kartoffeln, 50 g Butter, 50 g Zwiebel, 1 Ei, 1 Teelöffel Meersalz, 1 Teelöffel frische Minze, etwas Kerbelkraut, Petersilie und Majoran, feingewiegt.

Pfefferminze *(Mentha piperita)*

Die Butter heiß werden lassen und darin die Zwiebel rösten. Anschließend Butter und Zwiebel sowie Quark (Topfen) unter die Kartoffeln mengen. Nun das Ei, die Kräuter und das Meersalz dazugeben. Die Fülle nochmals gut durchmischen, bis eine homogene Masse entsteht. Dann den Teig dünn auswalken, Quadrate ausschneiden und in die Mitte jedes Quadrates einen kleinen Kloß (Knödel) aus Fülle legen. Rund um die Fülle wird der Teig mit Eiklar bestrichen und dann so zusammengeklappt, daß die Fülle wie in einer Tasche innen bleibt. Die Teigränder fest andrücken und diese »Taschen« 10 Minuten in Salzwasser kochen. Abseihen, auf einer Schüssel anrichten und eventuell mit Salat servieren.

In der heißen Jahreszeit erfrischt hervorragend

Pfefferminzlimonade

Zutaten: Ein Bund gewaschene Pfefferminze, feingehackt und leicht zerquetscht. Darüber einen Viertelliter kochendes Wasser gießen und mit einer geriebenen Zitronenschale (ungespritzt!) vermischen. Den Saft von sechs Zitronen und drei Orangen sowie 250 g Honig beimengen. Alles gut vermischen und in eine weithalsige Flasche füllen. Drei Tage stehenlassen – im Kühlschrank aufbewahren. Zum Gebrauch nimmt man einen Teil Limonade und zwei Teile Mineralwasser.

Marokkanischer Tee
In ein Glas kochendheißen, sehr dunklen, stark gesüßten Schwarztee gibt man ein Zweiglein Pfefferminze und läßt dieses im Tee ziehen. Die Minze beim Servieren nicht entfernen.

Pfefferminztee wirkt desinfizierend, beruhigend und krampflösend. Äußerlich wird Pfefferminztee für Waschungen bei Entzündungen verwendet.

Für einen **Teeaufguß** verwenden Sie einen Teelöffel Blätter, die mit einer Schale kochendem Wasser überbrüht werden. Nur kurz ziehen lassen, dann schluckweise trinken. Zu häufiger Genuß von Pfefferminztee kann zu Magenreizungen führen. Gut zu mischen ist Pfefferminze mit Kamille, Gänsekraut und Anis.

Piment

Die Heimat des Pimentbaumes ist Mittelamerika. Die Früchte dieses mächtigen Gewächses haben kugelige Form, werden in unreifem Zustand geerntet (solange sie noch grün sind) und an der Sonne getrocknet. Die getrockneten Früchte enthalten das ätherische Pimentöl, das diesem Gewürz einen angenehm würzigen Geschmack verleiht.

Piment kommt unter den verschiedenstenNamen in den Handel: Allgewürz (weil es den Wohlgeschmack von Pfeffer, Zimt, Muskatnuß in sich vereinigt), oder Nelkenpfeffer (nach dem Geruch, der Nelken und Pfeffer ähnelt). Auch Jamaikapfeffer, weil Früchte der besten Qualität aus diesem Land stammen. Und schließlich Neugewürz, da der Piment erst nach der Entdeckung Amerikas in Europa Einzug hielt.

Die alten Azteken verwendeten Piment zur Herstellung ihrer würzigen Schokolade, die geschmacklich gar nichts mit unserer Schokolade zu tun hatte. In Europa dient Piment zum Würzen von Suppen, Saucen und feinen Backwaren.

Medizinisch betrachtet ist von Bedeutung, daß Piment zwar das Aroma von Pfeffer besitzt, nicht aber dessen Schärfe. Piment kann deshalb auch in Diäten verwendet werden, die Pfeffer sonst ausschließen.

Pfeffernüsse

Zutaten: 1 Ei, 100 g Honig, 1 Teelöffel Kümmel, 1 Prise Muskatnuß, je 1 Messerspitze Piment und Natron, 20 g geriebene Mandeln, 20 g Zitronat kleingeschnitten, die geriebene Schale einer halben, ungespritzten Zitrone, 100 g Vollweizenmehl.

Ei und Honig mit einem Mixer schaumig rühren, die Zitronenschale einreiben und das Zitronat unterziehen. Nun die restlichen Zutaten beifügen. Den weichen Teig über Nacht ziehen lassen. Am nächsten Tag auswalken (etwa drei Zentimeter dick). Nun kleine Plätzchen ausstechen, auf ein befettetes und bemehltes Blech legen und mit Milch bestreichen. Im vorgeheizten Ofen bei 175 Grad 20 Minuten backen. Pfeffernüsse ergeben ein herrliches Teegebäck und sollten eine Woche abliegen.

Portulak

Die Aufzucht dieser alten Kulturpflanze ist auch im Garten oder in einem Kasten leicht möglich. Anbauzeit: April. Man benötigt lediglich guten Gartenboden und sonnige Lage. Der Samen geht schnell auf, und bereits nach einem Monat können die ersten Blätter geerntet werden. Portulakblätter enthalten eine

Reihe von Vitaminen (A und C am meisten), Mineralstoffe und Eiweiß. Die Blätter wirken *appetitanregend* und verhindern die übermäßige *Bildung von Magensäure.*
Portulak wirkt vor allem in der vitaminarmen Jahreszeit sehr erfrischend und verleiht dem Körper neue Kräfte. Als Gewürz werden die jungen, frischen Blätter verwendet. Sie haben etwas salzigen Geschmack und können für wohlschmeckendes Essig-Öl-Dressing benützt werden. Darüber hinaus eignen sich die Blätter gut als Beigabe zu Kopfsalat, Gurken und Tomaten.
Portulak sollte niemals mitgekocht werden, weil sich sonst die wertvollen Inhaltsstoffe zersetzen. Dieses Gewürz immer erst zum Schluß beigeben. Gelegentlich verziert man mit Portulakblättern Mayonnaisen, kalte Saucen oder harte Eier oder nimmt sie für die Zubereitung von Kräuterbutter. Der Geschmack gedünsteter Tomaten, Paprika sowie von Zwiebel und Knoblauch wird durch eine Prise feingehackter Portulakblätter noch intensiver.

Sahne-(Rahm-)suppe
Etwas Kümmel und Salz in Wasser auflösen und gut aufkochen. Dann einen Viertelliter Sahne (Rahm) mit 30 g Mehl versprudeln und unter ständigem Rühren in das kochende Wasser mischen. Nochmals aufkochen lassen und einen Teelöffel Vitam-Gemüsebrühe hinzufügen. Wieder aufwallen und zum Schluß feingehackte Portulakblätter drüberstreuen. Die Suppe anrichten und mit gerösteten Grahamwürfeln servieren.

Preiselbeere

Die Beeren wachsen in lichten Wäldern und höheren Gebirgslagen. Ihre Sträucher werden etwa 30 cm hoch. Die Blüten sind lockig und meist weiß angehaucht. Sie hängen in kleinen Trauben an den Zweigspitzen. Die kugeligen, glänzenden Beeren sind rot und herbsüß. Sie enthalten reichlich Vitamin C sowie eine Reihe weiterer Stoffe, auf welche die *harntreibende, desinfizierende* und *leicht stopfende Wirkung* der Preiselbeeren zurückzuführen ist.
Preiselbeeren werden zu Kompott, Marmelade und Gelee verarbeitet. Sie eignen sich zum Abschmecken von Sahne-(Rahm-)saucen, als Beilage von Wild- oder Rinderbraten, aber auch für pikante Mehlspeisen sowie als Beilage zu Käse. Eine delikate Konfitüre ist:

Preiselbeermarmelade Kitty
Aus dem Haus Obweger. *Zutaten: 1000 g frisch gelesene Preiselbeeren, 500 g frische Äpfel, 65 g Honig, 8 Gewürznelken.*

Preiselbeere
(Vaccinium vitis idaea)

Preiselbeeren, Äpfel (geraspelt), Honig und Gewürznelken 15 Minuten in etwas Wasser aufkochen. Dann den Topf vom Feuer nehmen und die Marmelade so lange rühren, bis sie kalt und dickflüssig ist. Nun in vorher ausgekochte Gläser füllen. Die Marmelade bedeckt man mit einem in Rum getauchten Pergamentpapier und verschließt die Gläser. Das folgende Rezept ist vor allem für Diabetiker geeignet.

Preiselbeerkompott ungesüßt
Preiselbeeren waschen, auf Tüchern abtrocknen und Einmachgläser nur zur Hälfte anfüllen. Dann auf schwaches Feuer setzen. Unter wiederholtem Umschütteln läßt man sie langsam heiß werden. Wenn die Beeren beginnen, Saft zu geben, auf stärkeres Feuer bringen und kurz aufkochen lassen. Sofort in Gläser füllen und diese nach Erkalten zubinden.

Preiselbeergelee
Frische oder einefrorene Preiselbeeren (500 g) auf schwache Flamme stellen und langsam erhitzen, bis Saft fließt. In der Zwischenzeit kocht man einen halben Liter Apfelsaft mit einer Messerspitze Agar Agar fünf Minuten auf. Den Saft zu den Preiselbeeren schütten, 250 g Honig einrühren. Das Ganze nochmals kurz zum Kochen bringen und in Gläser abfüllen. Nach dem Erkalten wird das Gelee im Kühlschrank aufbewahrt.

Preiselbeerblättertee
Wird von der Medizin als desinfizierender Tee für Nieren- und Harnwegserkrankungen geschätzt. Man nimmt 2 Eßlöffel Preiselbeerblätter und kocht sie in ½ Liter Wasser auf die Hälfte ein, schluckweise trinken. In dieser Zeit nichts Saures essen oder dazu trinken!

Quendel

Diese Pflanze ist besser bekannt unter dem Namen Feldthymian. Thymian ist ein ausgezeichneter Aromaspender. Die ausdauernde Zwergpflanze kommt auf trockenen, auch steinigen Hängen vor – überall dort, wo die Sonne ihre Strahlen ungehindert hinsendet. Oft bildet Quendel ganze Teppiche mit seinen kleinen, saftig-grünen Blättchen. Die Blütezeit ist von Mai bis Oktober. In den Sonnenstunden riechen wir das kräftige Aroma der kleinen, violetten Blüten schon von weitem.
Früher griffen die Bauern bei Kopfschmerzen zu Quendel: Sie steckten das Kraut unter das Kopftuch und bekämpften die Beschwerden vielfach erfolgreich.
Das Kraut des Quendels enthält ätherische Öle, große Mengen von Gerbstoffen und andere Substanzen.
Der Feldthymian zählt zu den wichtigen Arzneipflanzen. Das Kraut hat, äußerlich angewendet, stark *antiseptische Wirkung* und wird innerlich als *Hustenmittel* gebraucht. Auch gegen *Blähungen* bewährt sich Quendel.
Als Gewürz dient das getrocknete, zu Beginn der Blütezeit gesammelte Kraut. Quendel steht dem echten Thymian nahe, ist jedoch milder im Geschmack. Er eignet sich besonders als Beigabe zu fetten und blähenden Gerichten. Man würzt mit Quendel in denselben Mengen wie mit echtem Thymian. Wir mischen ihn gut zerkleinert, spärlich dosiert in Suppen und Salate oder streuen ihn über Tomaten.
Auch Schwarztee und andere Teesorten lassen sich recht gut mit Quendel verfeinern. Eine kleine Geschmacksänderung kann zur Abwechslung hin und wieder nicht schaden.

Quendel-Apfelkompott

500 g Äpfel entkernen, mit Zimt, Gewürznelken und einem Achtelliter Wasser zustellen und kochen. Nun 100 g Honig, einen Eßlöffel Zitronensaft, eine Prise Quendel in das Kompott geben, einmal aufwallen lassen, danach vom Feuer nehmen. Zugedeckt eine Viertelstunde ziehen lassen. Anschließend bei Husten, überhaupt bei Verkühlungen essen.

Quitte

Die Quitte ist dem Apfel ähnlich, auch die Frucht sieht so aus, oder aber wie eine Birne. Sie ist mit einem abreibbaren »Filz« überzogen und in ausgereiftem Zustand goldgelb. Rohe Quittenfrüchte haben feinen Duft, der Geschmack jedoch ist herb, und die Inhaltsstoffe wirken zusammenziehend. Man genießt Quitten daher nur in gekochtem Zustand.
Die Früchte werden im Oktober geerntet, bleiben jedoch bis nach Weihnachten zur Nachreife liegen. Sie enthalten reichlich Schleimstoffe, fettes Öl, Phosphorsäure und Vitamin C. In den Apotheken werden Spezialitäten nach verschiedenen Quittenrezepten hergestellt: *Quitten-Eisentinktur* vom Saft der frischen Früchte, oder der *Quittenkern-Schleim*. Wegen der reizlindernden und entzündungshemmenden Eigenschaften wirkt die Quitte bei Durchfällen regulierend.

Quittengelee

Reife, schöne Quitten sauberbürsten, in Viertel schneiden, nach Entfernung des Kerngehäuses in viel Wasser zwei Stunden kochen. Durch ein Tuch läßt man dann den Saft ohne Drücken ablaufen. Nun die gleiche Gewichtsmenge Honig schnell mit dem Saft verrühren, damit sich der Honig rascher auflöst. Dann etwas Einmachhilfe beimengen und das Gelee in kleine Gläser abfüllen, die man nach Erkalten zubindet.
Eine weitere Variation: Dem mit Honig vermischten Quittensaft eine Messerspitze Agar Agar beigeben, einmal kurz auf 80°C erhitzen und dann in Gläser füllen.

Quittenbrot

1000 g Früchte abwischen oder abwaschen, in einen Topf geben, mit Wasser bedecken und sieden lassen, bis sie so weich sind, daß sie sich gut passieren lassen. Das Kochwasser wird vor dem Passieren abgegossen. Die Masse abwiegen und zu je 1000 g Früchte 700 g Honig und einen Teelöffel Agar Agar geben. Nun die Masse unter ständigem Rühren kochen, bis sie dick ist, vom Feuer nehmen und in vorher mit kaltem Wasser ausgespülte Formen gießen. Nach einigen Stunden ist die Masse fest und beinahe trocken. Es kann auch Zitronensaft beigegeben werden. Aus dem Kochwasser läßt sich durch Zugabe von Honig, einer Messerspitze Agar Agar und nach nochmaligem Erhitzen auf 80°C ein wunderbares Gelee herstellen.

Raute

Auch Weinraute oder Gartenraute genannt. Schon von den alten Römern her kennt man in unseren Breiten diese Pflanze. Die Blätter werden im Mai oder Juni gepflückt. Das Sammelgut im Schatten bei natürlicher Wärme trocknen. Weinrauteblätter enthalten ätherische Öle und das Glykosid Rutin, das gegen Brüchigkeit der Kapillargefäße (kleinste Blutgefäße) wirkt, weiters Gerb- und Bitterstoffe.
Größere Gaben dieses Gewürzes müssen wegen der hohen Wirksamkeit der Gartenraute (*verdauungsfördernd, harntreibend,* Raute kann aber auch zu erhöhter *Sonnenempfindlichkeit* führen) vermieden werden. Als Gewürz dienen die frischen oder getrockneten Blätter. Letztere werden mitunter zu Pulver verarbeitet. Der Geschmack der gelbgrünen Blätter ist ein wenig bitter. Man gibt nur einen Kaffeelöffel Kraut auf 500 g Lebensmittel. Ein mit einem Rautenblatt belegtes Butterbrot beseitigt unter Umständen Mundgeruch nach dem Genuß von Knoblauch. Frische, feingehackte Blätter werden Salaten, Saucen oder Kräuterbutter beigegeben.
Zusammen mit Salbeiblättern setzt man Raute auch gerne Hammelbraten zu. Und in Verbindung mit Thymian, Lorbeerblättern und Wacholderbeeren nimmt man sie zu anderen Fleischgerichten, wenn man diesen Wildgeschmack verleihen will. Frische Rautenblätter werden nicht migekocht, sondern erst den fertigen Speisen beigefügt.
Da die Weinraute eine wichtige Heilpflanze ist, jedoch starke Durchblutung der glatten Muskulatur (Gefäße, Verdauungstrakt, Urogenitaltrakt) bewirkt, darf sie während der Schwangerschaft nicht genommen werden.

Reis

Von allen Getreidesorten wird Reis in der Welt am meisten angebaut; für mehr als 50% der Weltbevölkerung ist er das Hauptnahrungsmittel. Es wundert uns daher auch nicht, daß man bei vielen Völkern schwere Mangelerscheinungen feststellte, als dieses ihr Hauptnahrungsmittel durch industrielle Veränderung (Schälen) denaturiert wurde. Die Folgen waren schwere Herzveränderungen und Nervenlähmungen, die Beriberi-Krankheit. Als man diesen Menschen statt geschältem, weißem Reis wieder Vollreis gab, verschwanden die Symptome. Es ist beim Reis wie bei den meisten anderen Getreidearten: die wichtigsten und wertvollsten Bestandteile – Mineralstoffe, Fermente, Vitamine usw. – sind in den Randschichten und im Keim enthalten. Der Vollreis hat einen ungewöhnlich hohen Anteil an Kalium, Kalzium, Magnesium, Phosphor, Eisen, Kupfer, Mangan, Zinn, Fluor und vielen anderen Spurenelementen. Auch an sehr vielen Vitaminen (B_1, B_2, B_6, der BP-Faktor usw.); ebenso an Inosit. Dieses zählt zur Vitamin-B-Gruppe und ist am Kohlenhydrat- und Fettstoffwechsel beteiligt. Kalium, Kalzium und Magnesium sind die chemischen Gegenspieler des wasserbildenden Natron, daher hat Vollreis eine sehr starke wasserausscheidende Wirkung und ist die ideale Diät bei allen Formen von Stauungen und Kochsalzschäden. Konsequent durchgeführte *Reiskuren* in Verbindung mit Frischkost (Rohsalate in jeder Form) erzielen bei *Rheumaerkrankungen, Gefäßleiden, Herz- und Nierenerkrankungen, Bluthochdruck* und vielen Krankheiten, in deren Begleitung Stauungen auftreten, hervorragende Erfolge. Ja selbst bei *Blutarmut* ist Reis mit seinem Anteil an Eisen, Kupfer und Mangan in Verbindung mit roter Bete (rote Rüben) ein gutes Diätgericht, das letztlich zur Verbesserung des Zustandes führen kann. Durch seine gute Verdaulichkeit wird Reis auch bei Magen- und Darmleiden gerne verwendet. So empfiehlt sich eine *Reis-Quark-(Topfen-)Salat-Diät*, die verschiedene Reizzustände im Magen-Darm-Bereich ausgleicht. Von Reis ist bekannt, daß er am wenigsten zu Gärungserscheinungen führt. Sein hoher Nährwert läßt ihn überdies als *Aufbaudiät* bei allen *Mangelerscheinungen* und in der Rekonvaleszenzzeit einsetzen. Gefährlich ist er jedoch für Diabetiker, da er durch seinen hohen Kohlenhydrate-Anteil zu Überzucker führen kann. Diese Vorzüge des Reis können natürlich nur dann stimmen, wenn, wie bereits erwähnt, der Reis so naturbelassen wie möglich verwendet wird, d. h., er muß mindestens Silberhäutchen und Keimling besitzen. Aber ebenso wichtig ist die schonende Zubereitung.

Reiszubereitung

Man nimmt eine Tasse gewaschenen Vollreis und stellt ihn mit zwei Tassen leicht gesalzenem Wasser zu, läßt einige Minuten kurz aufkochen, gibt die entsprechenden Gewürze dazu und läßt den Reis nun bei ca. 100 Grad im Rohr etwa eine ¾ Stunde nachquellen. Es genügt aber auch, wenn Sie den Reis nach dem Aufkochen zudecken und auf kleiner Flamme ca. ½ Stunde fertigdünsten lassen. Dabei kann unter Umständen eine halbe bis eine Tasse Wasser mehr gebraucht werden, da die Wasserverdunstung größer ist. Je nach Art des Gerichtes, das man mit dem Reis zubereiten möchte, kann man folgende *Würzkräuter* dazu verwenden: Dille, Kerbel, Estragon, Salbei, Rosmarin, Oregano, Koriander, Petersilie, Zwiebel, Schnittlauch, Knoblauch, Muskatnuß, Basilikum, Liebstöckel, Curry, allerdings jeweils nur kleine Mengen und nicht alles zusammen. Ein Gericht, daß besonders bei den Skispringern, aber auch bei vielen anderen Sportlern immer wieder großen Anklang gefunden hat, ist der

---

Reisauflauf

Zutaten: 1 Liter Milch, 250 g Reis, 6 Eßlöffel Butter, 4 Eier, 4 Eßlöffel Honig, 3 Äpfel, etwas Zimt, Rosinen, Vollkornpaniermehl (Bröseln), Butter für die Auflaufform.

Der gewaschene Reis wird mit einem Liter Milch und 2 Eßlöffel Butter zugestellt und so lange kochen gelassen, bis die Milch aufgesaugt ist. Nun die Masse etwas nachquellen lassen und abkühlen. Butter, Dotter und Honig schaumig schlagen, die gewaschenen Rosinen in die Reismasse untermischen, den steif geschlagenen Schnee unterziehen und nun die Masse in eine gefettete, mit Paniermehl (Bröseln) bestreute Auflaufform füllen. Die blättrig geschnittenen Äpfel darauf legen und mit etwas Zimt bestreuen. Nun die zweite Hälfte der Reismasse darübergeben und bei mittlerer Hitze eine Stunde backen. Der Auflauf sollte so frisch wie möglich serviert werden, da er, je länger er steht, in sich zusammenfallen könnte.
Für Freunde pikanten Essens oder sogenannte Fleischtiger:

Reisfleisch à la Bio

Zutaten: 250 g Reis, 5 mittlere Zwiebeln, Maiskeimöl, 1 Zehe Knoblauch, 1 gestrichenen Kaffeelöffel süßen und scharfen Paprika, etwas Majoran und gemahlenen Kümmel, Apfelessig, Vitam-Gemüsebrühe, 200 g Sojawürfel.

Die Sojawürfel mit Vitam einweichen. Den Reis waschen und mit ¾ Liter Wasser und Vitam kochen, die Zwiebel in heißem Fett Farbe nehmen lassen, zerdrückte Knoblauchzehe, Majoran, Kümmel und Paprika dazugeben, mit Apfelessig ablöschen. Die Sojaklöße dazugeben, alles unter den Reis mischen und weichdünsten. Freunde scharfer Kost können diesem Rezept noch einen feingeschnittenen Pfefferoni beifügen.
Das Rezept für *Risotto Milanese*, den wunderbaren Safranreis, finden Sie unter → Safran.

Gemüsevollreis

Zutaten: 2 Tassen Vollreis, 4 Tassen Wasser, 1 Kaffeelöffel Vitam-Gemüsebrühe, 2 Eßlöffel Tamari, Sojasauce, 400 g verschiedenes Saisongemüse (Karotten, Lauch, Sellerie, Paprika), 1 mittelgroße Zwiebel, 2 Zehen Knoblauch, 1 Eßlöffel Sonnenblumenöl, 2 Eßlöffel feingeschnittenen Schnittlauch.

Das Gemüse kleinschneiden oder feinraffeln und mit dem Reis und den Gewürzen in das kochende Wasser einrühren. Einige Minuten kochen lassen und wie beim Grundrezept ins Rohr stellen. Es können auch 2 Eßlöffel Sonnenblumenöl mitgedämpft oder dieses vor dem Servieren über den Reis gegeben werden. Letztere Lösung ist gesünder. Dieser Gemüsereis kann aber auch mit einzelnen Gemüsearten zubereitet werden und nach Belieben kurz vor dem Garwerden mit geriebenem Käse überstreut und gratiniert werden.

Eine sehr einfache und nahezu jeder Krankheit und jedem Zustand passende Entschlackungsdiät ist der

---

Apfelreis
Man stellt den Reis nach dem Grundrezept her. Wenn er fertig gequollen ist, werden 1–2 frische Äpfel auf den Reis geraffelt, damit vermengt und nun ohne weitere Zutaten frisch gegessen.

Ein Rezept, das immer wieder gut ankommt, ist:

Vollreiskekse von Frau Lösch
Zutaten: 250 g Vollreismehl, 50 g Honig, 50 g Birnex-Birnendicksaft, 70 g Butter, 100 g geriebene Haselnüsse, ca. 5 Eßlöffel Milch, 1 Päckchen Vanillezucker, 1 gestrichenen Teelöffel Backpulver.

Butter mit Reismehl zerbröseln und mit den übrigen Zutaten zu einem geschmeidigen Teig kneten, ausrollen und runde Plätzchen ausstechen. Mit Milch bestreichen und 10–15 Minuten bei guter Mittelhitze backen. Die fertigen Kekse kann man je nach Wunsch mit Bioschokoladeglasur bestreichen und mit Haselnüssen bestreuen. Aber auch »ohne« schmecken sie sehr gut.

Die Zahl der Reisrezepte könnte man beliebig lang fortsetzen, doch jede Hausfrau wird genügend eigene wissen. Abschließend sei nochmals darauf hingewiesen: Will man eine *Reiskur* zur Entwässerung bei Nieren-, Herz- oder Rheumaerkrankungen oder zum Schlankwerden machen, so muß man unbedingt das Salz weglassen und darf nur mit Kräutern würzen. Sonst würde man den Natriumgehalt des Reises mit Kochsalz auffüllen und die entwässernde Wirkung würde nicht im erwarteten Maße auftreten.

Rettich

Der Gartenrettich stand schon bei den alten Ägyptern in hohem Ansehen und wurde gleichermaßen wie Zwiebel und Knoblauch geschätzt. In der Volksheilkunde ist seit jeher bekannt, daß Radieschen reich an Vitaminen und Mineralien sind. Der schwarze Rettich jedoch hilft am besten bei *Leber- und Gallenbeschwerden.* Wissenschaftlich wurde in Berlin nachgewiesen, daß eine Rettichsaftkur auf den *Darm anregend* wirkt und dadurch den *Stuhlgang fördert.* Er wirkt also indirekt auf Leber und Gallenblase durch Entlastung des Darmes. Bewiesen ist ferner, daß die beste Wirkung bei kurmäßiger Anwendung (ein Achtel bis ein Viertelliter Saft pro Tag über vier bis fünf Tage, dann zwei Tage Pause, und nochmals vier bis fünf Tage trinken) erzielt wird.
Es gibt aber auch viele Menschen, die Rettich nicht vertragen – etwa bei Gastritis sollte man vorsichtig sein, da man dabei mit Sodbrennen rechnen muß. Normalerweise werden Radieschen leichter vertragen als schwarzer Rettich.

Rettichsalat mit Sahne(Rahm-)dressing
Einen Rettich feinreiben, einen Viertelliter saure Sahne (Rahm), etwas Zitronensaft, zwei Eßlöffel frische, kleingehackte Kräuter (Kerbel, Basilikum), nach Geschmack eventuell Hefeflocken daruntermengen. Bei allen Rettichgerichten sollte man nicht vergessen, daß die zarten, frischen Blätter des Rettichs eine Bereicherung für jeden Salat darstellen.

Rettichgemüse
Je nach Bedarf drei bis vier Büschel geputzten, weißen Rettich feinblättrig schneiden, einige Blätter fein zerhacken und beimengen. Den Rettich nun unter Zusatz von Gemüsebrühe und Wasser weichdünsten. Etwas feingehackte Zwiebel in Fett goldbraun anlaufen lassen. Mit Vollkornmehl eine Mehlschwitze (= Einbrenn) bereiten, das Gemüse beifügen. Zur Geschmacksverbesserung Bohnenkraut verwenden. Eiszapfenrettiche, die viele Monate hindurch stets frisch aus dem Garten geliefert werden können, eignen sich als Ersatz für Schwarzwurzel oder Spargel. Man kocht die geputzten und gewaschenen Eiszapfenrettiche in Salzwasser mit etwas Mehl, bis sie weich sind. Anschließend werden sie mit heißer Butter und geröstetem Paniermehl (= Bröseln) übergossen. Man kann die gekochten Rettiche auch mit Sauce Hollandaise übergießen.
Es ist jedoch selbstverständlich, daß am gesündesten roher Rettich ist. Wem beispielsweise roher Rettichsaft zu scharf ist, der möge mit Honig süßen. Gegen Frühjahrsmüdigkeit hilft eine bunte Platte mit Tomaten, Paprika, Rettich, Kohl, Möhren (Karotten) und Essig-Öl-Dressing.

Rhabarber

Der Weg des Rhabarbers kann über viertausend Jahre von den Chinesen über die Perser und Griechen bis ins Mittelalter (wo er in Klostergärten gezogen wurde) verfolgt werden. Die eßbaren Stengel des Rhabarber enthalten neben Spuren an Eiweiß auch Kohlenhydrate, Vitamin C und Mineralien sowie große Mengen von Kaliumoxalat. Aus diesem Grund sollte Rhabarber von Personen mit Gicht, Epilepsie und Harnsäurestörungen nicht genommen werden.
Bei Rheuma gehen die Meinungen der Ärzte auseinander. So wird behauptet, daß der regelmäßige Genuß von Rhabarber rheumatische Symptome zum Verschwinden bringt. Anfängliche Beschwerden sollen dieser Ansicht nach nur Zeichen beginnender Regeneration sein.
Außer Streit steht die *abführende Wirkung* des Rhabarbers durch Reizung der Dickdarmschleimhaut. Bei geringer Dosierung (eine Messerspitze Rhabarberpulver) wirken jedoch die Gerbstoffe und Bitterstoffe stopfend. In der Pharmazie werden aus der Wurzel Rhabarber-Tabletten bereitet.
Abgesehen von der Heilwirkung wird Rhabarber wegen des säuerlichen Geschmacks als Kompott geschätzt. Die Blätter des Rhabarbers sind hochgiftig! Sie dürfen unter keinen Umständen verwendet werden.

Rhabarbergelee

500 g Rhabarber in zwei Zentimeter lange Stücke schneiden, mit einem halben Liter Wasser zum Kochen bringen. Die Schale einer ungespritzten Zitrone hineinreiben. Einen Eßlöffel feingemahlenes Maismehl mit dem Schneebesen einrühren, eine Gewürznelke und ein Stück Zimtrinde mitkochen. Nach zehn Minuten werden Nelken und Zimtrinde wieder herausgenommen. Einen halben Apfel hineinreiben und je nach Geschmack 200 g Honig einrühren. Nun kommt eine Messerspitze Agar Agar dazu. Nach abermaligem Erhitzen bis knapp an die Siedehitze in Schalen füllen. Nach dem Erkalten mit Sahne (Schlagobers) garnieren.

Rosmarin

Rosmarin wächst praktisch im ganzen Mittelmeerraum und benötigt sehr viel Sonne. Die Blätter werden von Juni bis August gesammelt und im Schatten bei etwa 35 Grad getrocknet. In kleineren Gaben regen die Inhaltsstoffe der Rosmarinblätter die Magensaftabsonderung an. Rosmarin wirkt weiters *nervenstärkend*, *galletreibend*, *appetitanregend* sowie *krampflösend* im Bereich des Magen-Darmkanals. Auch das Wachstum mancher Bakterien kann gehemmt werden.

Spätestens seit Pfarrer Kneipp wird besonders die *kreislaufanregende* Wirkung des Rosmarins geschätzt.
Als Gewürz kommen die frischen oder getrockneten (gemahlen, gestoßen) Blätter in Betracht. Sie haben süßlichen, kampferartigen Geruch und etwas bitteren Geschmack. Rosmarin spielt häufig in Kräutermischungen eine wichtige Rolle. Es wird nur in kleinen Mengen gebraucht. Für vier Personen genügt bereits ein Teelöffel gestoßener Rosmarin. Man würzt damit Suppen, gekochte Kartoffeln, Teigwaren, Gemüse, Salate, Fisch, aber auch Fleischgerichte. Außerdem verwendet man ihn zum Einkochen von Gemüse. Rosmarin soll, vor Licht geschützt, in luftdichten Gefäßen aufbewahrt werden. Seine Haltbarkeit beträgt rund zwölf Monate. In größeren Mengen sind Rosmarinblätter giftig. Sie dürfen vor allem während der Schwangerschaft nicht genommen werden.
In der Körperpflege und in der Medizin verwendet man Rosmarin als Einreibung (durchblutungsfördernde Wirkung!) oder in Form von Bädern, ebenfalls zur Anregung. Pfarrer Kneipp verordnete seinen älteren Patienten zweimal täglich ein Likörglas:

Rosmarinwein
Ein Viertelliter Weißwein mit einem Kaffeelöffel Rosmarinblättern aufkochen, mit einem Eßlöffel Honig süßen und dann abkühlen lassen. Dieser pikante Wein hilft nicht nur alten Menschen, sondern ebenso jungen Leuten, die nervös und erschöpft sind. Auch bei Kreislaufstörungen bewährt sich Rosmarinwein.

Hähnchen mit Rosmarin
Würzen Sie ein Hähnchen mit Salz, Bohnenkraut und Knoblauch. Dann füllen Sie es mit frischen Rosmarinzweigen. Besonders zart wird dieser würzige Braten, wenn Sie das Hähnchen in einer Tonform zubereiten. Außer ein wenig Öl und Wein brauchen Sie keine weiteren Zutaten. Sie können das Rosmarinhähnchen aber auch, wie gewohnt, in der Bratpfanne zubereiten oder grillen.

Tomatensuppe mit Kräutern
Dünsten Sie gewürfelte Tomaten in Olivenöl an, gießen Sie mit reichlich Wasser auf. Gewürzt wird mit Knoblauch, ein wenig Salz, einer Spur Honig und kleingeschnittenen Rosmarinblättern sowie einem Teelöffel Vitam-Gemüsebrühe. Gießen Sie die Suppe, wenn sie gargekocht ist, durch ein feines Sieb und legieren Sie anschließend mit süßer Sahne. Zum Schluß können Sie die Suppe mit Petersilie garnieren.

Rosmarin *(Rosmarinus officinalis)*

Rote Rüben (Rote Bete)

Die rote Rübe steht seit altersher wegen ihrer positiven Wirkungen in hohem Ansehen. In der Medizin gelang ihr der Durchbruch erst vor wenigen Jahren. Der ungarische Arzt und Forscher Dr. Ferenczy wies nach, daß im Saft der roten Bete ein Krebszellen hemmender Wirkstoff enthalten ist. Der hohe Eisenanteil wirkt sich außerdem günstig auf die roten Blutkörperchen aus und sorgt dadurch für besseren Sauerstofftransport ins Gewebe. In Deutschland wurde nachgewiesen, daß der Saft der roten Bete sogar gegen Strahlenschäden eingesetzt werden kann.

Darüber hinaus hat die rote Rübe harntreibenden Effekt. Bei *mangelnder Lebertätigkeit* oder *Darmträgheit* kann ihr Genuß ebenfalls eine Verbesserung der Situation hervorrufen. Diese Heilpflanze nützt praktisch jedem und kann ohne Einschränkungen empfohlen werden. Eigentlich sollten rote Rüben mindestens einmal wöchentlich auf den Tisch kommen.

Am günstigsten ist die Wirkung der roten Rübe im Rohzustand. Eine ideale Verwendungsmöglichkeit stellt in diesem Zusammenhang der Rote-Rüben-Cocktail dar:

Rote-Bete(Rote-Rüben)-Cocktail

Zutaten: 3 mittelgroße rote Rüben, 4 Äpfel, 1/8 Liter Sahne, 2 Eßlöffel Zitronensaft und etwas frischer Meerrettich.

Die roten Rüben gut waschen und bürsten, auf einer Raspel feinreiben, ebenso ein Apfel. Die restlichen Äpfel werden in Würfel geschnitten. Alles mit Zitronensaft und Meerrettich vermengen. Sahne steifschlagen und unter die Rohkost ziehen. Diesen Cocktail serviert man zu Beginn der Mahlzeit.

Im Kochbuch der »Kronen-Zeitung« aus dem Jahre 1907 wird folgender *Rote-Rüben-Salat* empfohlen:

Rote-Rüben-Salat

Gekochte rote Rüben werden geschält, in Scheiben geschnitten und mit Essig sowie etwas Zucker vermischt. Dann Salzheringe entgräten und in Würfel schneiden. Drei gekochte Kartoffeln ebenfalls in Würfel schneiden. Rüben, Heringe und Kartoffeln vermengen, dazu Öl, Salz, gehackte Zwiebel und etwas Pfeffer geben. Diesen Salat mit harten Eiern garnieren.

Rote Rüben als Gemüse

Zutaten: 800 g rote Rüben, 50 g Butter, etwas Wasser, 1/8 Liter Rotwein, 1 Teelöffel Kümmel, 20 g Vollkornmehl, 1 Teelöffel Honig.

Die roten Rüben werden geschält, würfelig geschnitten und mit Butter, Wasser, Kümmel und Rotwein weichgedünstet. Dann etwas stauben und nach Anrösten des Mehls mit Wasser aufgießen. Je nach Wunsch kann auch ein Teelöffel Vitam-Gemüsebrühe mitgekocht werden. Dieses Gemüse paßt gut zu Reisfrikadellen oder zu Bircher-Benner-Kartoffeln.

Krafttrunk

Eine rote Rübe, einen Apfel, eine Banane, alles mit Saftzentrifuge entsaften, zwei Eßlöffel Orangensaft zusetzen, vermischen und frisch trinken.

Safran

Er ist das teuerste Gewürz der Welt. Es handelt sich um eine krokusähnliche Pflanze, deren Blütennarben mit einem Teil des Griffels herausgeschnitten und an der Sonne getrocknet werden. 70.000 bis 80.000 dieser Blütennarben ergeben erst einen Kilogramm Safran. Safran enthält einen Bitterstoff, einen gelben Farbstoff und das wohlriechende ätherische Safranöl. Dieses Gewürz wurde früher – und vielleicht auch heute – oft gefälscht, indem man die Menge durch Beigabe von Blütenteilen anderer Pflanzen vergrößerte.

Safran wird seit undenklichen Zeiten als Gewürz, Arzneimittel, Parfum und Farbstoff verwendet. Die ältesten Anbaugebiete in Europa sind Südfrankreich und Spanien. Wie alt dieses Gewürz ist, geht aus der Tatsache hervor, daß schon Homer den Safran in seinen Liedern erwähnte. Safran wirkt schmerzstillend und krampflösend bei Husten und Augenentzündungen. Dazu werden in der Apotheke eigene Tinkturen angeboten.

Gewürzt werden mit Safran Suppen, Saucen, Reisgerichte und besonders Backwaren. Safran harmoniert mit allen Kräutern der Mittelmeerküste. Das lichtempfindliche Gewürz muß dunkel aufbewahrt werden und soll nur in kleinen Dosen gebraucht werden. Die bekannteste Safranspeise ist:

Risotto Milanese

Zutaten: 60 g Butter, 200 g Reis, Salz, Gemüsebrühe, 50 g Parmesan, Safran und Paprika.

In etwas Butter läßt man ungewaschenen Reis glasig anrösten. Nach und nach unter ständigem Rühren heiße Gemüsebrühe dazugießen. Salzen, geriebenen Parmesan, Safran und Paprika hineingeben und das Risotto vor dem Anrichten nochmals mit Parmesan bestreuen.

Bouillabaisse
Diese weltberühmte Fischsuppe der französischen Mittelmeerküste wird man leider nur sehr selten ganz original zubereiten können, da die hiefür benötigten verschiedenartigen Fische nicht problemlos erhältlich sind. In einem großen Kochtopf bereitet man ein Bett aus drei gehackten Zwiebeln, drei Knoblauchzehen, drei geschälten und entkernten Tomaten, einem Kräuterstrauß aus Petersilie, Thymian, Lorbeer und Fenchel, einem Stück dünn abgeschälter Orangenschale (ungespritzt!). Gesäuberte Fischstücke von festem Fleisch wie Steinbutt, Heilbutt und Meeraal darauflegen. Mit reichlich Olivenöl und soviel kochendem Wasser übergießen, daß der Fisch bedeckt ist. Nun mit Salz, Pfeffer, Safran und Muskat würzen. Etwa fünf Minuten kräftig durchkochen lassen. Inzwischen weichere und kleinere Fischsorten vorbereiten: Kabeljau, Schellfisch, Goldbarsch, Makrele, Rotbarbe oder Weißfisch. Weitere fünf Minuten mitkochen lassen. Das Kräutersträußchen und die Orangenschale nun herausnehmen. Die Fischstücke auf eine vorgewärmte Platte legen, Brühe und Gemüse auf Brotscheiben anrichten, die in Öl gebacken und mit Knoblauch eingerieben wurden.
Das Geheimnis einer guten Bouillabaisse liegt in der kurzen Kochdauer und im kochendheißen Servieren.

Salbei

Am besten gedeiht Salbei auf trockenen, reichlich kalkhaltigen Böden. Die Blätter sammelt man vor der Blüte stets bei trockenem Wetter um die Mittagszeit. Das Sammelgut wird im Schatten getrocknet. Die Ernte kann zweimal im Jahr vorgenommen werden. Salbeiblätter enthalten ätherische Öle, große Mengen von Gerbstoffen, Bitterstoffe und Harze. Salbei findet in der Medizin zur *Anregung der Leberfunktion*, bei *Nachtschweiß* sowie als *entzündungshemmendes* Mittel Anwendung.
Als Gewürz kommen vor allem die getrockneten, jungen Blätter und Zweigspitzen in Frage. Gut getrockneter Salbei soll grüngrau sein und intensiv riechen. Der Geschmack ist würzig und etwas bitter. Salbei eignet sich besonders für Hammel, Rindfleisch, Kalbfleisch und Fisch. Aber auch Bratkartoffeln bekommen durch Salbei eine pikante Note.
Zusammen mit Petersilie, Ysopp, Pfefferminze wird Salbei zur Zubereitung von Kräuterbutter mit italienischem »Einschlag« verwendet. Eine gute Gewürzmischung für Kotelettes ist die Kombination von Salbei, Pfefferminze, Rosmarin, Bohnenkraut, Majoran, Oregano und Basilikum. Wegen seines starken Aromas wird Salbei nur in ganz geringen Mengen beigegeben. Er harmoniert gut mit Knoblauch und Zwiebel.

Salbei
(Salvia officinalis L.)

Kräutersauce mit Salbei
Zutaten: 50 g Zwiebel, 40 g Butter, 60 g Champignons, 1 Teelöffel Vitam-Gemüsebrühe, 50 g Roggenvollkornmehl, Wasser nach Bedarf, 1 Teelöffel feingehackter Salbei, 1 Teelöffel gehacktes Basilikum, 1 Teelöffel ebenfalls zerkleinerter Schnittlauch, 1/8 Liter Sahne (Rahm), 1 Prise Bohnenkraut, etwas Kräutersalz, 2 Zehen Knoblauch.

Man röstet die Zwiebel in Butter glasig an und bereitet aus dem Vollkornmehl eine helle Mehlschwitze = Einbrenn. Nun zwei zerquetschte Knoblauchzehen beifügen und kurz aufschäumen lassen. Mit Wasser ablöschen. Nun fügt man einen Teelöffel Vitam-Gemüsebrühe hinzu sowie die feinblättrig geschnittenen Champignons. Kochen lassen und die Küchenkräuter einrühren. Die Flamme ganz klein stellen. Zwei Minuten durchrühren, vom Feuer nehmen, mit Kräutersalz und Bohnenkraut abschmecken und die saure Sahne (= Rahm) einrühren. Zehn Minuten ziehen lassen, dann kann man die Sauce zu Kartoffelpuffern, Grünkernlaibchen oder sonstigen Gemüsen servieren.

Knoblauch-Salbei-Sauce
Zutaten: 40 g Butter, 40 g Roggenvollkornmehl, 3 Knoblauchzehen, 1 Teelöffel Salbei, 1 Teelöffel Vitam-Gemüsebrühe, Kräutersalz.

Aus Butter und Mehl eine lichte Mehlschwitze = Einbrenn zubereiten, zerquetschte Knoblauchzehen hineingeben, kurz aufschäumen lassen und mit Wasser ablöschen. Gut verkochen. Einen Teelöffel Gemüsebrühe beifügen. Nach abermaligem Aufkochen Salbei einrühren. Vom Feuer nehmen, nochmals zwei Minuten rühren. Dann zugedeckt zehn Minuten ziehen lassen. Die Sauce paßt zu Fischgerichten, aber auch zu verschiedenen Gemüsespeisen.
Hervorragende Wirkung auf die Nerven und auch die Abwehrkräfte des Körpers hat Salbeiwein:

Salbeiwein
Man nimmt 100 g Salbeiblätter und stopft sie in eine weithalsige Flasche. Mit trockenem Weißwein aufgießen. Die Flasche verschließen und zehn Tage in der Sonne stehen lassen. Danach den Wein abfiltern, und nach den Mahlzeiten jeweils ein Likörglas voll trinken.

Salbeitinktur
100 g Salbeiblätter in einem halben Liter Alkohol zwei Wochen lang ansetzen. Dann den Alkohol abgießen und in lichtgeschützte Gläser füllen. Diese Tinktur dient nicht nur zum Einreiben bei Gelenksschmerzen, sondern man nimmt auch einen Teelöffel auf ein Glas Wasser zum Gurgeln und Mundspülen gegen Entzündungen im Mundraum.

So nützlich Salbei sein kann, sollten Personen mit zu hohem Blutdruck oder cholerischem Temperament mit diesem Kraut vorsichtig umgehen, da Salbei zu stark anregen könnte.

Sanddorn

Kommt in weiten Teilen Europas vor und ist ein anspruchsloses Gewächs. Auf trockenen, oft steinigen Hängen gedeiht es – der Sonne ausgesetzt – vorzüglich. Die reifen Früchte (Beeren) erntet man von August bis Oktober. Der Gehalt der Früchte an Vitamin A und vor allem Vitamin C ist außerordentlich hoch. 100 g Sanddornfrüchte decken den Tagesbedarf zehn erwachsener Menschen an Vitamin C. Dieses Vitamin findet man auch in den Blättern. Weitere Inhaltsstoffe: organische Säuren, Glykoside.
Die Früchte *fördern die Entleerung des Darmes*, sie *regen den Appetit an*, und man sagt ihnen auch *stärkende Wirkung* nach. Sanddorn sollte zum Beispiel bei der Ernährung streßgeplagter Manager eine wesentliche Rolle spielen.
Als Gewürz verwendet man die reifen Früchte, die getrocknet oder zu Pasten, Sirup und Marmelade verarbeitet werden. Sie zeichnen sich durch angenehm säuerlichen Geschmack aus. Frische Früchte oder Fruchtextrakt dienen zum Würzen pikanter Fruchtsaucen. Außerdem schmeckt Sanddorn gut zu Milchprodukten wie Joghurt oder auch Käse.
Bei der Verwendung in der Küche muß darauf geachtet werden, daß die Früchte nicht mit Metall in Berührung gelangen. Auch läßt man sie nicht mitkochen, um den Vitamingehalt nicht zu verringern. Sanddornfrüchte erst kurz vor dem Servieren beigeben. Sanddorn eignet sich als hervorragender Ersatz von Zitronensaft, der ja wesentlich geringeren Vitamin-C-Gehalt aufweist.

Hirseauflauf mit Sanddorn
Zutaten: 250 g Hirse, 400 g Wasser, 250 g Milch, 50 g Butter, 150 g Honig, 3 Eidotter, die geriebene Schale einer ungespritzten Zitrone, 3 Eßlöffel Sanddornsaft, 100 g Topfen (Quark), Schnee aus 3 Eiklar.

Die Hirse mehrmals heiß waschen, dann mit kaltem Wasser zustellen und zehn Minuten kochen. Milch beifügen und zehn Minuten quellen lassen. Dann muß die Hirse auskühlen. Butter mit Dotter und Sanddornsaft sowie Honig und der Zitronenschale schaumig rühren. Den Quark = Topfen einrühren und schließlich auch die ausgekühlte Hirse. Nun den Eischnee unterheben. Die Masse in eine befettete Auflaufform geben und bei 180 Grad etwa 45 Minuten backen.

Sanddornmus
1000 g gewaschene Sanddornbeeren werden mit 700 g Honig und einem 1/8 Liter Wasser kurz aufgekocht und dann bei kleiner Flamme eine weitere halbe Stunde geköchelt. Anschließend wird das Mus in vorbereitete Gläser gefüllt, diese werden verschlossen.

Sanddorndrink
1/4 Liter gekühlte Buttermilch, ein Eßlöffel Sanddornmark, ein Kaffeelöffel Honig im Mixer gut verquirlen – fertig.

Sauerampfer, Sauerklee

Diese Pflanzen sind den meisten von uns aus der Kindheit gut bekannt. Wer hat nicht schon auf Wiesen die dreieckigen Blätter des Sauerampfers gekaut und ihren sauren, durstlöschenden Geschmack verspürt? Sauerampfer stand früher bei den Bauern in hohem Ansehen und wurde zur Behebung von Vitamin-C-Mangel verwendet. Dennoch ist sowohl bei Sauerampfer als auch bei Sauerklee Vorsicht geboten. Der hohe Anteil an freier Oxalsäure kann sich bei Gicht und Durchfallneigung schlecht auswirken und mitunter sogar zu Steinbildung führen. Auf Grund des Vitamingehaltes stellen die Pflanzen jedoch ein beliebtes Frühjahrsgemüse dar. Der sauerliche Geschmack ergänzt angenehm Rohkostplatten. Wenige Blätter verleihen Suppen ein angenehmes, säuerliches Aroma.

Sauerampfersuppe
In etwas erhitzter Butter eine kleine Zwiebel anrösten, dann feinnudelig geschnittenen Sauerampfer dazurühren. Nun mit einem Eßlöffel Roggenvollmehl einbrennen (Mehlschwitze) und mit Wasser aufgießen. Drei kleinwürfelig geschnittene Kartoffeln beifügen. Die Suppe kochen lassen, bis die Kartoffeln weich sind. Zum Schluß mit Kräutersalz abschmecken. 1/4 Liter saure Sahne unterziehen und mit grüner Petersilie bestreuen, servieren.

Sauerampfersauce
Zutaten: 120 g Sauerampfer, 40 g Butter, 40 g Vollmehl, etwas Gemüsesuppe, Kräutersalz, 1/8 Liter saure Sahne.

Fein gehackten Sauerampfer in Fett dünsten, etwas Suppe beifügen. Nach dem Eindampfen der Flüssigkeit Mehl dazugeben, ein wenig anrösten und nochmals mit Suppe aufgießen, salzen und die Sauce mit saurer Sahne kurz kochen lassen.

Schnittlauch

Kaum ein anderes Gewürz hat so große Bedeutung im Haushalt wie Schnittlauch. Besonders gerne wird er in der vitaminarmen Jahreszeit – also im Winter und im zeitlichen Frühjahr – verwendet. Man kann ihn jedoch das ganze Jahr hindurch ernten. Schnittlauch ist reich an Vitamin C, enthält ferner Karotin, Vitamin B2, schwefelhaltiges ätherisches Öl, große Mengen von Natrium sowie Kalzium, Kalium, Phosphor und andere wichtige Aufbaustoffe, die der Körper benötigt. Schnittlauch wirkt *verdauungsfördernd, appetitanregend* und auch *blutdrucksenkend.*
Für das Würzen eignen sich lediglich die frischen, jungen Blätter. Sie riechen und schmecken lauchartig. In der freien Natur treibt der Schnittlauch von März bis Mai. Er wurde als Küchengewürz bereits von den Völkern des Altertums geschätzt.
Wie schon der deutsche Name ausdrückt, handelt es sich um eine Pflanze, die geschnitten werden soll. Fein zerkleinert, streut man ihn über Speisen. Er kann allen Gerichten, die man auch mit Zwiebeln zubereitet, beigefügt werden. Besonders gut paßt er zu Eierspeisen, Suppen, frischen Gemüsesalaten, Kartoffeln, Mayonnaisen, Kräuterbutter sowie Quark (Topfen). Mit Vorliebe wird er auf Butterbrote gestreut.

Schnittlauchsauce
Man bereitet eine gelbe Einbrenn = Mehlschwitze aus 60 g Butter und 60 g Weizenvollkornmehl. Darin zwei Eßlöffel Schnittlauch leicht mitrösten lassen. Mit einem kleinen Schöpflöffel voll Gemüsesuppe, 1/4 Liter saurer Sahne und etwas Kräutersalz gut verkochen.

Kalte Schnittlauchsauce
Drei ganze Eier, drei Eßlöffel Essig, drei Eßlöffel Wasser, werden mit drei Eßlöffel Honig und einer Prise Salz im Wasserbad geschlagen und dann vom Herd genommen. Nun drei Eßlöffel Distelöl tropfenweise einrühren. Zum Schluß zwei Büschel feingehackten Schnittlauch beimischen. Diese Sauce schmeckt besonders gut zu allen Rohkostplatten.

In der Volksmedizin wurde Schnittlauch früher speziell gegen Knochenschmerzen empfohlen. Man aß entweder täglich einen Eßlöffel voll oder kochte mit Milch und Schnittlauch einen dicken Brei und legte diesen auf die schmerzende Stelle am Gelenk auf.

Sellerie

Sellerieblätter sind reich an Vitamin C. Weitere Inhaltsstoffe: Karotin, Eiweiß, Mineralien, ätherische Öle. Die Sellerieknolle enthält zusätzlich Purine sowie einige Vitamine (C, B_1, B_2). Sellerie wirkt *harntreibend, nervenstärkend, appetitanregend und fördert auch ein wenig die Potenz.*
Sellerie eignet sich vorzüglich zum Würzen von Diabetikerkost. Als Gewürz benützt man die frischen oder getrockneten Blätter, die frische oder die getrocknete Knolle und auch die Samen. Gut getrocknete Sellerieblätter sollen grün sein. Sie werden ebenso wie die getrocknete Knolle gestoßen oder gemahlen. Die Samen hingegen können auch ganz verwendet werden. Besonders empfehlenswert ist junges, frisches Kraut.
Getrocknetes Kraut findet in zahlreichen Gewürzmischungen Verwendung, mit denen man den Geschmack von Suppen verbessert. Auch als Zusatz bei Fischgerichten kann Selleriekraut dienen. Mit dem frischen Kraut würzt man Suppen, Saucen, Aufstriche und gedünstetes Fleisch.

Selleriesuppe
Zutaten: 1 mittelgroße Möhre = Karotte, 1 Sellerieknolle, den Saft ½ Zitrone, Kräutersalz, 1 Knoblauchzehe, 40 g Butter, 40 g Roggenmehl, etwas mehr als 1 Liter Wasser, etwas Oregano.

Die Möhre und die Sellerieknolle werden auf einer Raspel zerkleinert. Die Knoblauchzehe unter Beigabe von Kräutersalz zerdrücken. Nun aus Butter und Mehl eine lichte Mehlschwitze = Einbrenn anfertigen und Möhre, Sellerie sowie Knoblauch beifügen. Verrühren und mit Wasser langsam aufgießen. Etwas kochen lassen. Zitronensaft hinzufügen, mit Oregano und Kräutersalz nachwürzen und die Suppe mit gerösteten Vollkornbrotwürfeln servieren. Man kann die Suppe auch mit etwas Sahne und einem Eidotter legieren und binden.

Selleriesalat
Rohe Sellerie wird in die Rohkostmaschine gegeben und geraspelt. Mit Mayonnaise vermischen (man nimmt dazu ein Dotter, 2 Eßlöffel Weizenvollkornmehl, 2 Eßlöffel Distelöl – mit einer Gabel in einer Schüssel so lange rühren, bis die Masse dick ist. Mit Kräutersalz und etwas Essig würzen, zum Schluß etwas Senf beifügen). Auf einer Salatschüssel servieren. Gut läßt sich der Selleriesalat mit Endiviensalat ergänzen, indem man diesen in einer Schüssel mit Essig und Öl anrichtet und in die Mitte Selleriesalat placiert.

Gemischter Selleriesalat
Zutaten: 500 g Sellerie, 300 g Äpfel oder Birnen, 100 g Kürbis, Saft von 2 Zitronen, ⅛ Liter süße Sahne (Obers), 1 Joghurt, 50 g Nüsse grob gehackt oder Sonnenblumenkerne.

Die Sellerie fein raffeln, den Kürbis etwas gröber. Die Äpfel werden in kleine Würfel geschnitten. Sofort mit Zitronensaft beträufeln, Sahne mit Joghurt dazumischen und Nüsse darüberstreuen.

Gefüllte Sellerie
Zutaten: 4 faustgroße Sellerieknollen, 50 g Sonnenblumenöl, 1 mittlere Zwiebel, 1 Petersilienwurzel, 1 kleine Möhre, 1 Messerspitze Oregano, dieselbe Menge Basilikum, 1 Prise Thymian, etwas Bohnenkraut, Kräutersalz, 1/8 Liter saure Sahne.

Die gewaschenen und geputzten Sellerieknollen werden in mäßig Salzwasser weichgedünstet. Erkalten lassen und aushöhlen. Der »Abfall« wird kleinwürfelig geschnitten, dann mit einer Zwiebel, die in heißem Sonnenblumenöl gedämpft wurde, sowie geriebener Möhre = Karotte und geriebener Petersilienwurzel vermengen.
Mit den genannten Gewürzkräutern zu einer Füllmasse mischen. Nun noch mit Kräutersalz abschmecken und in die ausgehöhlten Knollen füllen. Diese auf eine mit Öl bestrichene Form setzen, mit geriebenem Käse bestreuen. Darüber Sahne gießen. Mit einem Deckel verschließen und bei mittlerer Hitze eine halbe Stunde backen.

Selleriereis
Dieses Gericht eignet sich besonders gut für Nierenkranke und kann leicht zubereitet werden. Zwei Knollen Sellerie (entweder nudelig schneiden oder grob raffeln), in heißem Fett dämpfen, nun mit fertig gekochtem Vollkornreis vermengen. Die Masse in eine Backschüssel füllen, mit etwas heißem Fett übergießen, zudecken und im heißen Backrohr eine Viertelstunde dämpfen lassen. Dazu schmeckt besonders gut jene Kräutersauce, die bei Salbei angegeben ist. Auch eine Champignonsauce ist zu empfehlen.

Wer eine Regenerationskur machen möchte, kann diese mit *Selleriepreßsaft* anreichern. Dreimal täglich einen Eßlöffel frischen Saft – vor den Mahlzeiten – trinken. Mit etwas Wasser oder Fruchtsaft mischen.

Senf

Man unterscheidet zwar den weißen und den schwarzen Senf, die Wirkung bleibt jedoch gleich. Sie enthalten Eiweiß, fettes Öl und ätherisches Senföl. In früheren Zeiten bereitete man aus weißem Senfmehl einen Brustwickel gegen Atembeschwerden und auch Rheumatismus. Allerdings sollten derartige Wickel wegen der stark hautreizenden Wirkung des Senfs nur höchstens 20 bis 30 Minuten aufgelegt werden.
Das aus den Samen gewonnene Senfol ist besonders hautreizend und sollte nur unter ärztlicher Anleitung verwendet werden. Zum Kochen wird meist der aus den Körnern gewonnene Tafelsenf oder Mostrich verwendet. Er bewährt sich außerordentlich als *verdauungsförderndes* Mittel, das die *Absonderung der Magen- und Darmsäfte anregt.* Daraus ergeben sich allerdings auch die Gegenanzeigen: Senf soll bei Gastritis, Magengeschwüren und Übersäuerung gemieden werden. Hingegen helfen einige ganz geschluckte Senfkörner *gegen Verstopfung.* Mit Senfkörnern verfeinert man den Geschmack von Senfgurken, Wurst und Mixed Pickles. Darüber hinaus kann man die Körner in Fisch und Wildmarinaden verwenden. Mit Senfmehl würzen Sie vorzugsweise Geflügel und bereiten es, mit Wasser angerührt, wie Senf zu. Senf läßt sich – sparsam eingesetzt – mit fast allen anderen Gewürzen kombinieren.

Senfsauce
Zutaten: 3 Dotter, 3 Eßlöffel scharfer Senf, $^{1}/_{16}$ Liter Distelöl, $^{1}/_{16}$ Liter Apfelessig, etwas Zitronensaft.

Die hartgekochten Dotter und der Senf werden mit einer Gabel passiert. Dann tropfenweise Öl einrühren, weiters den mit etwas Wasser vermischten Essig. Je nach Geschmack Zitronensaft beifügen. Diese Sauce schmeckt besonders zu Kartoffel- und Getreidegerichten.

Senfsalat
Zutaten: 500 g Kartoffeln (»Kipfler«), 2 Eidotter, 3 Eßlöffel Senf, $^{1}/_{16}$ Liter Distelöl, Essiggurken, etwas Essig und Kräutersalz.

Gekochte und blättrig geschnittene Kartoffeln werden mit Essig und Kräutersalz vermengt und mit folgender Sauce übergossen: Zwei Dotter mit Senf und Öl abtreiben, dann kleingeschnittene Essiggurken einmischen.

Natürlich lassen sich aus Senf, Quark (Topfen) und Küchenkräutern die herrlichsten Brotaufstriche bereiten. Ob es nun ein Frühlingsaufstrich oder Liptauer ist – ohne Senf würe der Geschmack eher langweilig. Auch Kartoffelspeisen oder Steaks werden mit Senf geschmacklich bereichert.

Senf
(Sinapis nigra L.)

Sesam

Gehört zu den kultivierten Ölpflanzen und wird im ganzen Orient geschätzt. Sesam enthält Eiweiß, Mineralien, Kieselsäure und einen hohen Fettanteil. Der Lecithingehalt wirkt sich positiv auf die Nerven aus. Sesammehl eignet sich hervorragend für Krankendiäten – besonders *bei Magen- und Darmleiden*, bei bestimmten *Herzerkrankungen* und *Bluthochdruck*. Angeblich hilft Sesam auch gegen *Menstruationsbeschwerden und Thrombosen* sowie gegen *Potenzschwäche.*
»Sesam ist das Gewürz der Götter« – diese Inschrift tragen Tontafeln aus dem alten Babylon. Verwendet werden heute Sesamkörner, -paste oder -öl. Mit Sesamkörnern bestreut man Brot, Hackfleisch, Blumenkohl und türkischen Honig. Man verwendet Sesam auch für die Herstellung des im vorderen Orient sehr beliebten Naschwerkes Halva. Dieser orientalische Leckerbissen wird aus gemahlenem Sesam, Zitronat, Eischnee und etwas Zitronen- oder Weinsäure bereitet.
Sesamöl dient vor allem der Zubereitung von Salaten und harmoniert mit allen asiatischen Gewürzen.

Sesamkugeln
3 Eßlöffel Sesam, 2 Eßlöffel Haferflocken in einer Pfanne trocken rösten. Anschließend mit 3 Eßlöffel Honig vermengen, daraus Kugeln formen und in geriebenen Pistazien rollen. Einen Tag trocknen lassen.
Eine andere Variation:
Zutaten: 2 Eßlöffel geriebene Haselnüsse, 3 Eßlöffel Sesam, 3 Eßlöffel Haferflocken.

Alles in einer Pfanne goldgelb rösten. Dann mit zwei Eßlöffel Orangensaft vermengen. Eventuell einen Spritzer Zitronensaft beifügen. Etwas Honig daruntermischen. Aus der Masse wieder Kugeln formen. Diese in geriebenen Haselnüssen rollen und trocknen.

Sehr beliebt sind auch Kraftkugeln aus Trockenfrüchten mit Sesam (siehe unter Trockenfrüchte).

Sesamgebäck
Zutaten: 60 g Sesam, 600 g Weizenvollkornmehl, frisch gemahlen, 1/8 Liter Wasser (30 Grad), 40 g Hefe, 2 Eßlöffel Honig, 1/4 Liter Buttermilch, 100 g Topfen (Quark), 2 Dotter, 1 Messerspitze Neugewürz, 1 Messerspitze Salz, 1 Eßlöffel Kakao, 1 Messerspitze Zimt. Eiklar zum Bestreichen.

Das Weizenmehl in eine Schüssel geben. Eine Vertiefung eindrücken und Honig sowie etwas in Wasser aufgelöste Hefe hineingeben und das Ganze zu einem dicken Brei vermischen. Mit Mehl bestäuben und etwa 15 Minuten gehen lassen. Danach das in der Buttermilch aufgelöste Salz, die Dotter, den Quark = Topfen, die Gewürze, den Kakao und Sesam zum Teig geben und gut durchkneten. Mit angefeuchteten Händen den Teig herausnehmen. Die Schüssel mit Mehl bestreuen, den Teig wieder hineingeben und an einem warmen Ort eine Stunde gehen lassen. Anschließend den Teig auf einem bemehlten Brett nochmals kurz durchkneten, eine Rolle formen und davon gleichmäßig große Stücke abschneiden. Aus diesen Teilen werden je nach Laune kleine Laibchen, Kipferl oder andere Figuren geformt. Auf ein befettetes Blech legen. Mit einem feuchten Tuch bedecken und etwa 15 Minuten nochmals gehen lassen. Bei 220 Grad 40 Minuten backen. Wie bei allen Brotsorten empfiehlt es sich auch hier, eine flache Schale mit Wasser mit in das Rohr zu stellen.

Soja

In unseren Breiten gewinnt die Sojabohne erst in letzter Zeit an immer stärkerer Bedeutung. Hingegen ist sie in Asien, Japan und China seit vorchristlicher Zeit in hohem Ansehen. Die reifen Samen enthalten Eiweiß, Kohlenhydrate, Lecithin, Vitamine und Fett. Der Nährstoff von 500 g Sojamehl entspricht 27 Hühnereiern oder 5 1/4 Kilogramm Rindfleisch!
Vor nicht allzulanger Zeit wurde in der Sojabohne ein Stoff entdeckt, von dem man animmt, daß er gegen *Arterienverkalkung* wirkt. Da Soja weder Purin noch Cholesterin enthält, ist es bei allen Beschwerden des *rheumatischen* und *gichtigen* Formenkreises dem Fleisch haushoch überlegen. In der Küche des Fernen Ostens (besonders in China und Japan), steht die Sojabohne als Gemüse und Gewürz an erster Stelle. Sie ersetzt den Chinesen Fleisch, Milch und Gewürze und liefert darüber hinaus den Rohstoff für Lacke und Medikamente. In ganz Ostasien wird das gesunde Sojaöl zur Zubereitung von Speisen verwendet.
Die jungen Sojabohnensprossen wiederum eignen sich als Salatgemüse mit Essig-Öl-Dressing. Sie werden überdies ähnlich wie Hopfensprossen und Spargel als Gemüsebeilage verwendet. Die Sojasauce ist ein flüssiges, pikantes Tafelgewürz, das mittlerweile in der ganzen Welt beliebt ist. Für die Zubereitung von Speisen der chinesischen Küche ist sie unentbehrlich. Die dunkelbraune, dickflüssige Sauce kommt in Flaschen und Tonkrügen auf den Markt. Der Farbe und dem salzigen Geschmack nach, ähnelt sie sehr der in Europa beliebten Suppenwürze. Sie wird aus Sojabohnen und Weizenmehl hergestellt. Ähnlich wie Wein und Cognac gewinnt die Sojasoße sozusagen mit zunehmendem Alter. Die wohl gesündeste Verwendung der Sojabohne ist die Zubereitung von Sojakeimen.
Das Ankeimen der Sojabohnen geschieht folgendermaßen:
Man nimmt 40 g grüne Sojabohnen und wäscht sie in einem Sieb gründlich ab.

Dann in Wasser zwölf Stunden lang quellen lassen. Abermals kurz abspülen, in einem Topf auf ein feuchtes Tuch legen und mit einem zweiten feuchten Tuch zudecken. So können einige Lagen aufgeschichtet werden. Diese werden täglich einmal abgespült und wieder in den Topf geschichtet. Nach 2–3 Tagen ist der Keimling ca. 1 cm lang und benützbar für Salate oder den Rohgenuß. Die einfachste Art des Ankeimens der Sojabohnen geschieht mit einem speziellen Keimapparat. In diesem Fall braucht man die Sojabohnen nur in eine Keimtasse geben und einmal täglich ½ l Wasser hineingießen. Nach 3–4 Tagen können die Keimlinge geerntet werden.
Die Sojabohnenkeimlinge weisen hohen Vitamin-C-Gehalt auf. Es genügen schon geringe Mengen, um eine Vitalitätssteigerung zu erreichen. Dabei sind sie arm an Kalorien. 100 g Keimlinge enthalten nur 22 Kal.
Gekeimte Sojabohnen finden daher auch als Astronautennahrung Verwendung, weil sie bei geringer Belastung des Organismus einen hohen Nährwert liefern. Sojakeimlinge sollten nicht gekocht werden, es wäre schade, den Wert dadurch zu mindern. Sie werden unter Salate gemischt oder in einer Buttermilch-Sahne-Marinade zu Gemüse- und Getreidespeisen gereicht.

Szegediner Sojagulasch
Zutaten: 2 Eßlöffel Sonnenblumenöl, 150 g Zwiebel, 200 g Sojawürfel, 700 g Sauerkraut, 200 g grünen Paprika, Thymian und Kümmel, Rosenpaprika, 2 Zehen Knoblauch, etwas Kräutersalz, 2 Eßlöffel Vitam-Gemüsebrühe, 300 g Tomaten grob gewürfelt, ⅛ l Sahne, etwas Kerbel und Petersiliengrün.

Die Sojaklöße zwei Stunden vor der Zubereitung einweichen, abseihen, mit Kraut, Zwiebel, geschnittenem Paprika und Gewürzen 15 Minuten dünsten. Tomaten dazugeben und nochmals 10 Minuten dünsten. Nun mit Öl, Sahne, Petersiliengrün und Paprika abschmecken, dann servieren.

Sojabrot
Zutaten: 400 g feingemahlenes Weizenmehl, 100 g Roggenmehl, 30 g Hefe, 300 g Sojaschrot (eine Stunde vorher mit 600 g Wasser – 35 Grad – einweichen), 30 g Salz.

Aus den Zutaten mit weiteren 100 g Wasser einen Teig mischen, dem man noch 300 g Natursauerteig beigibt. Die Masse mit einer Küchenmaschine gut abmischen und kneten.
Danach muß der Teig 20 Minuten liegen. Anschließend wieder 25 Minuten kneten und mischen. Abermals 20 Minuten liegenlassen. Je länger der Teig liegt, desto besser kommt der Geschmack zur Geltung. Nun noch ein letztesmal kneten und zu einem Laib formen. Auf ein Brett geben, mit einem feuchten Tuch zudecken, 20 Minuten garen lassen. Den Ofen auf 240 Grad vorheizen, das Brot mit einem Messer so einschneiden, daß auf der Oberfläche Quadrate entstehen.

Die Backzeit beträgt wie beim Weizenbrot fünf Minuten bei 240 Grad, dann eine Stunde bei 170 Grad.

Sojareisfleisch

Zutaten: 1 Schale Reis, 2 Schalen Wasser, 1 gehäufter Eßlöffel Vitam-Gemüsebrühe, 1 Schale Sojawürfel, 400 g Zwiebel, etwas Butter, 1 Knoblauchzehe, etwas Kräutersalz, 1 Eßlöffel Kräuteressig, Majoran, gemahlener Kümmel, 1 Kaffeelöffel süßer Paprika, 1 Kaffeelöffel scharfer Paprika, 2 grüne Paprika, eventuell 2 Pfefferoni.

Den gewaschenen Reis mit zwei Schalen Wasser und der Gemüsebrühe einweichen. Die kleingeschnittene Zwiebel in Butter leicht andünsten. Den zerdrückten Knoblauch, Kümmel, geriebenen Majoran, Kräutersalz und Paprika dazugeben. Mit Essig ablöschen und die Sojawürfel sowie geschnittene Paprika beimengen. Fünf Minuten dünsten lassen, dann den gekochten Reis hinzufügen. Nochmals kurz dünsten lassen und servieren.

Geschnetzeltes

Zutaten: 100 g Sojawürfel, 2 mittlere Zwiebeln, 1 grüne Paprikaschote, 1 Teelöffel Vollmehl, 2 Eßlöffel Sonnenblumenöl, 1 gestrichener Eßlöffel Cenovis-Streuwürze, 2 Teelöffel Zitronensaft, Curry, Basilikum, 200 g Fünfkornnudeln oder Hörnchen.

Sojawürfel in doppelt soviel heißem Wasser mit einem gestrichenen Eßlöffel Cenovis-Streuwürze ca. 5 Minuten einweichen. Kleingeschnittene Zwiebel- und Paprikastückchen dazugeben und 10 Minuten dünsten. Mit Vollmehl binden, mit den Gewürzen abschmecken und die abgekochten Nudeln darunterrühren.

Pichelsteiner Ragout

Zutaten: 2 Möhren = Karotten, 1 Kohlrübe, 3 Kartoffeln, 1 Zwiebel, 100 g Sojawürfel, 1 Teelöffel Roggenmehl, 1/8 l Weißwein, Petersilie, Zitronenschale, Kapern, Majoran, Knoblauch.

Zuerst kocht man würfelig geschnittene Möhren = Karotten, Kohlrübe und Kartoffeln in Salzwasser weich. Das Wasser wird abgegossen und aufgehoben, das Gemüse warmgestellt. Nun eine feingeschnittene Zwiebel in heißer Butter anrösten. Anschließend die eingeweichten und ausgepreßten Sojawürfel dazugeben und ebenfalls anrösten. Nun wird mit dem Gemüsewasser etwas aufgegossen und gesalzen. Nach 10 Minuten mit Roggenmehl stauben, mit Weißwein und Gemüsewasser aufgießen. Die Sauce läßt man gut aufkochen und fügt dann die Zitronenschale, Petersilie, Kapern, Majoran und den Knoblauch hinzu.
Nach weiteren 10 Minuten kochen und abschmecken. Schließlich wird das Ragout mit dem vorher gekochten Gemüse angerichtet.

Thymian

Thymian gehörte zu den Einbalsamierungsgewürzen und war daher schon im Altertum bekannt. Das Kraut zeichnet sich durch starke keimtötende Wirkung aus, die von einem ätherischen Öl ausgeht. Diese Substanz wirkt sogar noch bei starker Verdünnung. Wegen seiner gärungs- und fäulniswidrigen Eigenschaften wird Thymian als *Gurgelwasser bei Zahnfleischentzündungen* verwendet. Als Tee oder Thymiansirup eignet sich die Pflanze *gegen Husten* (auch gegen Keuchhusten). Weitere Anwendungen: *Magen- und Darmentzündungen, Blähungen, Durchfall und als Anti-Wurmmittel.*
Als Gewürz wird das getrocknete, zur Blütezeit gesammelte Kraut verwendet. Man rebelt es von den Stengeln und bewahrt es in dunklen, gut verschlossenen Gläsern auf. Richtig getrocknet besitzt Thymian grüne Farbe, duftet intensiv und schmeckt etwas bitter.
Mit Thymian würzen Sie am besten Fleisch, Käse, Salate, Pilze, Hülsenfrüchte, Gemüse, Fisch, Geflügel und Pizzas. Verwenden Sie etwa einen Teelöffel pro Kilogramm. Am besten paßt Thymian zu Knoblauch, Zwiebel, Petersilie und Lorbeer. Man soll ihn hingegen nicht mit Majoran kombinieren.

Thymianlinsen
Zutaten: 240 g Linsen, Wasser, 30 g Butter, 30 g Roggenvollmehl, eine Zwiebel, Petersiliengrün, Thymian, ein Lorbeerblatt, eine Zitronenschale, Essig, Zitronensaft und etwas Kräutersalz.

Die Linsen über Nacht einweichen. Dann ohne Salz weichkochen. In einer dunklen Mehlschwitze = Einbrenn röstet man nun Zwiebel und Petersilie an. Mit Linsenabsud aufgießen, Zitronenschale, Lorbeer und Thymian hinzufügen. Nach dem Aufkochen die Linsen beimengen, säuern, salzen und noch kurze Zeit kochen lassen.

Wildsalat
Zutaten: Zwei Eßlöffel Zitronensaft, etwas geriebene Orangenschale von ungespritzten Orangen, 3 Eßlöffel Sonnenblumenöl, eine würfelig geschnittene Orange, sowie Salz, Pfeffer, Thymian und Senf gut verrührt, fünf Handvoll Wildkräuter.

Forelle in Folie
Zutaten: Kräutersalz, geriebenes Bohnenkraut, Zitronensaft, Petersilie, je ein Zweiglein Thymian, Rosmarin und Dille, Butter, vier Forellen.

Die gewaschenen und abgetrockneten Fische außen und innen mit Zitronensaft beträufeln, leicht salzen, mit Bohnenkraut und Petersilie bestreuen. Gewürzsträußchen und ein wenig Butter einfüllen. Die Alufolie mit Butter

Tyhmian *(Thymus serpyllum L.)*

bestreichen, Forelle darauflegen und die Folie so falten, daß die Enden fest miteinander verbunden sind. Die Folie muß rundherum gut abdichten. Nun auf den Rost des vorgeheizten Backrohres legen und eine Viertelstunde grillen. Mit Folienkartoffeln, Knoblauchsauce und Salbei servieren. Dazu paßt grüner Salat.

Hustentee

Ein Teelöffel Thymian mit einer Schale kochendem Wasser überbrühen, fünf Minuten ziehen lassen, zwei- bis dreimal täglich schluckweise trinken. Dieser Tee hilft gegen Erkältungen. Sehr gut läßt sich Thymian auch mit Apfelschalen mischen – Rezept siehe Apfel.

Thymianbad

Das Bad wirkt bei Rheuma, Gliederschmerzen und bei Erkältung. Zwei Handvoll frisches oder getrocknetes Kraut in einem Liter Wasser aufkochen, eine Viertelstunde ziehen lassen und den Absud dem Badewasser zusetzen. Darin 20 Minuten bei 35 bis 37 Grad Celsius baden.

Tomate

Diese Gemüseart ist heute auf der ganzen Welt heimisch und von keinem Speiseplan mehr wegzudenken. Tomaten enthalten sehr viele Mineralien, Vitamine und leider auch Oxalsäure, weshalb sie von allen Menschen mit Neigung zu Nierensteinen gemieden werden müssen.
Tomaten regen die Tätigkeit der Speicheldrüsen an und können von Patienten mit Fieber oder akuten Erkrankungen bedenkenlos gegessen werden. Auch bei Anämie (Blutarmut) zählen Tomaten zu den ärztlich empfohlenen Nahrungsmitteln. Durch den hohen Kaliumgehalt *verbessert sich die Darmbewegung* – damit fördern Tomaten die Verdauung. Auch bei *Gelbsucht* können sie als Schonkost eingesetzt werden.
Von Vorteil sind Tomaten zudem im Falle von *Zahnfleischblutungen, bei Verstopfung und Bronchialasthma.* Über die Anwendung in der Küche weiß wohl jede Hausfrau bestens Bescheid. Trotzdem ein paar Spezialrezepte.

Spanischer Tomatensalat
Man schneidet Tomaten in Scheiben und schichtet sie in einer Salatschüssel auf. Nun mit Olivenöl beträufeln und mit feingeschnittenen Basilikum- sowie Melissenblättern bestreuen. Den Salat kurz kaltstellen und als Rohkost-Vorspeise servieren.

Essig-Tomaten
Feste, nicht zu reife Tomaten waschen. ¾ Liter guten Weinessig läßt man mit einem Viertelliter Wasser sowie einigen Pfefferkörnern aufkochen. Dann soll der Essig auskühlen. Die Tomaten in große Gläser mit weitem Hals legen, den kalten Essig darüberschütten und oben eine ganz dünne Schicht gutes Olivenöl geben. Die Gläser zubinden und kühl aufbewahren. Die auf diese Art konservierten Tomaten können bei Bedarf wie frische verwendet werden.

Quark (Topfen)-Tomaten
Zutaten: 1000 g Tomaten, 200 g Quark, 4 Eßlöffel Rahm, je 1 Prise Petersilie, Schnittlauch, Kümmel, Kräutersalz und Rosenpaprika.

Von festen Tomaten den Deckel abschneiden und aushöhlen. Man fertigt eine Mischung aus Topfen (Quark), Sahne, dem Inneren der Tomaten sowie den Kräutern, Salz und Paprika an. In die Tomaten einfüllen. Die Fülle soll etwas über den Rand der Tomaten herausblicken, sodaß ein weißer Ring entsteht. Auf diesen weißen Ring den Deckel wieder aufsetzen. Mit grünem Salat servieren. Die Tomatenfülle läßt sich natürlich variieren. Man kann Radieschen reiben und mit gewiegten Tomaten sowie Sahne vermengen und als Fülle verwenden.

Tomatenomelette
Zutaten: 1 Zwiebel, 1 Eßlöffel Olivenöl, 1 Tomate, feingewiegte Petersilie, 1 Messerspitze feingewiegten Salbei, 2 Eier, Kräutersalz.

Die fein zerkleinerte Zwiebel läßt man in einem Eßlöffel Öl weichdünsten. Die in kleine Stücke geschnittene Tomate und die Kräuter hinzufügen. Etwas dämpfen lassen. Dann die geschlagenen Eier und etwas Salz dazumischen. Nun ein Omelett backen und dieses mit grünem Salat servieren.

Spaghetti bolognese biologica
Zutaten: 1 Schale Soja-Granulat, 1 Schale Wasser, 1 Eßlöffel Vitam-Gemüsebrühe, 5 Eßlöffel Olivenöl, 3 Knoblauchzehen fein zerdrückt, 2 mittlere, gehackte Zwiebeln, 7 geschälte Tomaten, je 1 Teelöffel Birnex, Oregano, Basilikum, 1 Messerspitze Cayennepfeffer, etwas Kräutersalz, 2 feinblättrig geschnittene Champignons, 1/2 geriebene Möhre, 1 kleines Stück geriebene Sellerie, 200 g Hirsespaghetti und geriebenen Parmesan.

Zwiebeln und Knoblauch glasig dünsten, Champignons und Gemüse beigeben und 10 Minuten dünsten. Dann Wasser und Vitam aufkochen und dieses mit dem Granulat, den Tomaten und den Gewürzen beigeben. Gut durchrühren. 25 Minuten auf kleiner Flamme dünsten, abschrecken und mit Hirsespaghetti servieren. Zum Abschluß Parmesan darüberstreuen. Die Hirsespaghetti werden nur vier Minuten gekocht und dann abgeseiht.

Trockenfrüchte

Diese werden sicher nicht zu Unrecht bei den Gewürzen angeführt, da sie Getreidegerichte, Backwaren und Müsli erst richtig schmackhaft und süß machen. Trockenfrüchte sind zudem wertvolle Mineralien- und Vitaminspender sowie Energielieferanten. Schon 100 Gramm Trockenfrüchte decken beispielsweise allein ein Drittel unseres Tagesbedarfes an Kalium, Eisen und anderen wichtigen Aufbaustoffen, die Sie nachstehender Tabelle entnehmen können. Trockenfrüchte spielen daher eine besondere Rolle im Sport und bei Wanderungen, wenn mit großen Mineralverlusten durch Schwitzen gerechnet werden muß. Bei Durchfall und Erbrechen kann der Mangel an Spuren- und Mengenelementen ebenfalls durch Trockenfrüchte ausgeglichen werden.
Während Wanderer die Früchte trocken kauen, verwendet man sie in der Küche in erster Linie eingeweicht. Schneiden Sie die Trockenfrüchte würfelig – in eine

Schüssel geben und mit Mineralwasser übergießen, bis sie bedeckt sind. Ich selbst verwende zum Einweichen grundsätzlich kein Leitungswasser, weil dieses nicht mehr einwandfrei ist (Chlor etc.). Über Nacht an einem kühlen Ort stehen lassen. Am nächsten Tag läßt sich damit viel anfangen:

Frischkornmüsli mit Trockenfrüchten
Pro Person zwei Eßlöffel Weizen, 1 Eßlöffel Gerste nehmen, grob schroten und mit dem Saft der Trockenfrüchte einweichen. Einige Zeit stehen lassen. Dann die vorbereiteten Trockenfrüchte beimengen, einen halben, frischen Apfel hineinreiben. Dazu kommen 2 Eßlöffel Joghurt und 1 Eßlöffel Nüsse nach Wahl. Alles vermengen und eventuell mit etwas süßer Sahne = Schlagobers verzieren. Die Zutaten lassen sich auf den individuellen Geschmack abstimmen. (Pflaumen, Rosinen, Datteln, Feigen, Aprikosen, Pfirsiche usw. nach Wahl verwenden.)

Wer das Vitalfrühstück lieber warm genießt, dem wird vielleicht das warme Kruska nach Wiener Art schmecken:

Warmes Kruska nach Wiener Art
Zutaten pro Person: 1/8 Liter Saft eingeweichter Trockenfrüchte, je 1 Eßlöffel Weizen- und Gerstenschrot, 3 Eßlöffel Trockenfrüchte, 1 Eßlöffel Hafer, 1 Eßlöffel Hirseflocken, etwas Frischmilch, 1/2 Apfel (gerieben), eventuell frische oder tiefgekühlte Beeren und geriebene Nüsse.

Weizen- und Gerstenschrot im Saft der Trockenfrüchte zwei bis drei Minuten aufkochen. Wasser beigeben, wenn die Masse zu dick werden sollte. Nach drei bis fünf Minuten die Trockenfrüchte hinzufügen, nochmals aufwallen lassen und vom Feuer nehmen. Nun die Hafer- und Hirseflocken einrühren und in den dicken Brei etwas Milch gießen, den geriebenen Apfel und die Beeren beimengen. Mit Nüssen garniert servieren. Wer keine Beeren daheim hat, der möge Rohfruchtmarmelade verwenden.

Pfannkuchenfülle
Zutaten: Eingeweichte Trockenfrüchte nach Wahl, Apfelscheiben. Alles durch den Wolf drehen und pro 100 g Masse 1 Eßlöffel Orangensaft, 1 Eßlöffel Rum, etwas Zitrone und Birnex beifügen. Gut vermengen. Aus Weizenvollmehl Pfannkuchen backen und mit der Füllmasse bestreichen.

Ein weiteres Rezept:
Je dieselbe Menge Trockenfrüchte (eingeweicht) und Quark (Topfen) nehmen, mit 3 Eßlöffeln Sahne, 1 Eßlöffel gehackten Pistazien und 1 Eßlöffel Orangensaft gut vermengen. Auf die Pfannkuchen streichen, diese einrollen und servieren.

Trockenfrüchte

Tagesbed. ca.	2500	mg	3000 mg	3000 mg	800 mg	800 mg	260 mg	18 mg	900 mg	1,6 mg	2,0 mg	75 mg
in 100 g	Kcal	ges. Minerale	Natrium	Kalium	Kalzium	Phosphor	Magnesium	Eisen	A	B_1	B_2	C
Apfel	286	684,4	5	596	31	51	–	1,4	–	0,08	0,11	11
Aprikose	292	1435,0	19	1175	75	111	50	5,0	770	0,04	0,05	12
Birne	273	634,3	7	573	35	48	–	1,3	21	0,01	0,18	7
Datteln	300	840,5	18	649	61	60	50	2,5	5	0,07	0,09	2
Feigen	277	1108,2	37	745	160	93	70	3,2	8,0	0,18	0,10	–
Pfirsiche	281	1332,5	13	1145	46	122	–	6,5	83	0,01	0,19	17
Pflaumen	298	948,3	8	824	41	73	–	2,3	112	0,20	0,10	4
Rosinen	269	972,7	144	630	31	100	65	2,7	5	0,10	0,10	1

enthält am meisten ⅓ Tagesbedarf über 10% Tagesbedarf

500 g Kraftkugelmasse (inkl. Wasser) haben: 1460 Kcal., 58,5 g Fett, MUF 14 g 100%

Eiweiß	16,5 g		Kalzium	1055 mg	100%	Eisen	17,4 mg	100%	Vitamin B_2	0,8 mg	40%
Natrium	110 mg	3%	Phosphor	580 mg	80%	Vitamin A	0,4 mg	40%	Vitamin C	29 mg	30%
Kalium	2421 mg	80%	Magnesium	211 mg	80%	Vitamin B_1	2,06 mg	100%	Vitamin E	10 mg	80%
									Niacin	11,4 mg	80%

Kraftkugeln
Zutaten: Je 50 g eingeweichte Feigen, Aprikosen, Pfirsiche, Rosinen. Faschieren und mit 50 g Haferflocken, 50 g geriebenen Nüssen, 50 g Birnex oder Honig vermengen. Den Saft einer Zitrone, 50 g angerösteten Sesam, 1 Messerspitze Piment dazumengen. Je nach Geschmack mit einigen Tropfen Rum aromatisieren. Aus dieser teigigen Masse Kugeln formen, diese in geriebenen Nüssen wälzen und einen Tag zum Trocknen stehen lassen. Kühl aufbewahrt, sind die Kugeln bis zu einer Woche problemlos haltbar.

Vanille

Vanille ist die Schote einer Orchideenart. Man nimmt sie zu Backwaren, Obstmüslis und Pudding. Sie wird entweder im Ganzen oder gemahlen verkauft. Es ist empfehlenswert, die ganzen Schoten vorzuziehen, da diese länger halten. Vanille harmoniert gut mit Zimt, Ingwer und Nelken. Die empfindlichen Vanillestangen müssen stets trocken und luftdicht aufbewahrt werden. Man sollte sie außerdem unbedingt von anderen Gewürzen trennen.

Vanilleeis
Zutaten: 2 Dotter, 2 Eiklar, 1/4 Liter Sahne, 100 g Honig, 1 Teelöffel geschabte Vanilleschote.

Honig und Vanille möglichst schon eine Stunde vor der Zubereitung vermengen. Sahne steif schlagen, Honig, Vanille und Dotter daruntermengen, Eiklar zu Schnee schlagen und unterheben. Einen Tag ins Gefrierfach stellen. Das fertige Eis in Scheiben schneiden oder Kugeln ausstechen. Himbeeren oder Fruchtsaft eignen sich zum Garnieren dieser köstlichen Nachspeise.

Vanillecreme
Zutaten: 1/8 Liter Sahne, 3 Dotter, 1 Ei, 1/4 Vanilleschote, 40 g Honig, 10 g Vollreismehl gemahlen, 1 Messerspitze Agar Agar, 3 Eßlöffel Wasser.

Ein Gemenge aus Dottern, Honig, Ei und Reismehl mit einem Stück Vanille im Schneekessel über Dampf dick schlagen. Nach Entfernung des Dampfes bis zum Erkalten rühren. Nun die Vanilleschote herausnehmen. Die steif geschlagene Sahne mit vorher in heißem Wasser aufgelösten Agar Agar vermischen und unter die gerührte Masse heben. Die Creme kaltstellen. Man kann sie als Fülle für Mehlspeisen, aber auch als Dessertcreme verwenden.

Vanillepudding

Zutaten: ½ Liter Vollmilch, ⅛ Liter Sahne (Obers), 1 Teelöffel geschabte Vanilleschote, 1 Teelöffel Agar Agar, 50 g Rosinen, 50 g Honig.

Milch mit Vanilleschote, Rosinen und Agar Agar erhitzen (nicht kochen lassen!). Nach 10 Minuten vom Herd nehmen und mit dem Schneebesen Honig und Sahne langsam einrühren. Puddingformen in kaltem Wasser ausschwemmen. Den Pudding einfüllen und erkalten lassen. Zum Servieren mit einer Kirsche oder tiefgekühlten Himbeeren garnieren.

Vanillerum

Dient der Geschmacksverbesserung aller Süßspeisen. Zwei Vanilleschoten in einem Achtelliter Rum acht Tage einlegen. Danach als Vanillerum zum Würzen verwenden.

Wacholder

Inhaltsstoffe der Wacholderbeeren sind neben ätherischen Ölen auch Zucker und Harze sowie viele andere Substanzen, denen die Früchte ihre desinfizierende Wirkung verdanken. Die größte Heil- und Würzkraft besitzt jedoch das ätherische Öl, dessen Hauptbestandteil die Nierentätigkeit anregt.
Wacholderbeeren wirken *harntreibend, durchblutungsfördernd auf den Verdauungstrakt* und bewähren sich zudem als *Antirheumatikum.*
Als Gewürz werden die reifen, getrockneten Früchte verwendet. Gut getrocknete Früchte sind dunkelbraun bis schwarz, duften stark und schmecken würzig. Da Wacholderbeeren auch den Appetit anregen, eignen sie sich zum Würzen von schwer verdaulichen, blähenden Speisen sowie für Saucen, Sauerkrautgerichte, gekochtem Kohl, Fisch, Sauerbraten. Wacholder harmoniert mit Knoblauch, Petersilie, Thymian, Lorbeer, besonders aber mit Alkohol. Die Beeren dürfen weder als Gewürz noch als Medizin Schwangeren sowie Personen, die an Nierenentzündung leiden, verabreicht werden.
In der Volksmedizin wird Wacholder in erste Linie zur Entwässerung bei gichtigen und rheumatischen Beschwerden eingesetzt. *Das wohl bekannteste Rezept stammt von Pfarrer Kneipp:* Im Rahmen einer Kur hat man am ersten Tag vier Wacholderbeeren zu kauen und zu schlucken, am zweiten Tag fünf. Die Zahl der Beeren wird nun jeden Tag um eine vermehrt, bis 15 erreicht sind. Dann die Dosis wiederum täglich um eine Beere verringern, bis man bei vier Stück angelangt ist. Wie erwähnt, ist diese Kur allerdings bei Nierenerkrankungen streng verboten! Einreibungen gegen Gelenksbeschwerden macht man mit Wacholderschnaps.

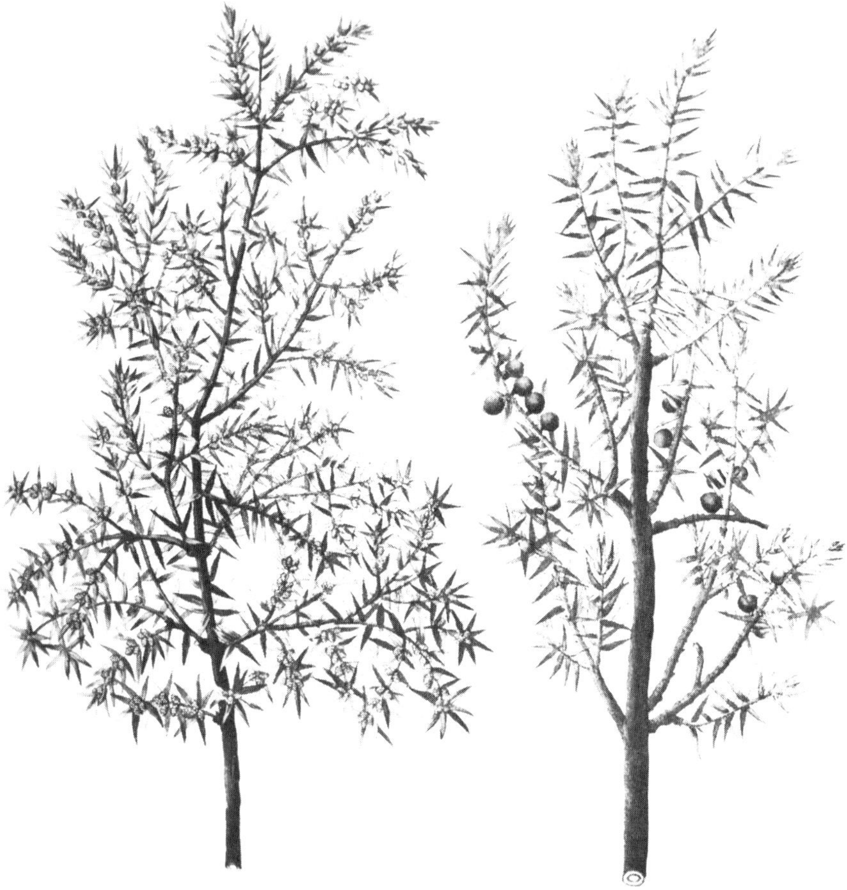

Wacholder *(Iuniperus communis L.)*

Wacholderschnaps
Füllen Sie eine Flasche bis zur Hälfte mit Beeren an und gießen Sie mit 96prozentigem Alkohol auf. Die Flasche gut verschließen und sechs bis acht Wochen in die Sonne stellen. Dann ist der Wacholderschnaps fertig und dient als durchblutungsförderndes, entzündungshemmendes und schmerzlinderndes Mittel.

Ein altes Hausrezept ist der
Wacholderlikör
Man läßt zuerst 1000 g Honig mit einem Achtelliter Wasser kurz aufwallen und gibt dann 250 g gestoßene Beeren hinzu. Die Mischung nochmals aufkochen lassen und in eine Flasche schütten. Wiederum hochprozentigen Alkohol dazugießen. Mehrmals durchmischen und drei Wochen stehen lassen. Dann in Flaschen abfiltern und vor dem Gebrauch sechs Monate aufbewahren.

Wasser

Was hat Wasser mit Gewürzen zu tun? Nach Wichtigkeit gereiht, nimmt Wasser die erste Stelle aller Lebens-, Genuß- und Würzmittel ein. Jedes Nahrungsmittel läßt sich zur Not einige Zeit lang ersetzen. Fastenkuren übersteht man einige Wochen schadlos ohne Nahrung. Wasser allerdings darf in keinem Fall fehlen. Eine Hungerkur ohne Wasser wäre innerhalb kurzer Zeit tödlich!
Der Körper besteht zu zwei Drittel aus Wasser. Alle Nährstoffe sind in Wasser gelöst und werden so transportiert. Ebenso wie die Schlacken – der »Abfall«. Sie werden mit Hilfe von Wasser ausgeschieden. Wasser ist Transport-, Lösungs-, Kühl- und Heizungsmittel.
Beim Kochen entscheidet die Wassermenge über die Geschmacksintensität. Früher war es wohl einfacher – da floß aus der Wasserleitung noch frisches Quellwasser. Heute wurde es durch chemische Zusätze (wie etwa Chlor) zum »toten« Wasser. Wenn man beispielsweise Trockenfrüchte in Leitungswasser einweicht, muß man oft feststellen, daß die Früchte verderben. Außerdem kommt der feine Geschmack vieler Teesorten in Leitungswasser nicht mehr richtig zur Geltung.
Was tun? Nun, es gibt Tafel-, Heil- und Mineralwässer, von denen aber auch nur ein Teil für die Küche geeignet ist. Für mich scheiden etwa alle in Plastikflaschen abgefüllte Produkte aus. Sie werden meist durch lange Lagerung brackig. Plastikflaschen sind nämlich nicht hundertprozentig gasdicht. Der Vorteil der Glasflasche liegt also auf der Hand.
Heil- und Mineralwässer haben zum Teil sehr hohen Mineralanteil und einen gewissen Eigengeschmack. Die Heilwirkung ist dann zwar vorhanden, für die Küche benötigt man allerdings eher geschmacksneutrale Flüssigkeit.
Wenn ich zum Beispiel mit Sportlern oder anderen »Schützlingen« eine Entschlackungskur durchführen möchte, verwende ich Peterquelle, ein alkalischer Säuerling, der gut auf Leber und Gallenblase wirkt. Bei eineinhalb Litern pro Tag kann die Wirkung mit jener des Karlsbader Wassers verglichen werden – stoffwechselanregend. Allerdings könnte ich mir nicht vorstellen, aus Peterquelle eine Suppe zu bereiten.
In Zeiten starken Flüssigkeitsverlustes (im Sommer oder nach hartem Training) verwende ich das mineralreiche Radenska-Wasser, das durch seine Inhaltsstoffe angeblich auch die Zellregeneration fördert.
Für die Küche und als Getränk nehme ich am liebsten geschmacksneutrales Vöslauer Tafelwasser. Es beinhaltet ebenfalls genügend Mineralien, um meinen Elektrolyt-Haushalt aufrechtzuhalten. Jedoch wird die Eigenart der zubereiteten Speise in keiner Weise beeinträchtigt.
Tafelwasser benütze ich für jede Form des *Kaltauszuges;* etwa für Trockenfrüchte, die abends mit Wasser bedeckt werden. Wenn ich das Wasser morgens abgieße, steht mir süßer Fruchtsaft zur Verfügung. Stelle ich am Morgen Baldrianwurzeln mit einer Schale Kaltwasser auf, dient mir abends der Baldrianauszug als Schlafgetränk. Auch tiefgekühlte Früchte wie Preiselbeeren oder Heidelbeeren kann man einige Stunden in Tafelwasser geben und dieses dann

trinken. Unter *Warmauszügen* versteht man alle Tees aus Kräutern, aber auch Suppen, die entsprechend zubereitet wurden. Wie beispielsweise der bereits erwähnte Basen- oder Gemüsetee.
Ein Getränk von besonderer Güte ist *Gerstenwasser.* Man stellt am Abend 200 g Gerste in etwas mehr als einem Liter Tafelwasser auf. Über Nacht quellen lassen. Am Morgen auf kleiner Flamme 15 Minuten kochen lassen, bis die Körner zerplatzen. Dann abseihen und die gekochten Gerstenkörner mittags für Gemüsesuppen verwenden. Das Wasser eignet sich – mit Früchten gemixt – als Erfrischungstrunk, oder mit frisch gepreßten roten Rüben (rote Bete), Möhren und Apfelsaft als Vitamin-Cocktail. Ähnlich kann natürlich auch aus Weizen, Hafer oder Roggen ein Getränk bereitet werden.
Schmackhaft sind Mineralwässer dann, wenn sie Kohlensäure enthalten. Jeder verträgt diese allerdings nicht. Hier besteht die Möglichkeit, auf sogenannte »stille« Wässer umzusteigen, die nur wenig mit Kohlensäure versetzt sind. »Stilles« Wasser kann auch selbst erzeugt werden, indem man Mineralwasser in ein Glas füllt und mit einer Gabel einige Minuten umrührt.

Wein

Er ist ein sehr vielseitiges Heilmittel, als Pflanze, als Frucht, als Saft und vergoren. Leider haben wir – wie bei so vielen Dingen, die uns die Natur beschert – mit Hilfe der Chemie, aber auch durch die zu großen Dosen die ursprünglich positive Wirkung zunichte gemacht. Wer heute beobachtet, was da alles auf den Wein gespritzt, was gedüngt und letztlich noch in den Most getan wird, bis endlich ein Produkt mit der Bezeichnung »Wein« herauskommt, dem kann niemand verdenken, daß er auf derartige Segnungen verzichtet. Und wen wundert es, daß – falls man dies trotzdem trinkt – Kopfschmerzen und Leberschäden auftreten? Wer jedoch das Glück hat, Weinreben zu wissen, die dem Zugriff der »Giftmafia« entzogen sind, sollte sich ihre mannigfaltigen Heil- und Wirkstoffe zunutze machen.
Zarte *Weinblätter* und Ranken werden seit altersher als *Tee gegen Rheuma und Gicht* verwendet. Man kann sie aber auch in geringen Mengen unter den Salat mischen und so einen leicht säuerlichen, würzigen Geschmack erzielen.
Für den **Tee** nimmt man einen gehäuften Teelöffel kleingeschnittener Blätter, überbrüht mit einer Tasse kochenden Wassers und läßt ziehen. Die reifen, frischen Weintrauben enthalten konzentriert Weinsäure, Apfel- und Bernsteinsäure, Mineralbestandteile, Traubenzucker und verschiedene Vitamine. Weintrauben sind nicht nur Rekonvaleszenten zu empfehlen, da sie blutbildend, stärkend, aufbauend und sehr bekömmlich sind, ihre blutreinigende sowie ihre anregende, auf die Darmtätigkeit wirkende Kraft machen sie auch Gesunden besonders empfehlenswert.

Wem am Fortbestand seiner Gesundheit liegt, wer zuviel Übergewicht, Verdauungsprobleme oder rheumatische Beschwerden hat, wer unter Stauungen, Haut- oder Kreislaufproblemen leidet, sollte wenigstens einmal im Jahr unter Kontrolle seines Hausarztes *eine 2- bis 3wöchige Traubenkur machen.*
Am besten ist es, mit einem Fasttag zu beginnen. Während der Kur ißt man täglich 2–3 Kilogramm frische, reife, nicht gespritzte, gut gewaschene Trauben. Verboten sind in dieser Zeit alle großen Mahlzeiten. Erlaubt sind – jeweils nur in geringen Mengen – Vollkornbrot, Reis, Kartoffeln, gekochtes Gemüse. Je weniger man zu den Trauben ißt, desto besser wird der Kurerfolg. Absolut verboten sind alle Salatarten, Essig, Wein, Bier, Most, Cola, überhaupt alle kohlensäurehältigen Getränke; auch normales Wasser sowie Milch, Weißbrot und Fleisch.
Die Kur beginnt am Morgen. Auf nüchternem Magen werden 500 Gramm Trauben gegessen; die Kerne werden ausgespuckt. Eine Stunde später: eine Tasse Kräutertee, eine Schnitte Vollkornbrot, langsam und gut kauen. Im Laufe des Vormittags, eine Stunde vor dem Mittagessen, abermals 500 Gramm Trauben. Nachmittags, zwischen den Mahlzeiten, werden 1000 Gramm Trauben in kleinen Mengen gegessen, wieder bis eine Stunde vor dem Abendessen. Zum Abendessen: wieder eine Tasse Kräutertee, danach (bei Hungergefühl) 250 Gramm Trauben, jedoch nicht unmittelbar vor dem Schlafengehen.
Der Erfolg dieser Traubenkur ist erwiesen und für jedermann durchführbar. Wichtig ist jedoch das Einhalten der Spielregel und der tägliche Genuß von 1–2 Kilogramm Trauben. Selbstverständlich müssen sie biologisch gezogen sein und frei von allen Spritzmitteln.
Selbst bei Arteriosklerotikern sieht man nach 1–2 Wochen eine deutliche Verbesserung des Allgemeinzustandes und der Beschwerden. Wichtig hiebei ist die Vermeidung von Alkohol und Nikotin. Wie wertvoll die getrockneten Weintrauben (Rosinen) sind, wurde im Kapitel »Trockenfrüchte« beschrieben. Dort ist auch festgehalten, wie hoch der mineralische Anteil ist.
Einer *alten Kur* nach soll man bei hohem Blutdruck täglich vor dem Mittag- und Abendessen einen Eßlöffel kleiner Rosinen essen. Diese Kur wirkt eröffnend.
Kleine Rosinen in Wein kochen und diesen lauwarm, schluckweise trinken: dieses Getränk nimmt den Husten.
Naturvergoren unverfälschter, ungepantschter Wein, in kleinen Mengen genossen, gilt seit altersher als belebend, anregend und kräftigend, als Arznei.
Herbe und rote Weine sind gut gegen Durchfall.
Alter dünner Weißwein treibt den Harn.
Dickflüssige Weine, süß und säuerlich, wirken mehr stopfend, rote Weine mehr als weiße.
Weißwein, mit etwas Safran warm übergelegt, stillt rheumatische und gichtige Beschwerden.
Besonders in der französischen Kräuter- und Heilkunde werden zahlreiche Kräuter in Wein gesotten oder angesetzt und als Arzneimittel verwendet.
Auch Pfarrer Kneipp bediente sich in vielen Fällen des Weinauszuges oder der Weinabkochungen. Letztlich verwendet auch die Küche den Wein – als Aromamittel und zur Verbesserung der Speisen.

Schädlich sind in erster Linie die gepantschten Weine, ferner übermäßig genossener Wein, und alle gekochten Weine, wie Dessertweine und Sherry. Diese fördern durch ihren Purin- und Harnsäuregehalt die Gicht.
Da früher in erster Linie die Diplomaten Dessertweine getrunken haben und davon Gicht bekamen, sprach man von der Grafen- oder Diplomatenkrankheit.

Basilienwein
3 Handvoll frisches Basilienkraut mit kochendem Wasser kurz überbrühen, abseihen, die nun weichen Blätter in einer Schüssel mit einem Liter Weißwein kurz übergießen. 24 Stunden stehen lassen, danach abseihen und mit 2–3 Eßlöffel Honig süßen. In dunkle Flaschen abfüllen. Man nimmt Basilienwein gegen *Verstopfung und Magenbeschwerden* dreimal täglich einen Eßlöffel vor den Mahlzeiten.

Fenchelwein
Man nimmt 150 g Fenchelkörner, zerquetscht sie und übergießt sie mit einem Liter naturreinen, milden Weißwein und läßt die gequetschten Fenchelsamen zehn Tage lang ziehen. Dann filtert man ab. Ein Eßlöffel Fenchelwein, vor den Mahlzeiten eingenommen, *verhindert Blähungen und verbessert die Verdauung.* Auch bei *Husten* sind 3–4 Eßlöffel Fenchelwein, über den Tag verteilt, ein hervorragendes Mittel.

Kamillenwein
Man läßt 100 g getrocknete Kamillenblüten eine Woche in einem Liter trockenen Weißwein ziehen. Nach einer Woche abseihen, filtern, in lichtgeschützte Flaschen abfüllen und *bei Verdauungsbeschwerden* einen Eßlöffel zu sich nehmen.

Pfefferminzwein
Man nimmt 2 Handvoll frische Pfefferminzblätter und einen Liter Weißwein, setzt die Blätter mit dem Wein vier Tage an, danach wird der Wein abgefiltert und in lichtgeschützte Flaschen gefüllt. *Bei Zahnfleischschmerzen* mehrmals täglich mit dem Wein spülen.

Salbeiwein
Man nimmt 100 g frischen Salbeitee, Salbeiblätter sowie einen Liter milden Weißwein. Den Wein in eine Flasche füllen, die Salbeiblätter darin ziehen lassen, täglich einmal schütteln. Danach wird der Wein abgefiltert. *Zur Kräftigung und bei Erschöpfungszuständen oder Überanstrengung* ein Gläschen trinken.

Mistelwein
Man nimmt eine Handvoll getrockneter Misteln und übergießt sie mit zwei Liter

Wein *(Vitis vinifera L.)*

Rotwein, läßt zwei Tage ziehen und filtert nachher ab. Mit dieser Flüssigkeit *reibt man schmerzende, gichtige Gelenke ein* bzw. macht damit Umschläge.
Ein gutes Weinrezept zum Kochen:

Kartoffeln in Wein
Man nimmt 4 große mehlige Kartoffeln, 3 Eßlöffel Butter, 8 sehr kleine weiße Zwiebeln, 1 Lorbeerblatt, Salz und Pfeffer, ½ Flasche trockenen Weißwein. In einem Schmortopf die Butter zerlassen, die Zwiebeln schälen und einige Minuten rasch anbraten; die Kartoffeln schälen, in 5 mm dicke Scheiben schneiden und mit Salz, Bohnenkraut und dem Lorbeerblatt zu den Zwiebeln geben. Mit trockenem Weißwein aufgießen, bis sie gerade bedeckt sind. Den Topf schließen und die Kartoffeln mindestens eine Stunde kochen lassen. Während der ganzen Kochzeit sollten sie mit Wein bedeckt sein, deshalb immer nachsehen und, wenn nötig, etwas nachgießen. Sie müssen auch vorsichtig ein wenig hin und her bewegt werden, damit sie garen. Mit einem Schaumlöffel aus dem Topf heben, in einer Schüssel anrichten, den Wein schnell noch einmal aufkochen und darübergießen, sehr heiß servieren.

Beim Wein verhält es sich wie bei allen anderen Gewürzen: in kleinen Dosen genossen, verfeinert und verbessert er unseren Alltag und kann sogar heilende Wirkung haben. In großen Dosen kann er jedoch zum echten Gift werden. Die richtigen Werte hat hier, wie schon so oft, vor 100 Jahren Pfarrer Kneipp gefunden. Er gibt folgenden Rat: »*Genieße den Wein, so Du echten hast, recht mäßig zur Auffrischung und Erwärmung, glaube aber nicht, durch reichlichen Weingenuß Dir zu nützen!*«

Weizen

Wurden einst wegen der Gewürze beinahe Kriege geführt, so beeinflußt heute der Weizen zu einem nicht geringen Maße die Weltpolitik. Dies beweist wohl allein schon seine Bedeutung, die er in den 6000 Jahren, seit er den Menschen als Nahrung dient, nie verloren hat. Leider hegt der Mensch dieses Geschenk Gottes nicht in seiner Natürlichkeit, sondern versucht im Bestreben nach Profit und Umsatz durch Kunstdünger und Beizen mit Gift und späterer Vergasung des Saatgutes seinen Ertrag mit allen Mitteln zu steigern. Zum Schluß wird noch das Korn zu Auszugsmehlen vermahlen, bis nur mehr Stärke ohne jeden biologischen Wert übrig bleibt. Die Rechnung dafür bekommen wir in den Gesundheitsberichten: Darmträgheit, Darmkrebs, Diabetes, Fettsucht, Stoffwechselkrankheiten, Vitamin-B- und -E-Mangel, Gebißverfall usw.
Die Stoffe des Getreidekornes sind im Weizen in einem sehr ausgeglichenen Verhältnis vorhanden. Er bildet daher die harmonische Mitte unter den Getreide-

arten. Der Mehlanteil ist der Hauptbestandteil des Korns; er enthält 75% Stärke und 10% Eiweiß. Die zur Aufschließung und Verstoffwechselung des Mehlkörpers notwendigen Vitalstoffe befinden sich in den Randschichten um den Keim. Dieser muß alles enthalten, was für geregelten Ablauf, Wachstum, Stoffwechsel, Atmung und Assimilation notwendig ist. Er enthält leicht verdauliche, physiologisch wertvolle Eiweißkörper, hoch ungesättigte Fettsäuren (Lecithin, wasserlösliche Vitamine, Vitamin-B-Komplex B_1, B_2, B_6, Nikotinsäureamid, Pantodensäure, Biotein und Inosit), fettlösliche Vitamine E und K sowie Vitamin D, ferner Mineralstoffe, Kalzium, Kalium, Natrium, Magnesium, Eisen, Phosphor, Schwefel, Mangan, Chlor, und Spurenelemente wie Kupfer, Aluminium, Nickel, Kobalt, Zink und Gold.

Der Getreidekeim ist unser größter Vitamin-B_1-Lieferant und die reichste Vitamin-E-Quelle unter den Lebensmitteln.

Am reichsten und wirkungsvollsten ist der Weizen im gekeimten Zustand; in diesem werden die wichtigen Aminosäuren – wie Lysin – nach zweitägigem Ankeimen nahezu verdoppelt.

Die Ernährungsforscher Kolath, Evers, Bruker und Bircher-Benner empfehlen gekeimten Weizen bei *Nervenerkrankungen, Überarbeitung, Blutarmut* und *niedrigem Blutdruck* sowie bei *Herz- und Kreislauferkrankungen;* aber auch bei *Altersbeschwerden, Hautausschlägen* und ähnlichem.

Der Wert der Randschichten des Getreides, der sogenannten Ballaststoffe oder Kleie, wurde lange nicht erkannt. Die Weizenkleie hat das größte Quellvermögen und aktiviert dadurch die Darmfunktionen. Die Durchgangszeit der Nahrung wird durch Ballaststoffe erheblich verkürzt, die Ausscheidungsmenge wesentlich vergrößert. Das ist von wesentlicher Bedeutung, zumal auf diese Weise unerwünschte Bakterien und Darmgifte, die auf die Darmschleimhaut ungünstig einwirken, dadurch wenig Entwicklungsmöglichkeit gegeben wird. Die Aktivität dieser Bakterien sowie geringer Stuhl und lange Durchgangszeit begünstigen die Bildung von Darmkrebs. Stärkere Inanspruchnahme der Verdauungsorgane durch ballaststoffreiche Nahrung gewährt intensivere Durchblutung, in der Folge eine bessere Versorgung der Darmmuskulatur mit Nährstoffen. Die Verdauungsorgane werden gesünder und kräftiger.

Bei ballaststoffarmer Nahrung, wie Weißmehl und daraus hergestellten Produkten, werden die Verdauungsorgane schwach und verkümmern. Die Ballaststoffe haben auch einen dämpfenden Einfluß auf den Anstieg der Blutzuckerkurve und damit eine günstige Wirkung bei der Vorbeugung und Behandlung von Zuckerkrankheit. Ebenso tragen sie zur Senkung des Cholesteringehaltes in der Leber und im Serum bei sowie zur Senkung des Fettgehaltes im ganzen Körpergewebe.

Es sei noch festgestellt, daß mit den Ballaststoffen auch der Proteinanteil des Weizens und die Vitalstoffe entfernt werden. So wurde er seit 150 Jahren denaturiert, kastriert und aus einem hochwertigen Lebensmittel ein minderwertiger Nährstoff hergestellt.

Unsere Forderung muß daher heute lauten, den Weizen wieder möglichst aus natürlichem Anbau ohne der Präparierung und Veränderung durch chemische Stoffe herzustellen und ihn sodann in der Küche in seinem vollen Umfang (d. h. frisch vermahlen) zur Nahrung verwenden.

Laut Dr. Bruker sollten wir pro Tag 3 Eßlöffel ganzes Korn zu uns nehmen; das genügt vollauf, unserem Körper die nötigen Vitalstoffe zuzuführen. Am höchstwertigen ist gekeimter Weizen. Man stellt ihn her, indem man 3 Eßlöffel Weizen über Nacht etwa 12 Stunden mit kaltem Tafelwasser anweicht. Am Morgen werden die Körner in einem Sud mit frischem Wasser gespült. Dieser Vorgang wird so lange fortgesetzt (im Durchschnitt 2 Tage), bis die Körner keimen und die Keimlinge ca. 3–6 mm lang sind. Danach kann man sie verschieden verwenden, am einfachsten und besten beim morgendlichen Müsli.

Weizenkeimmüsli
Man nimmt 3 Eßlöffel gekeimten Weizen, 1 Apfel, 1 Mandarine, ½ Banane. Kleinwürfelig schneiden, mit dem Weizen vermengen, das Ganze mit etwas Zitronen- oder Orangensaft beträufeln und mit Sahne garnieren; evtl. wirken auch 2–3 Scheiben Kiwi abwechslungsreich und appetitanregend.

Gekeimter Weizen läßt sich zur Ergänzung von jeder Form von Salaten sehr gut verwenden. Auch in Verbindung von gekochtem Reis und Salatdressing läßt sich mit gekeimtem Weizen ein hervorragender Salat herrichten.

Weizenkeimsalat
Zutaten: 6 Eßlöffel Weizenkeime, 150 g Hüttenkäse oder frischer Topfen (Quark), 1 großer säuerlicher Apfel, 150 g Feldsalat (Vogerlsalat), 2 Eßlöffel Zitronensaft, 2 Eßlöffel Distelöl, Salz, Zitronenmelisse, 30 g Nüsse grob gehackt.

Die Weizenkeime mit Hüttenkäse (oder Quark = Topfen) mischen; die Äpfel mit Schale in Scheiben schneiden, vierteln und zur Körndlmasse geben. Feldsalat (Vogerlsalat) waschen, putzen, marinieren. Körndl-Käsesalat anrichten, darüber den Feldsalat, die Zitronenmelisse und Nüsse locker verteilen.

Frischkornmüsli nach Dr. Bruker
Pro Person werden 3 Eßlöffel Weizen in der Getreidemühle oder einer Kaffeemühle geschrotet.
Das Mahlen sollte nach Möglichkeit jedesmal frisch vor der Zubereitung vorgenommen werden. Nicht auf Vorrat mahlen, Sie verlieren die biologische Qualität!
Das Getreide wird mit Tafelwasser zu einem Brei gerührt und 5–12 Stunden stehen gelassen. Die Wassermenge wird so berechnet, daß nach dem Quellen nichts weggegossen werden muß. Nach 5–12 Stunden wird dieser Brei durch Zugabe von frischem Obst je nach Jahreszeit fertiggestellt, nach Möglichkeit mit einem frischgeriebenen Apfel, etwas Zitronensaft, 1 Teelöffel Honig (muß nicht sein; auch von Honig kann man Karies bekommen); 1 Eßlöffel Sahne oder

Joghurt, geriebene Nüsse nach Art des Benner-Müslis. Gerade bei diesem Müsli ist es jedoch wichtig, daß das Ganze nicht wie ein Einheitsbrei aussieht, bei dem einem nach kürzester Zeit der Appetit vergeht. Es soll besonders appetitlich und attraktiv angerichtet werden. Wir essen nicht nur mit dem Mund, sondern auch mit den Augen und der Nase! Gerade für Müslis gibt es sehr viele verschiedene Rezepte, und jeder Vollwertkostfan hat seine eigenen Rezepte.
Im Kapitel Trockenfrüchte ist eine weitere Art des Vollkornmüslis angeführt.

Kärntner Dampfnudeln
Zutaten: 500 g Vollweizenmehl, 1 Eßlöffel Honig, 2 Eier, 1/8 Liter Milch, 40 g Butter, 1 Teelöffel Meersalz, 30 g Hefe.

Frisch vermahlenes Weizenvollkornmehl wird in eine Schüssel gegeben. In der Mitte eine Vertiefung drücken und die in lauwarmer Milch aufgelöste Hefe mit etwas Mehl zu einem dicklichen Brei verrühren, 15 Minuten stehen lassen. Danach wird mit den restlichen Zutaten der fertige Hefeteig gemacht und dieser abermals eine halbe Stunde rasten gelassen. Inzwischen wird in einem entsprechend großen Topf Wasser zum Kochen gebracht, der Dampfnudelteig in ein feuchtes Tuch geschlagen und darin über dem Dampf hängend eine halbe Stunde kochen gelassen. Anschließend werden die Dampfnudeln aufgeschnitten und mit heißer Butter und Holunderkompott serviert.

Biobäcker Hans Gradwohl in Weppersdorf im Burgenland empfiehlt folgendes

Vollweizenbrot
Zutaten: 400 g Wasser (35 °C), 750 g frisch vermahlenes Weizenmehl, 20 g Hefe, 20 g Salz, als Würze eine Mischung aus Kümmel, Fenchel und Koriander.

Pro kg Teig 10 g Gewürz in der Rührschüssel der Küchenmaschine. Die Hefe in Wasser auflösen, 100 g Natursauer dazugeben und unter ständigem Rühren das Weizenmehl hinzufügen. Dann die Gewürze vermischen, auch das Salz. Nun von der Rührmaschine gut mischen lassen. Danach bleibt der Teig 20 Minuten liegen. Nach der Ruhezeit nochmals 5 Minuten durchkneten. Dies hat zur Folge, daß das Brot schnittfester wird. Den Teig auf einem Brett aufarbeiten, kneten und zu einem Wecken formen, auf das Backblech legen, mit einem feuchten Tuch zudecken und 30 Minuten garen lassen. Das Backrohr einschalten, auf 240 Grad stellen, damit es zum Ende der Garzeit auf die richtige Temperatur vorgeheizt ist. Das Brot 5 Minuten backen, dann auf 170 Grad zurückschalten. Eine Faustregel besagt, daß man pro Kilogramm Brot eine Stunde Backzeit benötigt. Wer keine zu harte Rinde möchte, möge eine Schale mit Wasser in das Backrohr stellen. Nach der Backzeit den Ofen abschalten, das Brot 10 Minuten nachdunsten lassen. Ein ursprünglich 1 kg schwerer Brotlaib soll nach dem Backen rund 900 g wiegen.

Natursauerteig nach Gradwohl

Sauerteig: Man kann diesen selbst herstellen, ohne daß dazu Hefe oder ein fertiges Sauerteigpräparat verwendet wird. Man vermischt Vollkornmehl mit Wasser und läßt dieses Gemisch ohne Zugabe eines Treibmittels bei nicht zu kühler Temperatur stehen. Auf diese Weise erhält man nach einer gewissen Zeit einen gärenden Teig. Dieser Gärungserreger befindet sich auf der Schale des Getreidekorns. Auch wenn das Getreide vor der Vermahlung gewaschen wird, bleibt ein Teil der Säurebildner und wilden Hefe auf den Schalen und gelangen so in den Teig. Dort beginnen sie mit ihrem Eigenleben und lösen Gär- und Säurevorgänge aus. Gärungsanreger gelangen durch die Luft in den Teig, auch durch Wasser.

Haus-Sauerteig

600 g Roggen (frisch vermahlen) und 60 g Wasser (25 °C) zu einem Teig mischen, mit Zwiebelscheiben bedecken und 24 Stunden stehen lassen. Zwiebelringe wegnehmen. Diesem Grundteig abermals 60 g Roggen (frisch vermahlen) und 60 g Wasser (25 °C) zum Teig zumischen. 24 Stunden stehen lassen. Nun nochmals 60 g Roggen und 60 g Wasser (25 °C) zumischen. Dieser Teig bleibt 12 Stunden stehen. Sie verfügen nun über einen fixfertigen Natursauerteig, der sofort backfähig ist.

Will man aber einen Sauerteig haben, der längere Zeit haltbar ist, ist das Aufreiben zu einem »Gerstl« eine Maßnahme, durch die ein Sauerteig tagelang konserviert werden kann.

Es muß in den Sauerteig so viel Roggenvollkornmehl hineingearbeitet werden, daß sich der Teig zu feinen Krümeln aufarbeiten laßt, eben »Gerstln«. Durch die verhältnismäßig große Mehlmenge und die geringe Feuchtigkeit kommt die Gärung im Gerst weitgehend zum Stillstand.

Vor der Verwendung muß das Gerstl wenigstens eine Stunde im Wasser eingeweicht werden, erst dann kann der Brotteig damit gemacht werden.

Grahamweckerl

Zutaten: 20 g Hefe, 3/8 Liter Mineralwasser (oder Buttermilch), 10 g Salz, 450 g Weizenvollkornmehl, 50 g Haferflocken.

Die Hefe mit etwas Wasser auflösen, Mehl, Salz und Haferflocken vermischen, die aufgelöste Hefe beifügen und das Mineralwasser gut untermengen. Den Teig glattschlagen und zugedeckt 20–30 Minuten gehen lassen. Nun den Teig auf einem Brett zu einem Wecken formen, in 20 Schnitten teilen und aus jeder Schnitte ein »Weckerl« formen, gehen lassen.

Auf einem befetteten Blech im vorgeheizten Backrohr bei 220 Grad eine schwache halbe Stunde backen. Wer will, kann die »Weckerln« mit Eiklar bestreichen und mit Sesam, Mohn oder Leinsamen bestreuen.

Frühstücksbrötchen
Zutaten: 500 g Weizenvollkornmehl, 50 g grob geschroteter Weizen, 1/4 Liter Milch, 50 g Butter, 20 g Hefe, 2 Eßlöffel Leinsamen, 50 g geriebene Haselnüsse, 2 Teelöffel Sojamehl, 1 Eßlöffel Honig.

Hefe und Honig in lauwarmer Milch auflösen, Sojamehl und Wasser glattrühren und aus allen Zutaten einen lockeren Teig machen, aufgehen lassen (ca. 20 Minuten), Laibchen formen, nochmals gehen lassen, dann ca. 15–20 Minuten bei ca. 230 Grad backen.

Für **Biskuitroulade oder Biskuittorte** stehen 2 Rezepte zur Verfügung:
Unser Familienrezept: 5 Eier, 180 g Honig und 140 g Vollkornmehl, 1 Spitze Natron.

Die Eier mit dem Honig so lange schaumig schlagen, bis nahezu die doppelte Masse entsteht. Nun werden das Mehl und das Natron in den Teig untergehoben, das Ganze auf einem gut befetteten Blech aufgestrichen und bei mittlerer Hitze 10–20 Minuten gebacken. Die Backzeit variiert nach Stärke des Teiges. Je dicker die Teigschichte, desto länger die Backzeit.
Besser rollen läßt sich das gebackene Biskuit, wenn man vorher auf das befettete Backblech ein Pergament- oder Packpapier gelegt hat und auf dieses den Teig streicht. Brüchigkeit des Teiges beim Rollen läßt sich vermeiden, indem man ihn mit Hilfe eines feuchten Tuches vom Papier ablöst. Nach dem Backen wird der Teig mit Aprikosen-(Marillen-) oder Johannisbeermarmelade bestrichen und dann zu einer Rolle gerollt. Bei *Biskuittorten* wird die Torte in zwei Teile geschnitten und ebenfalls mit Johannisbeer- oder Aprikosenmarmelade bestrichen und zusammengesetzt.

Ein *Biskuitrezept mit wenig Eiern*, das sich besonders bei Leuten, die mit *Cholesterinproblemen* kämpfen, gut eignet, ist folgendes:

Biskuit
Zutaten: 200 g Weizenmehl, 150 g Birnex-Birnendicksaft, 2 Eier, 1 Kaffeelöffel Backpulver, 2 Eßlöffel heißes Wasser, 1/2 Kaffeelöffel gemahlener Fenchel und Anis, 1 Prise Salz.

Die Dotter werden mit dem heißen Wasser schaumig geschlagen, dann löffelweise Birnex einschlagen, bis das Ganze eine schöne, cremige Masse ist. Vollmehl, Gewürze und Backpulver auf die Schaummasse sieben, das sehr steif geschlagene Eiweiß daraufgeben und alles sehr vorsichtig vermischen. Das Backblech mit einem befetteten Pergamentpapier belegen und die Masse gleichmäßig darauf verteilen. Bei guter Hitze (ca. 225 Grad) rasch backen, ca. 10–12 Minuten (je nach Backrohr). Nach dem Backen sofort auf ein Küchentuch stürzen, rasch mit Aprikosen- oder Johannisbeermarmelade bestreichen und zusammenrollen.

Weizenvollkornbrot zum Selbstmachen
(nach dem Rezept des Bio-Bäckers Gradwohl)
Zutaten: 400 g Wasser (35 Grad Celsius warm), 750 g frisch gemahlenen Weizen, 20 g Salz, als Würze eine Mischung aus Kümmel, Fenchel und Koriander. Pro 1000 g Teig 10 g beigeben. 100 g Natursauer.

In der Rührschüssel der Küchenmaschine die Hefe im warmen Wasser auflösen, 100 g Natursauer dazugeben und unter ständigem Rühren das Weizenmehl hinzufügen. Dann Gewürze vermischen und zum Schluß auch das Salz. Nun von der Rührmaschine 15 Minuten gut mischen lassen. Danach bleibt der Teig 20 Minuten liegen. Nach der Ruhezeit nochmals 5 Minuten durchkneten. Dies hat zur Folge, daß das Brot schnittfester wird.
Den Teig nun auf einem Brett aufarbeiten, kneten und zu einem Wecken formen. Auf das Backblech legen, mit einem feuchten Tuch zudecken und 30 Minuten garen lassen. In der Folge das Küchenbackrohr einschalten, auf 240 Grad stellen, damit es bis zum Ende der Garzeit auf die richtige Temperatur vorgeheizt ist. Das Brot nun fünf Minuten backen, dann auf 170 Grad zurückschalten. Eine Faustregel besagt, daß man pro Kilogramm Teig eine Stunde Backzeit benötigt. Wer keine zu harte Rinde möchte, der möge eine Schale mit Wasser in das Backrohr stellen.
Nach der Backzeit den Ofen abschalten, das Brot aber noch 10 Minuten nachdunsten lassen. Ein ursprünglich ein Kilogramm schwerer Brotlaib soll nach dem Backen rund 900 g wiegen.

Natursauerteig wird nach Gradwohl so hergestellt:
60 g frisch gemahlenes Roggenmehl und 60 g warmes Wasser (25 Grad) zu einem Teig mischen, in eine Schale geben und mit Zwiebelschalen bedecken. Dies dient zum Schutz vor dem Eindringen von Bakterien und Gärungserregern. Den Teig 24 Stunden an einem warmen Ort stehenlassen. Nun die Zwiebeln weggeben. Wieder 60 g Roggenmehl und 60 g Wasser abmengen und mit dem vorhandenen Teig vermischen. Diesmal 12 Stunden stehenlassen. Danach besitzt man backfähigen Sauerteig. Wer etwas Sauerteig für später aufheben möchte, nehme 40 g vom fertigen Sauerteig und füge frisch geriebenes Roggenmehl hinzu. Vermengen, bis der Teig bröselig dick ist. Das Ganze in eine Schale geben und kühlstellen. Auf diese Weise hält sich der Sauerteig etwa acht Tage frisch. Wird der Teig benötigt, 100 g Wasser dazumischen.

Ysop

Dieses Gewürz stammt ursprünglich aus den Mittelmeergebieten, wird aber heute auch in unseren Gärten problemlos angebaut. Ysop ist eine seit langem bekannte Heil- und Gewürzpflanze. Im Alten Testament wird er bereits als Mittel zur Reinigung des Körpers erwähnt. Ysop enthält ätherische Öle, Gerbstoffe, einen Farbstoff und andere Substanzen. Auch dem Ysop werden antibakterielle Eigenschaften zugeschrieben. Die frischen Blätter sind reich an Vitamin C.
Ysop wirkt *verdauungsfördernd, appetitanregend und schweißhemmend.* Als auswurfförderndes Mittel verabreicht man Ysop gerne *bei Husten.* Er besitzt sehr viel Ähnlichkeit mit Salbei. Als Gewürz kommen die getrockneten oder frischen jungen Blätter, aber auch das getrocknete, nicht verholzte, blühende Kraut in Betracht. Ysop riecht kampferartig und schmeckt leicht bitter. Man würzt damit Kartoffeln, Gemüse und Suppen mit Hülsenfrüchten. Weiters Salate, Saucen, Wildbret, Rindfleisch und auch Geflügel. Außerdem schmeckt man mit frischen, feingehackten Blättern auch Quark (Topfen), Kräuterbutter und Mayonnaise ab.

Grüne Suppe
Zutaten: 2 Schalen gehackte Kräuter wie Petersilie, Dille, Kerbel, Sauerampfer, junge Brennesseln, Kresse, Schnittlauch und Ysop, ein Eßlöffel Butter, etwas mehr als ein Liter Wasser, ein Eßlöffel Gemüsebrühe, drei Eigelb, eine schale Sahne, etwas Kräutersalz, Bohnenkraut und geröstete Vollkornbrotwürfel.

Die feingehackten Kräuter kurz in Butter dünsten, mit kochendem Wasser aufgießen und mit Sahne, die mit Eigelb verquirlt wird, binden. Gemüsebrühe zusetzen, abschmecken. Die Suppe darf nun nicht mehr zum Kochen kommen. Mit in Butter gerösteten Brotwürfeln servieren.

Grüne Erbsen auf französische Art
Zutaten: 1000 g möglichst junge Erbsen in der Schale, ein großes, festes Salatherz, ein Kräuterstrauß aus Petersilie, Kerbel, Ysop und Bohnenkraut, eine Handvoll kleine Zwiebeln, eine Prise Salz, ein Teelöffel Honig, eine halbe Schale Wasser, drei Eßlöffel Butter, ein Eigelb.

Die Erbsen aufkochen und mit dem geviertelten Salatherz, den Kräutern, Zwiebeln und anderen Gewürzen sowie Wasser zugedeckt weichdünsten lassen. Im Bedarfsfall etwas Brühe nachgießen. Dann das Kräutersträußchen herausnehmen. Butter oder Sahne beigeben und das Gericht nochmals gründlich durchschwenken. Nach Belieben mit einem Eigelb binden.

Ysop *(Hyssopus officinalis L.)*

Käseaufstrich

Zutaten: 100 g Schafkäse, 100 g Butter, 1 feingehackte Zwiebel, 1 Eßlöffel Senf, 1 Knoblauchzehe mit Kräutersalz zerdrückt, etwas Kümmel, drei Eßlöffel Schnittlauch, Basilikum und Ysop feingewiegt.

Schafkäse, Butter und Senf werden gut vermengt. Nach und nach Zwiebel, Knoblauch, Kümmel und die Gartenkräuter daruntermischen. Fein verrühren, mit gewiegten Kräutern nochmals bestreuen und servieren. Der Aufstrich soll allerdings vor dem Genuß einige Stunden kühl abgestellt werden.
Ysopkräuter können auch zum Ansetzen von Essig verwendet werden. Man nimmt einige Ysopzweige, diese kurz mit Wasser abspülen und in eine Ein-Liter-Flasche geben. Mit Essig auffüllen. Die Kräuter können im Essig bleiben. Diesen Essig für Salate verwenden, denen man eine herbe Note verleihen will.

Zimt

Die Zimtrinde ist aus dem modernen Haushalt ebenso nicht mehr wegzudenken wie Vanille oder Gewürznelken. Die wichtigsten Inhaltsstoffe sind ätherisches Öl, Zucker, Harz, Gerbstoffe und Kalziumoxalat. Zimtöl wird nicht nur aus der im Handel erhältlichen Rinde, sondern auch aus Blättern, Schößlingen und Wurzeln des Zimtbaumes gewonnen. Sowohl ganze Zimtstangen als auch zu feinem Pulver gemahlene Rinde werden zum Würzen verwendet. Zimt paßt zu Obst, Kompott, Milchsuppen, Gebäck und zu verschiedenen Getränken.
Daß Zimt von der europäischen Medizin zu Unrecht kaum verwendet wird, beweisen asiatische Heilkundige. An der Universität von Benares beschäftigen sich beispielsweise Professoren mit der Heilwirkung des Zimts und beschreiben *krampflösende, gefäßzusammenziehende, antiseptische, antiparasitische* sowie *fäulnishemmende* Eigenschaften.
Zimt hilft tatsächlich *gegen Übelkeit, Erbrechen, Blähungen* und *Durchfall.* Auch bei *Erkrankungen der Atemwege* kann Zimt helfend eingreifen. Er reguliert zudem den Menstruationszyklus und sorgt für das Zusammenziehen der Gebärmutter nach einer Entbindung. Zimttee und Zimtpulver nützen bei Infektionen der Harnwege. Zimtöl lindert – äußerlich verwendet – Neuralgien und Kopfschmerzen. Ein warmer Aufguß ist bei *Zahnschmerz* und *Zahnfleischentzündungen* angezeigt. Schließlich weisen Forschungsergebnisse darauf hin, daß Zimt auch im Frühstadium der Zuckerkrankheit die Situation verbessern kann.

Zimtsterne
Zutaten: 4 Eiklar, 1 Prise Salz, 250 g Honig, 15 g Zimt, 250 g geriebene Mandeln.

Eiklar mit etwas Salz zu steifem Schnee schlagen. Honig und Zimt beifügen und die Masse mit dem Mixer rühren. Die Mandeln nach und nach darunterziehen und den Teig ein bis zwei Stunden zugedeckt rasten lassen. Die Masse auf einem mit geriebenen Mandeln bestreuten Backblech relativ dünn ausrollen. Sterne ausstechen und auf ein befettetes Blech legen. Die Formen immer wieder von Teigresten befreien und die ausgestochenen Sterne etwas trocknen lassen, dann mit Eiweißglasur bestreichen. Bei 150 Grad 20 Minuten backen. Die Sterne sollen nachher innen noch weich, außen weiß bis blaßgelb sein. Die *Eiweißglasur* stellen Sie so her: Zwei Eiklar zu steifem Schnee schlagen, mit 50 g Honig und dem Saft einer halben Zitrone langsam 10 Minuten rühren, bis die Glasur weiße Farbe bekommt.

Zimtkarten
Dieses Rezept stammt aus einem 1907 von der Kronen-Zeitung herausgegebenen Kochbuch. Zutaten: 250 g Zucker, 250 g Mehl, 60 g Butter, 6 Nelken, zerstoßener Zimt, ein ganzes Ei.

Zimt *(Cinnamomum Zeylanicann L.)*

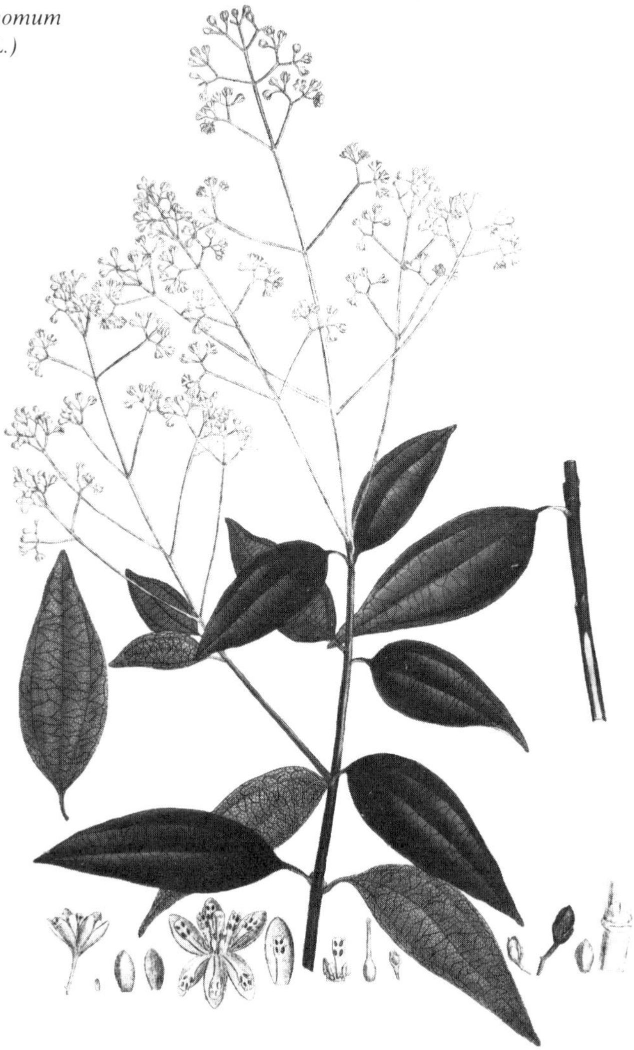

Diese Zutaten vermischen, auswalken und ganz dünne Karten schneiden. Diese mit Mandeln belegen und mit Eiklar bestreichen. Bei mäßiger Hitze backen.

Zimtringe

Zutaten: 140 g Butter, 140 g Mehl, 70 g Zucker, 70 g geriebene Mandeln, 1 g Zimt, eine halbe, abgeriebene Zitrone.

Alles zu einem festen Teig kneten. Etwa 30 Ringe formen und bei mäßiger Hitze backen. Noch heiß, werden die Zimtringe mit Vanillezucker bestreut.
Wer ein wenig biologisch backen möchte, vertausche den Zucker gegen Honig und das Mehl gegen frisch gemahlenes Weizenvollkornmehl.

Zwiebel

Sie hat zwar ihren Stammplatz in der Küche, ist aus ihr nicht mehr wegzudenken, trotzdem werden ihre heilenden Kräfte noch immer zu wenig beachtet. Egal, ob Küchenzwiebel, Schalotte oder Perlzwiebel, sie alle enthalten zahlreiche biologisch wertvolle Stoffe – Eiweiß, Zucker, Kalium, Kalzium, Phosphor, Eisen, Fluor, Schwefel, Vitamin C –, wobei die Schalotte oder Röhrenzwiebel den größten Vitamin-C-Anteil haben, ferner Vitamin E, Panthoden, Nikotinsäure und Karotin. Unter allen Zwiebelarten ist die Schalotte am reichsten an ätherischen Ölen. Die Zwiebel reizt die Leber und die Bauchspeicheldrüse. Sie wirkt also sekretionsanregend und verdauungsfördernd, aber auch appetitsteigernd. Die Zwiebel wirkt sich günstig auf die *Herztätigkeit* und auf die Tätigkeit der *Schilddrüse* aus, beruhigt die *Nerven* und wird mit gutem Erfolg bei *Erkältung* und *Husten* angewendet. Wegen ihrer guten Wirkung auf die Bauchspeicheldrüse sollten Zuckerkranke täglich mindestens eine Zwiebel roh im Salat essen. Zwiebelscheiben, auf ein Butterbrot gelegt und so gegessen, wirken gegen *Blähungen.* Bei *Stauungen* und *Wassersucht* nimmt man einen mit Zucker verdünnten Zwiebelsaft, 2–3 Teelöffel über den Tag verteilt. Zwiebelsaft, mit Honig verdünnt, wird als *Nervenmittel,* aber auch bei *Husten* mit Erfolg genommen. Seit altersher bewähren sich Zwiebelumschläge bei *Husten, Katarrh* und *Brustschmerzen.* Man schneidet zwei mittelgroße Zwiebeln ganz fein und läßt sie in heißem Olivenöl glasig werden. Damit macht man – so heiß wie nur möglich – einen Wickel. Man sollte, wenn nötig, diesen Vorgang nach drei Stunden wiederholen. Bei ungeklärten Krankheitsbildern immer zuerst die ärztliche Untersuchung abwarten und das Einvernehmen mit dem Arzt herstellen. Zwiebelsaft, auf Insekten- oder Bienenstiche geträufelt, hilft augenblicklich die Schmerzen zu beseitigen.

Heil- und Teekräuter

Neben den erwähnten Würz- und Küchenkräutern sollte man im Haushalt noch über folgende *Heil- und Teekräuter* Bescheid wissen.

Arnika Bei rheumatischen Beschwerden, Quetschungen, Zerrungen, Blutergüssen. Entweder mit *Arnikageist* (1 Handvoll Blüten in ½ Liter Weingeist 3 Wochen ansetzen, dann abseihen) einreiben oder Umschläge aus einem Teil Arnikageist und zwei Teilen Wasser. Oder: *Umschläge mit Arnikatee* (1 Eßlöffel Blüten mit ½ Liter Wasser überbrühen, 10 Minuten ziehen lassen). Arnika soll nur äußerlich angewendet werden, da sonst Allergie- oder Vergiftungsmöglichkeiten bestehen.

Ackerstiefmütterchen Wirkt blutreinigend und bei Hautausschlägen, Ekzemen oder Milchschorf sowie bei Husten. Man nimmt für eine *Teekur* 2 Eßlöffel Kraut mit ½ Liter Wasser. Kalt aufsetzen, zum Sieden bringen, 5 Minuten ziehen lassen und die Menge tagsüber schluckweise trinken. Bei Hautausschlägen und Ekzemen werden außerdem mit Ackerstiefmütterchen *Umschläge* gemacht.

Baldrian Wirkt beruhigend und schlaffördernd. Man setzt 2 Eßlöffel Wurzeln mit ½ Liter kaltem Wasser am Morgen zugedeckt an und erwärmt das Ganze am Abend kurz. Davon trinkt man eine Tasse nach dem Essen und eine vor dem Schlafengehen. Wer keine Zeit zum Kaltansatz hat, sollte Baldriantinktur aus der Apotheke verwenden: 20 Tropfen Baldriantinktur in eine Tasse Wasser entsprechen einer Tasse Kaltansatz. Bei nervösem Magenleiden ist das Beimengen von Baldrian zum üblichen Magentee von Vorteil.

Ehrenpreis Wirkt gegen Bronchitis, bei Appetitlosigkeit, Gicht und Rheumabeschwerden. Man nimmt 2 Eßlöffel mit ½ Liter kaltem Wasser und bringt das Ganze zum Kochen. Danach 5 Minuten ziehen lassen und den Tee über den Tag verteilt schluckweise trinken.

Eibisch Man verwendet Wurzeln oder Blüten. Die Wurzeln sind normalerweise wirksamer. Eibisch wirkt reizmildernd auf die Schleimhäute und beruhigend bei Reizhusten. Man nimmt einen kleinen Eßlöffel geschälte und zerkleinerte Wurzeln und setzt sie in einer Tasse kaltem Wasser 6–8 Stunden an. Vor dem Trinken wird der Tee erwärmt. 1–2 Tassen pro Tag.

Eisenkraut Wirkt bei Erschöpfungszuständen, Gallenleiden, Bleich-

Arnika
(Arnica montana L.)

Baldrian
(Valeriana officinalis L.)

sucht und Harnleiden. Man nimmt 1 Eßlöffel Kraut und überbrüht es mit ½ Liter kochenden Wasser, läßt 10 Minuten ziehen und trinkt mit Honig gesüßt zum Mittagessen.

Enzianwurzel
Wirkt anregend auf die Absonderung der Verdauungssäfte und damit appetitanregend und stärkend. Man nimmt 1–2 Teelöffel zerkleinerte Wurzeln; in zwei Tassen kaltem Wasser ansetzen, läßt 6–8 Stunden ziehen, dann trinkt man jeweils eine Tasse eine Stunde vor den Mahlzeiten.

Goldrute
Gilt als eines der besten Heilkräuter für Blasen- und Nierenleiden sowie bei schlecht heilenden Wunden. Sie wirkt leicht harntreibend, entzündungswidrig und beschleunigt die Wundheilung. Man nimmt 2 Teelöffel zerkleinertes Kraut. Mit einer Tasse kochendem Wasser überbrühen, 3 Minuten ziehen lassen, abseihen. Abends je eine Tasse trinken oder die schlecht heilende Wunde mit dem *Auszug* waschen.

Huflattich
Blüten und Blätter wirken blutreinigend, schweißtreibend, reizlindernd bei entzündeten Schleimhäuten und

Husten. Man nimmt 2 Teelöffel zerkleinerte Blätter und Blüten, überbrüht sie mit einer Tasse kochendem Wasser, läßt 5 Minuten ziehen und trinkt den Tee morgens auf nüchternen Magen. Im Laufe des Tages kann man eine zweite Tasse schluckweise trinken.

Johanniskraut Wirkt bei Verdauungsstörungen und zur Wundbehandlung. Überdies erhöht es die Empfindlichkeit der Haut gegen Sonne. Es soll auch gegen Depressionen (als Tee) gut wirken. 1 Eßlöffel Tee wird mit ½ Liter kochendem Wasser überbrüht, 10 Minuten ziehen gelassen, abseihen und über den Tag verteilt schluckweise trinken. Seit altersher hohes Ansehen genießt das *Johanniskrautöl:* Man nimmt 2 Hände voll Blüten, die kurz vor dem Aufbrechen sind, und gibt sie in eine durchsichtige Flasche. Nun übergießt man das Ganze mit einem Liter Olivenöl und stellt es 5–6 Wochen in die Sonne. Öfters schütteln! Anschließend das tiefrote Öl abfiltern und gegen Brandwunden, schwer heilende Wunden, Prellungen, Quetschungen, Gicht, Rheuma als *Einreibung* bzw. mit ölgetränkten Lappen als *Umschlag* verwenden.

Käsepappel Sie wirkt entzündungswidrig, reizhemmend, leicht abführend und hustenmildernd. Äußerlich wird sie zum Baden von Furunkeln, Geschwüren und schlecht heilenden Wunden genommen. Man nimmt zum Gurgeln 2 Eßlöffel Kraut, über Nacht in einer Tasse Wasser ansetzen, abseihen, aufwärmen und damit gurgeln. Diese Lösung ist auch für Umschläge geeignet. Als Tee bei Magenbeschwerden 2 Eßlöffel Kraut in ½ Liter Wasser über Nacht ansetzen und tagsüber schluckweise trinken. Der kalte Ansatz über Nacht ist aus dem Grund wichtig, da nur so die Schleimstoffe richtig frei werden.

Kamille Wirkt entzündungswidrig, desinfizierend, leicht schweißtreibend und krampflösend. Man verwendet sie für sämtliche Magen-Darm-Störungen und bei Entzündungen. Man nimmt einen Teeaufguß mit 1–2 Teelöffeln Blüten in einer Tasse kochendem Wasser und läßt 5 Minuten ziehen. Nicht mehr als 1–3 Tassen täglich trinken!

Lindenblüten Wirken schweißtreibend, krampfstillend und beruhigend. Bei Erkältungskrankheiten: 1 Teelöffel Blüten wird mit einer Tasse kochendem Wasser überbrüht, stehengelassen. Mit Honig gesüßt oder ungesüßt trinken.

Mistel Wird in erster Linie bei Kreislauf- und Stoffwechselstörungen angewendet. Besonders gut wirkt die Mistel bei hohem Blutdruck. Der *Kaltansatz:* 4–6 Teelöffel Mistel mit 3 Tassen kaltem Wasser ansetzen, 8–10 Stunden

Kamille
(Matricaria chamomilla L.)

Schafgarbe
(Achillea millefolium L.)

stehen lassen, danach abseihen und tagsüber schluckweise trinken. *Mistelkuren* können nur über längere Zeit wirksam werden, d. h. man muß sie etwa 2–3 Wochen lang durchführen.

Ringelblume

Wird *innerlich* zur Förderung der Gallensekretion verwendet, *äußerlich* in Form von *Bädern* und *Umschlägen* zur Behandlung von schlecht heilenden Wunden. Eines der ältesten Bauernrezepte ist die sogenannte *Ringelblumensalbe* oder das *Ringelblumenschmalz:* Hat man Gallensteine, nimmt man einen Teeaufguß von 2 Eßlöffel Blüten, die mit ½ Liter Wasser überbrüht wurden. 10 Minuten ziehen lassen, schluckweise trinken. Zur Herstellung des *Ringelblumenschmalzes* nimmt man 2 Handvoll Blüten, die man in 500 g kochendem Schweineschmalz brät, danach 2 Tage stehen läßt, nochmals erhitzt und mit einem Tuch abseiht. Das Ringelblumenschmalz wird kühl aufbewahrt und bei Wundschmerzen und Hautausschlägen als Salbe verwendet.

Schafgarbe

Wirkt entzündungswidrig und krampflösend, ferner anregend und regulierend auf die Absonderung der Verdauungssäfte. Wird bei Magenleiden, Leber-Galle-Beschwerden, Appetitlosigkeit, Durchfall und Hämorrhoiden angewendet. Außerdem ist sie Bestandteil aller kräftigenden, aufbauenden Tees. Man nimmt zum *Teeaufguß* einen Eßlöffel Kraut, mit einer Tasse Wasser kalt zustellen, zum Kochen bringen, kurz ziehen lassen und über den Tag verteilt 1–2 Tassen trinken.

Schachtelhalm

Wirkt harntreibend und blutstillend, außerdem bei schlecht heilenden Wunden. Als *Tee* wird er innerlich bei Nieren- und Blasenleiden eingesetzt. Man nimmt einen gehäuften Teelöffel, überbrüht mit einer Tasse kochendem Wasser, läßt 10 Minuten ziehen; über den Tag verteilt 1–2 Tassen trinken. Bei Nierenbeschwerden nimmt man außerdem Sitzbäder mit Zinnkraut.

Tausendguldenkraut

Ist eines der ältesten Magen-Darm-Kräuter. Es regt die Speichel-Magen-Darmsaft-Absonderung an und vermehrt dadurch die Verdauungstätigkeit. Der *Tee* wird bei Appetitlosigkeit und mangelnder Verdauungskraft getrunken. Einen Eßlöffel Kraut mit 2 Tassen Wasser ansetzen, kurz zum Kochen bringen und den Tee tagsüber warm und in kleinen Schlucken trinken. Tausendguldenkraut wird zumeist als Bestandteil von Teemischungen verwendet.

Wiesengeißbart

(Auch „blühendes Aspirin“ genannt.) Wirkt in erster Linie fiebersenkend, schweiß- und harntreibend; es wirkt auch besonders gegen Rheumatismus, Wassersucht und Fieber. *Teeaufguß:* 1 Eßlöffel Blüten wird mit ½ Liter Wasser überbrüht, 10 Minuten ziehen gelassen und tagsüber schluckweise getrunken. Bei rheumatischen Beschwerden bewähren sich *Abkochungen* von Wiesengeißbart mehr als Badesud.

Weißdorn

Steigert die Durchblutung der Herzkranzgefäße und wirkt sich wohltuend auf das Befinden von Patienten mit unregelmäßiger Herztätigkeit aus. Auch bei Herz- und Kreislaufbeschwerden. Den *Teeaufguß* bereitet man mit einem gehäuften Teelöffel, der mit einer Tasse kochendem Wasser überbrüht wird. 5 Minuten ziehen lassen. Man trinkt täglich 1–2 Tassen schluckweise, mit Honig gesüßt. Weißdorn wird auch gerne bei allen Mischtees gegen Arterienverkalkung beigemengt.

Teerezepte

Bei Grippe Man nimmt 2 Teelöffel Holunderblüten, 2 Teelöffel Lindenblüten, 1 Teelöffel Kamille, 1 Teelöffel Birkenblätter. Das Ganze wird mit einem 3/4 Liter kochendem Wasser überbrüht, 10 Minuten ziehen gelassen, danach mit Honig und Zitronensaft gesüßt und im Laufe eines Tages schluckweise getrunken.

Hustentee Man mischt zu gleichen Teilen Thymian, Spitzwegerich, Huflattich, Fenchel, Eibischwurzel, überbrüht das Ganze mit kochendem Wasser, läßt 5 Minuten ziehen, süßt mit Honig und trinkt über den Tag verteilt 2–3 Tassen schluckweise.

Hoher Blutdruck Man nimmt zu gleichen Teilen Mistel, Weißdorn und Baldrian, übergießt 3 Eßlöffel dieser Mischung mit 1/2 Liter kaltem Wasser, läßt das Ganze 12 Stunden über Nacht ziehen. Am Morgen erwärmt man es und trinkt den Tee über den Tag verteilt schluckweise.

Blutreinigungstee Dieser sollte jedoch nur schluckweise mindestens 2 Wochen getrunken werden. 2 Eßlöffel Stiefmütterchen, 2 Eßlöffel Sennesblätter, 2 Eßlöffel Schafgarbe, 2 Eßlöffel Brombeerblätter, 2 Eßlöffel Wacholderbeeren, 1 Eßlöffel Rhabarberblüten, 1 Teelöffel russischer Tee, alles mischen. Pro Tasse überbrüht man mit kochendem Wasser einen gehäuften Teelöffel voll und läßt den Tee 10 Minuten zugedeckt ziehen, seiht ab, süßt mit Bienenhonig und trinkt zweimal täglich eine Tasse, am besten vor dem Frühstück und vor dem Schlafengehen.

Verstopfung Man mischt gleiche Teile Faulbaumrinde, Seliskraut, Schafgarbe, Stiefmütterchen. Von dieser Mischung wird ein Eßlöffel mit einem Viertelliter Wasser kalt zugestellt, zum Kochen gebracht und danach 10 Minuten ziehen gelassen. Man trinkt sowohl morgens als auch abends je eine Tasse.

Schlafstörungen Man mischt zu gleichen Teilen Lavendel, Melisse und Schafgarbe. Baldrian (zum gleichen Teil) stellt man am Morgen mit kaltem Wasser hin. Abends, vor dem Schlafengehen, wird nun der Baldrian erhitzt und über das Gemisch Lavendel, Melisse und Schafgarbe gegossen. 10 Minuten ziehen lassen, eine Tasse vor dem Schlafengehen trinken.

Für jede Krankheit ist (mindestens) ein Kraut gewachsen

Abwehrkraft stärkend	Brennessel, Hafer, Salbeiwein
Allergie, Nesselausschlag	Curcuma, *keine* Erdbeeren
Anämie	Rote Bete
Angina	Salbei
Angst	Basilikumtee
anregend	Bohnenkraut, Bockshornklee
antibakteriell	Meerrettich, Thymian, Ysop, Salbei
antiseptisch	Thymian, Quendel, Ysop, Zimt
Appetitmangel	Basilikum, Beifuß, Brunnenkresse, Bibernell, Dille, Estragon, Fenchel, Kalmus, Kapern, Kümmel, Lorbeer, Melisse, Nelkenwurz, Oregano, Portulak, Petersilie, Rosmarin, Sanddorn, Schnittlauch, Sellerie, Ysop
Arteriosklerose	Knoblauchlikör, Gerste, Distelöl, Soja, *kein* Kokosfett, Palmöl
Asthma	Curcuma
aufbauend	Buchweizensuppe, Buchweizenomelette
aufmunternd	Kakao
Augenentzündung	Safrantinktur
auswurffördernd	Ysop
Avitaminose	Karotten (Möhren), Walnuß, Olivenöl, Paprika, Soja
Basenbilder	Gemüsetee, Kartoffeln, Karotten (Möhren)
Bauchkrämpfe	Anis, Basilikum
Bauchspeicheldrüsenschwäche	Löwenzahn
beruhigend	Majoran, Melisse, Lavendel, Pfefferminze, Hopfen
Bindegewebeschäden	Hirse, Gerste
Blähungen	Anisbrot, Anistee mit Kümmel, Bärlauchquark, Bärlauchtropfen, Bohnenkraut, Dilletee, Dillkartoffeln, Fenchelsalat, Fencheltee, Kalmus, Kümmelwasser, Muskat, Pfefferminze, Quendel, Thymian
blutbildend	Brennessel, Rote Bete
Blutdruck zu hoch	Bärlauch, Bockshornkleesamen, Kerbelkraut, Knoblauch, Lavendel, Melisse, Schnittlauch, Sesam. *Vorsicht* mit Brunnenkresse, Rosmarin und Salbei; Haselnüsse, Kaffee
Blutdruck zu nieder	Brunnenkresse, Haselnuß, Rosmarinwein; *keine* Petersilie
Bluterguß	Beinwellumschlag
Blutreinigung	Birkenblättertee, Löwenzahnsalat, Bärlauch, Brennessel, Brunnenkresse, Birke

Blutungsneigung	Haselnüsse, *kein* Distelöl
blutzuckerspiegelsenkend	Bockshornklee, Brennessel, Heidelbeerblätter; *keine* Kartoffeln, Kakao, Löwenzahn
cholerischer Typ	*kein* Salbei
Cholesterin, hohes	Artischocken, Distelöl, *keine* Eier
Darmleiden	Gerstensuppe, Kümmelsuppe
darmregulierend	Gerste, Erdbeeren, Ingwer, Quitte, Rosmarin
Darmreinigungskur	Apfelkur, Eberesche, Rettichsaftkur
Darmträgheit	Himbeeren, Johannisbeeren, Rettichsaftkur, Rhabarbertabletten, Rote Bete
desinfizierend	Pfefferminztee und Pfefferminzwaschungen, Preiselbeerblättertee, Knoblauch, Thymian
Diabetes	Brennessel, Bockshornklee, Curcumasaft, Heidelbeeren, getrocknete Heidelbeeren, Löwenzahngemüse, Zimtblättertee, Preiselbeeren, *keine* Kartoffeln und *kein* Reis
Diät	Brunnenkressesandwich, Erdbeereis, Erdbeerpudding, Kraftkugeln, Sanddorn, Soja
Drüsenschwellung	Walnußblättertee
durchblutungsfördernd	Rosmarinbad und -öl, Raute
Durchfall	geschabter roher Apfel, Brombeerblättertee, Bärlauch, Gerstenrisotto, Heidelbeerblättertee, Majorantee, Nelkenwurz, Preiselbeeren, Thymian, Zimt, *kein* Sauerampfer; Rhabarber und Quitte
Durst	Tee mit Gewürznelken, Koriandertee, Oreganotee
Eisenmangel	Rote Bete, Paprika, Brennessel
eiweißreiche Diät	Soja
Ekzeme	Walnußblätterwaschungen
Entschlackung	Brennessel
entzündete Schleimhäute (Magen, Darm)	Anis, Beinwell, Brombeer, Ingwer, Salbei, *kein* Kaffee, *kein* Cayennepfeffer
entzündete Wunden	Curcuma, Beinwell, Brombeertee, Salbei
entzündungshemmend	Ingwer, Oregano, Salbei
Erbrechen	Gewürznelkentee, Kardamon, Zimt
Erkältung	Apfelschalentee mit Thymian, Apfelrösti mit Meerrettich, Curcuma, Holundertee, Holunderkompott, Ingwer mit Milch, Luststocksalbe, Meerrettich mit Honig, Pfefferminzöl, Pfefferminztee, Quendeltee, Quendelkompott, Thymianbad
Ermüdung	Sanddorn
Erschöpfung	Bockshornklee, Haferspeisen, Rosmarinwein
Fettstoffwechselstörungen	Distelöl, Olivenöl
Fettsucht	*keine* Kartoffeln
Fieber	Himbeer, Holunder, Koriandertee, Pastinak, schwarze Johannisbeeren

Fingernägel brüchig	Hirse
Frühjahrskur	Bärlauchspinat, Bärlauchtinktur, Borretschsaft, Borretschsalat, Brunnenkressesaft, Brennesselsaft, Brennesseltee, Brunnenkressesalat, Gänseblümchensalat, Gerstensalat, Holundermost, Löwenzahn, Selleriesaft
Frühjahrsmüdigkeit	Brennesselspinat, Brennesselsuppe, Kresse, Rettich, Wildkräutersalat, *kein* Kaffee
Frühstückstee	Erdbeer-, Himbeer-, Brombeerblättertee
galleanregend	Brennessel, Himbeere, Knoblauch, Liebstöckel, Olivenöl, Pfefferminze
Gallebeschwerden	Artischockentee, Artischockentropfen, Kalmus, Rettich
galleflußanregend	Gundermann, Himbeeren, Olivenöl, Kalmus, Knoblauch, Liebstöckel, Oregano, Rosmarin
Gallensteine	Artischocken
Gastritis	Basilikum, Beinwell, Brombeertee, *kein* Senf, *kein* Cayennepfeffer, *keine* Kartoffeln, *kein* Rettich
gefäßerweiternd	Kakao
gefäßverengend	Haselnüsse
Gelbsucht	Himbeeren, Johannisbeeren, Tomaten
geschlechtstrieb-anregend	Bohnenkraut, Muskatnuß, Haselnuß, Selleriesalatsaft
Gicht	Birkenblättertee, Birkenbäder, Birkensaft, Ebereschenmarmelade, Erdbeerkur, Karotten-(Möhren-)tee, Soja, Wacholder, *kein* Rhabarber, *kein* Sauerampfer
Gliederschmerzen	Birkenbäder, Majoranöl, Thymianbad, Wacholderschnapseinreibung, Salbeieinreibung
Grippe	Vogelbeerschnaps, Holunderblüten, Meerrettich, schwarze Johannisbeeren, Sanddorn
Gurgelmittel	Salbei, Thymian
Haarausfall	Hirsekur, Brennessel
Halsschmerzen	Johannisbeerblättertee
Harngrieß	Erdbeeren, Johannisbeeren
harntreibend	Dille, Erdbeeren, Erdbeerblättertee, Hopfen, Johannisbeeren, Liebstöckeltee, Löwenzahngemüse, Majoran, Petersilie, Rote Bete, Selleriesalat, Wacholder, Pastinak, Holunder
Harnwegsentzündungen	Birkenblättertee, Johannisbeeren, Preiselbeeren, Preiselbeerblättertee, Zimttee, *kein* Kaffee
Hautausschläge	Birkenteeabwaschungen
Hautentzündungen	Gänseblümchentee, Hirsekuren, Walnußblätterumschläge
Hautkrankheiten	Curcuma
Hautprobleme und Altersfalten	Hirse, Karotten (Möhren), Walnußblätterwaschungen, Mandelöl, Weizenkeimöl, Lein
Herzklopfen (nervös)	Lavendel

Herzkranzgefäß-durchblutung	Knoblauch, Sesam
Husten	Apfelschalentee mit Thymian, Bibernelltee, Fencheltee, Gänseblümchentee, Gänseblümchensirup, Gundermanntee, Liebstöckeltropfen, Meerrettich, Oreganotee, Quendel, Safran, Ysop
Keuchhusten	Safran
Koliken	Gewürznelkentee
konzentrationsfördernd	Kakao
Kopfschmerzen	Quendel, Zimtöl
kräftigend	Hafer, Hagebuttenmarmelade, Oreganobad
Kraftnahrung	Mandelmilch
krampflösend	Basilikum, Knoblauch, Koriander, Majoran, Pfefferminztee, Rosmarin, Safran, Zimt
Kreislaufbeschwerden	Muskatnuß, Rosmarinwein
leberanregend	Brennesselsalat, -suppe, -spinat, -saft, Salbei
Leberbeschwerden	Artischockentee, Artischockentropfen, Löwenzahnpreßsaftkur, Rettich, Rote Bete, Himbeere, Johannisbeeren, Brennessel, Salbei
Leistungsfähigkeit	Haferspeisen, Mandelmilch
Lymphschwellungen	Walnußblättertee
Magengeschwür	Beinwellmischtee, Nelkenwurztee; *kein* Cayennepfeffer, *kein* Curcuma, *kein* Curry, *kein* Senf
Magenkolik	Erdbeerpudding, Dille
Magenleiden	Beinwellpulver, Beinwelltee, Beinwellpfannkuchen, Gerstenspeisen, Kümmeltee, Nelkenwurztee, Pfefferminze, Sesam, *kein* Cayennepfeffer, *kein* Curcuma, *kein* Curry, *kein* Kaffee, *kein* Senf
magensaftsekretionsfördernd	Knoblauch, Rosmarin, Liebstöckel, Meerrettich, Senf
Magenschwäche	Basilikum, Beifuß, Bohnenkraut, Vogelbeerschnaps, Gundermann, Ingwer, Kartoffeln, Knoblauch, Liebstöckeltropfen, Meerrettich, Nußschnaps
Magenverstimmung	Ebereschenlikör, Gerste, Kartoffeln, Nelkenwurz, Pfefferminze, *kein* Kaffee
Migräne	Melissentee, Kaffee
Mineralmangel	Trockenfrüchte
Müdigkeit	Oreganobad, Kakao
Mundgeruch	Basilikum
Mundschleimhautentzündungen	Borretschsaft, Gänseblümchen, Salbeitinkturspülungen
Nachtblindheit	Karotten (Möhren)
Nachtschweiß	Salbei
Nervenentzündung	Majoranöl, Muskatöl, Zimtöl
Nervenschmerzen	Majoranöl
nervenstärkend	Mandeln, Sellerie, Rosmarin, Salbeiwein

Nervosität	Dille, Hopfen, Lavendel, Melissengeist, Salbeiwein, *kein* Kaffee
Nierenleiden	Birkenblättertee, Vogelbeermarmelade, Erdbeerkur, Erdbeerblättertee, Johannisbeeren, Karotten-(Möhren-)saft, Preiselbeerblättertee, *keine* Wacholderbeeren. Vorsicht bei Petersilie, nicht mehr als 2 Eßlöffel pro Tag
Nierensteine	Erdbeeren, Karotten (Möhren), *kein* Rhabarber, Spinat, Tomaten, Sauerampfer
Nikotinentwöhnung	Kalmus
Potenzschwäche	Bohnenkraut, Muskat, Raute, Haselnuß, Sellerie, Sesam, Selleriesaft, Selleriesalat
Rachenkatarrh	Gänseblümchensirup
Regenerationskur	Selleriesaftkur, Wildkräuter
Reizbarkeit	Lavendel, Hopfen
Reizlose Diät	Basilikum, Estragon, Piment
Rekonvaleszenz	Anisbrot, Haferspeisen, Walnuß, Mandelmilch, Kraftkugeln
Rheuma	Holunder, Ingwer, Meerrettich, Soja, Thymianbad, Wacholder, Curcuma-Zwiebelsalbe, Ebereschenmus, Walnuß, Senfmehlzwiebel kurzzeitig
salzlose Diät	Estragon
Sommersprossen	Brunnenkresse auflegen
speichelfördernd	Kardamon
Sportnahrung	Nüsse jeder Art, Mandeln, Hafer, Hirse, gekeimter Weizen, Soja
Schlafstörungen	Brombeeren, Dille, Hopfen, Lavendel, Melisse, *kein* Kaffee
schlecht heilende Wunden	Basilikumblätterumschläge, Brombeerblätterbäder
schleimlösend	Ingwer, Meerrettich
schmerzstillend	Safran
Schwäche	Bockshornklee, Buchweizen, Hafer, Walnuß
Schwangerschaft	Hirse, Gerste; Vorsicht bei Petersilie (höchstens 2 Eßlöffel pro Tag), Raute, Wacholder
schweißhemmend	Ysop, Salbei
schweißtreibend	Himbeeren, Holunder, Lindenblüten
stärkend	Hafer, Salbeiwein, Rosmarinwein, Mandelmilch, Sanddorn, Kraftkugeln
Stärkungsmittel	Hafer, Walnuß
stoffwechselanregend	Basilikum, Brennessel, Bibernell, Gundermann, Kalmus
Thromboseneigung	Paprika
Übelkeit	Gewürznelkentee, Kardamon, Zimt
Übersäuerung	Gemüsetee, *kein* Senf
Unterleibsbeschwerden	Oreganotee
Verbrennungen	Pfefferminzöl
verdauungsanregend	Brunnenkressesalat und -saft, Bohnenkraut, Cayenne-

	pfeffer, Curcuma, Vogelbeerlikör, Estragon, Grünkern, Gundermann, Ingwer, Majoran, Meerrettich, Rote Bete, Petersilie, Schnittlauch, Senf
Verdauungs-beschwerden	Bohnenkraut, Gewürznelken, Lorbeerblatt
Verdauungsschwäche	Buchweizen, Eberesche, Nußschnaps, Raute
Verkalkung	Knoblauch, Knoblauchessig
Verkühlung	Pfefferminzöl
Verletzungen	Beinwell
Verstopfung	Himbeeren, Holunderbeerentee, Tomaten, Apfelkompott, Rhabarber, Rote Bete, Senfkörner
Vitaminmangel	Brennessel, Eberesche, Hagebutte, Paprika, Sanddorn
Vitamin-A-Mangel	Karotten (Möhren)
Vitamin-B-Mangel	Karotten (Möhren)
Vitamin-C-Mangel	Hagebutte, Sanddorn, Johannisbeere
Wassersucht	Birke, Holunder, Koriander
Widerstandsfähigkeit	Hagebutte
windtreibend	Kümmel, Karotten-(Möhren-)rohkost
Wunden schlecht heilend	Beinwell, Brombeertee, Curcuma
Zahnfleischentzündung	Borretschsaft, Brombeerblätter kauen, Salbei, Thymiansirup, Zimtspülung
Zahnfleischkräftigung	Brombeerblätter
Zahnschmerzen	Gewürznelken, Zimt
Zerrungen	Muskatöl, Lorbeeröl, Beinwellumschlag

Womit würzt man was?

Artischocken	Kocht man in Salzwasser. Sie werden mit würziger Mayonnaise (siehe dort) gegessen.
Auberginen	Werden der Länge nach geteilt und mit Kräutersalz und Curry oder Gewürzmischungen bestreut und gebraten; auch Füllungen mit Gemüse oder Gewürzreis schmecken sehr gut.
Blumenkohl	Würzt man mit Dille, Zwiebel, Paprika, Kräutersalz; oder mit Curry, Zwiebel, Kräutersalz.
Grüne Bohnen	Würzt man mit Petersilie, Zwiebel und Paprika, Kräutersalz; oder mit Bohnenkraut, Paprika, Kräutersalz.
Bohnen	Reife Bohnen werden mit Thymian und etwas Muskat und Knoblauch gewürzt.
Grüne Erbsen	Würzt man mit Dille, Koriander und Kräutersalz.
Fenchel	Würzt man als Rohsalat am besten mit pikantem Salatdressing oder Mayonnaise; als Gemüse gedämpft, verwendet man Basilikum, Kümmel, Paprika, Kräutersalz; oder mit Zwiebel dünsten, mit Muskatblüte, Koriander, Sellerie und Knoblauch würzen, mit Kräutersalz nachwürzen.
Frikadellen	Egal ob Weizen-, Gerste- oder Haferbratlinge: mit Hefeextrakt, Knoblauch, Sellerie, Salz oder Oregano; oder Majoran, Knoblauch, frischer Petersilie; oder Koriander, Muskat, Pfeffer, Knoblauch und Selleriesalz bzw. Gewürzmischung für Gemüse.
Karotten (Möhren)	Als Rohsalat mit Fenchelpulver, Koriander und Kräutersalz; oder Dämpfgemüse mit Zwiebelpulver, frischer Petersilie, Koriander, Liebstöckel, Zitronenmelisse.
Gerste und Grünkern	Werden am besten mit Curry, frischer Zwiebel, frischer Petersilie und einer Spur Knoblauch gewürzt; oder man nimmt die im Buch (s. Seite 201/202) beschriebene Gewürzmischung.
Gurken	Würzt man mit Zwiebel, Paprika, Dille, Zitronenmelisse, einer Spur Pfeffer, feingeschnittenem Borretsch und Kräutersalz.
Gurkengemüse	Mit Dille, Paprika, Koriander, einer Spur Pfeffer und Kräutersalz würzen.
Hirse	Wird je nach Geschmack mit Lauchpulver, Selleriepulver, Thymian, Paprika, einer Spur Koriander und einer Spur Knoblauchpulver gewürzt. Oder süß mit Zimt, Piment und mitgekochten Trockenfrüchten.
Quarkaufstriche	Werden mit kleingewiegter Zwiebel, Petersilie, Schnittlauch, 1 Schuß Curry- oder Worcestersauce oder nur mit

Majoran oder Zwiebelpulver, Curry, Knoblauchpulver und Kümmel vermengt. Wenn möglich, immer 1 Eßlöffel Zitronensaft mit dem Quark vermengen. Auch feingeschnittene Essiggurken verbessern den Quarkaufstrich.

Kartoffelsalat Feingeschnittene Zwiebel, Basilikum, etwas Kräutersalz oder Zwiebel, Bohnenkraut, Hefe, Selleriesalz

Kartoffelpuffer Mit Kräutersalz, frischer Zwiebel, Kümmel vermengen evtl. kleingeschnittenen Schnittlauch oder Petersilie untermengen; eine weitere Möglichkeit wäre, eine der Gemüsemischungen aus unserem Buch unterzumengen.

Kohlrübe Wird am besten nur mit edelsüßem Paprika, Dille, Koriander und ganz wenig Kräutersalz gewürzt.

Kräutersaucen Würzt man mit Dille, Kapern, Kerbel, Schnittlauch, Scharlotte, Oregano, frischer Petersilie, frischem Knoblauch, Muskat, etwas Pfeffer.

Lauch oder Porree Wird mit Dille, Paprika, Kräutersalz gewürzt.

Linsen Vertragen Thymian, Knoblauch, Zwiebel, Sellerie, Pilzpulver; oder Oregano, Knoblauch, Zwiebel, Zitronensaft.

Mayonnaisen Basilikum, Dille, Koriander, Paprika, Knoblauch, Selleriesalz, scharfer Senf; oder Thymian, Koriander, Pfeffer, eine Spur Knoblauch, Kapern, eine Spur Senfpulver und Salz

Obstsalate Werden mit Vanillepulver, Zimt, Ingwer, Anis, Nelkenpulver sehr sparsam gewürzt.

Pizza Oregano, dazu eine Spur Pfeffer oder Bohnenkraut, eine Spur Paprika und etwas Kräutersalz.

Reis (als Gemüsereis) Curry, frische Zwiebel, frische Petersilie, eine Spur Knoblauch und etwas Kräutersalz; oder Oregano mit Zwiebel und Kräutersalz. Sollte man zum Reis eine Sauce reichen, bleibt er ungewürzt.

Reis, süßer Gibt man dem Reis etwa 1/3 Trockenfrüchte hinzu, muß man entsprechend mehr Wasser geben. Der gekochte Reis saugt den Saft der Trockenfrüchte auf, und es braucht nicht mehr nachgewürzt zu werden. Es genügt, wenn er dann mit frischen geschnittenen Früchten versetzt wird.

Rettich Würzt man als Salat mit Paprika, Kümmel und Kräutersalz.

Kümmel Wird mit Apfelscheiben, Piment (= Neugewürz), Koriander und fallweise mit Kräutersalz gewürzt.

Salatdressings Dafür verwenden wir Kresse, Thymian, Dille, Knoblauch, Kräutersalz.

Schwarzwurzeln Werden in Salzwasser gekocht und mit Dille, Estragon, Lauchpulver, Muskatblüte gewürzt; oder mit Thymian, Koriander, Knoblauch und Salz.

Spinat	Würzt man mit Curry, Zwiebel und Salz; oder mit Thymian, Knoblauch, Muskat und Brennesselpulver; oder mit frischen Brennesseln.
Teigwaren	Würzt man mit Reibkäse, etwas Curry; oder mit frischer Petersilie, Hefe, Butterflocken und Selleriesalz.
Tomaten	Werden als Salat mit feingeschnittenen Zwiebeln, Paprika, Salz, etwas Öl und einer ganz geringen Menge Essig gewürzt.
Tomaten, gedämpfte	Werden mit Paprika, Piment (= Neugewürz), Kräutersalz und Curry gewürzt.
Tomatensauce	Paprika, Curry, Piment.
Weißkohl und Wirsing	Würzt man mit Kümmel, Paprika und Kräutersalz; oder Koriander, einer Spur Liebstöckel, Muskat, Kräutersalz, Zwiebel; oder Oregano, Koriander, Muskat, Knoblauch.

Wildgemüse – Wildsalate

Kaum ein Gemüse, kaum eine Salatsorte, die heute im Laden angeboten wird, gibt es noch in ihrer Urform. Das muß nicht unbedingt von Übel sein. Trotzdem sollten wir, wann immer es uns möglich ist, unsere Gemüse- und Salatteller durch Wildkräuter bereichern. Diese nämlich sind unverändert geblieben und enthalten daher Stoffe, die den handelsüblichen Gemüsen oft fehlen. Denken wir hier nur an die verschiedenen Bitterstoffe, die die Verdauungssäfteproduktion anregen und dadurch *Stoffwechsel* und *Stuhlgang* forcieren.

Die Wildpflanze gedeiht dort, wo sie die notwendigen Mineralstoffe und Spurenelemente vorfindet; wir nehmen diese also mit den Kräutern in uns auf. Anderseits ist allerdings auch eine gewisse Vorsicht geboten, da Wildkräuter Umweltgifte vom Standort aufnehmen oder auf ihnen Eiablagerungen von Insekten haften können. Deshalb sollten der Standort (keine Straßenränder) und das Gebot des gründlichen Waschens unbedingt beachtet werden. Überdies sollte der Anteil an Wildkräutern sich auf das Würzen beschränken, da die Wirkstoffe oft so stark sind, daß es zu Übelkeiten oder zu starken Reaktionen kommen könnte. Bei Wildkräutern, die ja auch oft Heilkräuter sind, gilt das Prinzip des Paracelsus: »Die Dosis macht's.«

Die wichtigsten Wildkräuter

Bärlauch	Wir verwenden die Blätter. Er wirkt appetitanregend. Verwendbar als Gemüse und als Gewürz.
Beifuß	Man nimmt die Blattpflanzenspitzen. Er wirkt appetitanregend, verdauungsfördernd, gallenflußregelnd.
Beinwell	Wir verwenden die Blätter und die Wurzel als Gemüse und als Tee. Er wirkt magenfreundlich, entzündungshemmend, ist reich an Mineral- und Schleimstoffen.
Berberitze	Wir verwenden die Früchte als Kompott, als Saft. Sie wirkt leber- und gallenfreundlich.
Birke	Die Blätter verwenden wir in Gemüsen und Salaten. Sie wirken besonders nierenfreundlich, entwässernd und blutreinigend.
Spitzwegerich und Breitwegerich	Die Blätter werden für Gemüse und Salate verwendet. Er ist reich an Mineralstoffen, Vitaminen, magenfreundlich.
Brennessel	Wir verwenden die Blätter, die Zweigspitzen, die Krautspitzen als Gemüse, Salat. Sie ist reich an Vitaminen, Mineralien und Faserstoffen.
Brombeerblätter	Sie werden als Tee, Salat und Gemüse verwendet, sind reich an Vitaminen und Mineralstoffen.
Brunnenkresse	Das ganze Kraut und die Blätter werden als Beigabe zu Gemüsen, Salaten und als Gewürz verwendet. Sie ist reich an Mineralstoffen, Senföl, Vitaminen und wirkt kreislauf- und galleaktivierend.
Dost (Oregano)	Wir sammeln die jungen Krautspitzen als Beigabe zu Salaten und als Gewürz. Er wirkt appetitanregend, magenfreundlich und verdauungsfördernd.
Erdbeerblätter	Wir verwenden sie als Gemüse, Salat, Tee. Sie sind reich an Mineralstoffen.
Gänseblümchen	Wir verwenden die Blätter und die Blütenknospen für Suppen, Salate und als Gewürz, sie sind besonders stoffwechselanregend.
Gundermann	Wir verwenden die Blätter und die Krautspitzen als Salat und Gewürz für Suppen. Er ist besonders appetitanregend und reich an Mineralstoffen.
Himbeere	Wir verwenden die Blätter für Gemüse und Salate. Sie ist reich an Vitaminen und Mineralstoffen.
Hirtentäschelkraut	Wir verwenden die Blätter und Krautspitzen als Beigabe zu Salaten und Gemüsen. Es ist besonders verdauungsfördernd, reich an Vitaminen und Mineralstoffen.
Huflattich	Wir verwenden in erster Linie die Blätter für Suppen und Gemüsespeisen. Er ist besonders magenfreundlich und appetitanregend.

Kerbel Wir verwenden das ganze Kraut zur Suppe, als Gewürz und als Salatbeigabe.

Linde Von der Linde verwenden wir die Blätter als Beigabe zu Salaten, als Gemüse und als Brotauflage.

Löwenzahn Wir sammeln die zarten jungen Blätter als Beilage in die Suppe, zu Gemüsen, Salat. Besonders gut für die Leber, Galle, Magen.

Lungenkraut Die Blätter verwenden wir zur Teebereitung, für Suppen oder Salate. Es liefert Mineralstoffe und vor allem Kieselsäure.

Nachtkerze Wir sammeln die Wurzeln und verwenden sie als Gemüse und Salat. Magen- und darmfreundlich.

Pastinak Wir verwenden die Blätter, die Krautspitzen und die Wurzeln als Gemüse und Gewürz. Er wirkt appetitanregend und verdauungsfördernd.

Quendel Wir sammeln das Kraut als Gewürz, das verdauungsfördernd in Magen und Darm wirkt.

Preiselbeere und Sanddorn Wir sammeln die Frucht als Kompott, als Mus, als Saft. Sie wirken appetitanregend, sind reich an Vitaminen und Mineralstoffen.

Sauerampfer Die zarten Blätter und Krautspitzen als Gemüse, Salat. Sie wirken appetitanregend und sind mineralstoffhältig.

Schafgarbe Wir verwenden die zarten Blätter im Frühjahr als Beigabe zu Salaten. Sie regt Darm und Leber an.

Scharbockskraut Wir verwenden die zarten Frühlingsblätter als Beigabe zum Salat und zum Würzen. Es ist besonders verdauungsfördernd und vitaminhältig.

Schleedorn Wir verwenden die Früchte als Würze zum Brot. Er wirkt appetitanregend.

Spitzwegerich und Breitwegerich Die Blätter werden als Beigabe zu Salat und Gemüse gesammelt.

Sumpfdotterblume Wir verwenden die Blätter – ähnlich wie beim Scharboxkraut – als Salat und Gewürz. Sie ist Vitaminspender und wirkt auf den Verdauungstrakt.

Vogelmiere Wir verwenden das ganze Kraut als pikante Salatbeigabe oder als Gewürz. Sie ist ein Vitamin- und Mineralstoffspender.

Wegwarte Wir verwenden im Frühjahr die zarten Blätter als Beigabe zu Gemüsen, Saucen und Salaten. Sie wirkt appetitanregend und auf den Leber-Galle-Stoffwechsel.

Taubnessel, weiße Wir verwenden die Blätter zu Gemüsen, Salaten und als Gewürz. Sie ist reich an Vitaminen und Mineralstoffen.

Wiesenbocksbart Von ihm sammeln wir das zarte, frische Kraut im Frühjahr kurz vor der Blüte. Er wird wie Spargel oder als Salat verwendet. Wiesenbocksbart ist besonders magenfreundlich, reich an Mineralstoffen und Vitaminen.

Wiesenklee (Rotl) Wir verwenden die Blüten oder Blätter als Beilage zu Salaten; er ist appetitanregend und wirkt leberfreundlich.

Wiesenknöterich Wir nehmen die Blätter als Beilage zu Salaten oder Gemüsen.

Ein kreativer Koch oder eine kreative Hausfrau lernt in kurzer Zeit, die Wildkräuter jeweils nach ihrem Geschmack einzuordnen und als Ergänzung zu den Gerichten zu verwenden. Man muß nicht viele Kräuter verwenden; es genügt, wenn man von Zeit zu Zeit welche erntet und diese frisch verwendet.

Gewürzmischungen zum Aufbewahren

Von der Industrie wird eine Unzahl von Gewürzmischungen gebrauchsfertig angeboten, was keineswegs abwertend gemeint ist. Doch wer sich seine eigene Note bewahren und außerdem den Vorteil des frischen Gewürzes genießen möchte, sollte eigene Mischungen vorbereiten, allerdings nicht zu viel auf Vorrat, denn gemahlenes Gewürz verliert rasch seinen Anteil an ätherischen Ölen.
Am besten eignet sich dazu ein kleiner Mörser, in dem man alles gut zerstoßen und vermengen kann. Wer sich eine kleine Gewürzmühle kauft, hat es noch leichter. Wichtig ist, die Mischungen kühl und trocken aufzubewahren.

Für helle Suppen und Sojaragouts schmeckt die Mischung von:
2 Teilen gemahlenen Gewürznelken, 1 Teil Marzis, 1 Teil Muskatnuß, 1 ½ Teile Ingwer.

Ein universelles Suppengewürz
20 g gemahlenes Bohnenkraut, 10 g weißer Pfeffer, 5 g geriebene Muskatnuß, 2 g gemahlenes Lorbeerblatt, 5 g Thymian, 5 g Gewürznelke, 2 g Ingwer, 5 g Marzis. Von dieser gemahlenen Mischung je 1 Messerspitze bis ½ Teelöffel auf einen Liter Suppe.

Mischung für Kraut, Kartoffel-, Bohnen- oder Sojagulasch
Je 1 Prise Cayennepfeffer, Knoblauchpulver, Chillipulver, Salbei, Kümmel, Koriander und Oregano mischen und nach Geschmack würzen.

Kräutermischung für pikante Bircher-Benner-Kartoffeln
Paprika, Currypulver, Zwiebel- und Knoblauchpulver zu gleichen Teilen mischen und damit die Schnittflächen der Kartoffeln vor dem Braten bestreichen.

Italienische Gewürzmischung für Pizza, Pasta asciutta, Risotto und Tomatengerichte
Man mischt gleiche Teile gemahlenes Bohnenkraut, Basilikum, Salbei, Rosmarin, Thymian, Oregano, Paprika und würzt nach Geschmack.

Currypulver
Stellt man selbst her aus 16 g Curcuma, 12 g Koriander, 10 g Kardamon, 6 g Kümmel, 6 g Bockshornklee, 6 g Cayennepfeffer

Eine Kräutermischung für alle Gemüsegerichte, im besonderen für **Gersten-, Hafer- oder Buchweizenfrikadellen**
Man nimmt gleiche Teile Dille, Basilikum, Bohnenkraut, Koriander, Sellerie, Petersilie, Pfefferminze, Lorbeerblatt sowie eine Spur Safran und Rosmarin. Diese Gewürzmischung wird je nach Geschmack unter die Frikadellenmasse gemengt oder beim letzten Teil des Garens beim Eintopf zugemischt.

Mischungen aus frischen Kräutern für Brotaufstriche oder belegte Brötchen
Man mengt unter Quark (Topfen) eine feingewiegte Zwiebel, etwas Kerbel, Petersilie, Schnittlauch und Sellerieblätter.
Oder: Zwiebel, eine zerdrückte Knoblauchzehe, Estragon, Petersilie, Schnittlauch und eine Spur Senf; oder Zwiebel, Ysop, Zitronenmelisse, ein wenig Zitronensaft, alles gemischt mit Quark (Topfen).
Auf ein mit Butter bestrichenes Vollkornbrot schmeckt Schnittlauch, Petersilie und Ysop daraufgestreut oder ein wenig frische Dille, Schnittlauch und Curry.

Kräutermischungen für Gemüsesalate
Gemüsesalate schmecken besser und abwechslungsreicher, wenn man sie mit folgenden Kräutern vermischt: Kerbel, Petersilie und Estragon; oder: Kresse und Petersilie; oder: Borretsch, Petersilie und Bohnenkraut; oder: Dille, Petersilie und Minze; oder: Rosmarin, Knoblauch und Zwiebel; oder: Basilikum, Knoblauch und Petersilie; oder: Petersilie, Minze, Salbei, Ysop, Rosmarin, Basilikum und Zitronenmelisse. Diese Kräuter sollen immer eine erfrischende Ergänzung des Salates sein und nicht zu sehr dominieren.

Kräutersuppe
Mit frischen Blättern von Veilchen, Erdbeeren, Gundermann, Schafgarben, Löwenzahn, Brennessel, Spitzwegerich, Erlauch, Liebstöckel oder Petersilie und Schnittlauch lassen sich wunderbare, erfrischende Kräutersuppen herstellen. Wichtig ist, daß die frisch geschnittenen Kräuter nicht zu lange gekocht werden, da sie sonst ihre wichtigsten Vitalstoffe verlieren.

Gemüsesuppen
Dafür eignen sich Mischungen von Liebstöckel, Petersilie, Thymian, Bohnenkraut und Sellerieblätter; oder: Sellerieblätter, Bohnenkraut, Thymian und Basilikum. So wie den Kräuteressig kann man auch Kräuteröle herstellen.

Ein universelles, sehr schmackhaftes

Kräuteröl für Salate

läßt sich folgendermaßen herstellen: Man nimmt je einen Eßlöffel feingehackte, frische Minze, Estragon, Bohnenkraut, Salbei, Raute, Thymian, Petersilie, Ysop und Zitronenmelisse, übergießt mit einem Liter Olivenöl und erhitzt etwa auf 50 Grad. Nun läßt man es im warmen Zustand 2 Stunden. Danach wird das Öl an einem kühlen Ort eine Woche ziehen gelassen, abseihen und zum Würzen und Aromatisieren von Salaten verwenden.

Register

Anisbrot 26
Anistee 26
Apfelkur 26
Apfelreis 157
Apfelrösti 28
Apfelsalat 28
Artischocken, gefüllt und überkrustet 29
Artischockentee 29
Artischockentinktur 29

Bärlauchquark-(Topfen-)Aufstrich 30
Bärlauchtinktur 30
Basen- oder Gemüsetee 87
Basilikumtee 31
Basilikumwein 170
Beinwelltee 34
Bibernellekraut – Grüne Sauce 35
Bibernelle-Tee 35
Birkenblätter 36
Birkenknospenabsud 35
Birkensaft 35
Biskuit 177
Biskuitrouladen 177
Biskuittorte 177
Borretschkräuterbutter 39
Borretschkräuteressig 39
Borretschpfannkuchen 39
Bouillabaisse 144
Brennesselsuppe 42
Brennesseltee 42
Brombeerblätter-Frühstücksmischtee 43
Brombeermarmelade 43
Brombeer-Rohmarmelade 43
Brunnenkressesalat 44
Buchweizen-Omelett(Pfannkuchen) 45
Buchweizenrisotto 45
Buchweizensuppe 45

Champignonsoufflé 84
Chilli con carne à la Bio 46
Curcumasaft 47

Dampfnudeln, Kärntner 175
Dille mit Magentee 49
Dillkartoffeln 48
Dorsch, Triester 82

Erbsen, Grüne, auf französische Art 179
Erdbeerblätter als Tee 52
Erdbeerkur 51
Erdbeerpudding 51
Erdbeereis 51
Essig:
 Dillessig 53
 Estragonessig 52
 Knoblauchessig 53
 Kräuteressig 52
 Lorbeeressig 52
 Melissenessig 52
 Safranessig 53
Essig-Tomaten 160

Fenchel mit Bandnudeln 54
Fenchelsalat 52
Fencheltee 55
Fenchelwein 170
Forelle in Folie 158
Frischkornmüsli nach Dr. Bruker 174
Frischkornmüsli mit Trockenfrüchten 162
Frühlings-Vitalsandwich 44
Frühstücksbrötchen 177

Gänseblümchen in Essig 55
Gänseblümchensirup 55
Gänseblümchentee 55
Gemüsetee 87
Gerstencremesuppe 56
Gerstenfrikadellen 56
Gerstensalat, rustikaler 58
Gerstenwasser 168
Geschnetzeltes 155
Gewürzmischungen 201
Grahamweckerl 176
Grüne Sauce mit Bibernelle 35
Grüne Suppe 179
Grünkernauflauf 60
Grünkernsuppe 60
Gundermann-Husten-Mischtee 61

Haferflocken, Bircher-Brennermüsli 62
Haferflockensuppe 62
Haferfrikadellen 62
Haferkeks 63
Hagebuttenkuchen 64
Hagebuttenmarmelade 63
Hagebuttenmus 63
Hagebuttenmus, speziell 64
Hagebuttentee 64

Hähnchen mit Rosmarin 140
Haselnußcreme 114
Haselnußplätzchen 114
Haselnußschokolade 78
Heidelbeerblättertee 65
Heidelbeer-Rohmarmelade 65
Heil- und Teekräuter 184 ff.
Himbeer-Rohkostmarmelade 66
Hirseauflauf mit Sanddorn 147
Hirseflockenbusserln 68
Hirsegrundrezept 67
Hirsenudeln 67
Hirsesuppe 67
Holunderbeerentee 69
Holunderblättertee 69
Holunder in Pfannkuchenteig 69
Holundermost 68
Holundersaft 70
Holundertee 68
Hopfenberuhigungstee 70
Hopfengemüse 72

Ingwerbäckerei 73
Ingwer, kandierter 73
Ingwersahne 73

Johannisbeerblättertee 76
Johannisbeercreme 74
Johannisbeergelee 74
Johannisbeermarmelade 74
Johannisbeerlikör 76

Kakaoschokoladecreme 78
  Bioschokolade »Andrea« 78
  Haselnußschokolade 78
  Sachertorte à la Andrea 80
  Schokoladetortenglasur 78
Kamillenwein 170
Karotten (Möhren) mit Feldsalat 84
Karotten auf türkische Art 84
Karottenrohkost 84
Kartoffelcremesuppe mit Majoran 102
Kartoffeln – Bircher-Brenner 86
Kartoffeln in Wein 172
Kartoffelpuffer 86
Kartoffelsalat mit Wildkräutern 42
Kartoffelsuppe »Gusti« 87
Käseaufstrich 179
Käsesalat mit Oliven 118
Kasnudeln, Kärntner 126
Kerbelsuppe 88
Knoblauchessig 90
Knoblauch-Salbei-Sauce 146
Knoblauchsauce 90
Knoblauchsuppe 90
Kräutersauce mit Salbei 146
Kren, siehe Meerrettich 104
Kruska, Warmes – nach Wiener Art 162
Kümmelschnaps 94
Kümmelstangerl 94
Kümmelsuppe 94
Kümmeltee 92

Lauch-(Porree-)Gemüse 95
Lauchkartoffelauflauf 95
Lauchsuppe 95
Lavendel-Schlafbad 96
Lavendeltee 96
Lebkuchen, Nürnberger 83
Liebstöckeltee 97
Lorbeerkartoffeln 98
Löwenzahnaperitif 100
Löwenzahnpreßsaft 100
Löwenzahnsalat 100
Löwenzahnsirup 100
Luststocksalbe 97
Luststockhusten- und Bauchwehtropfen 97

Majoranfleisch 102
Majorankartoffeln 102
Majoranöl 103
Majorantee 103
Mandelmilch à la Dusika 115
Mandelmeerrettich 105
Marzipanfülle, biologische, à la Gradwohl 115
Mayonnaise:
  Kräutermayonnaise 103
  Quark(Topfen)mayonnaise 103
Meerrettich (Kren):
  Sahnemeerrettich (Oberskren) 105
  Warmer Semmelkren 104
Melissengeist nach Karmeliterinnen 106
Melissenschlaftee 106
Melissensauce für Wildsalate 106
Mohnfülle 108
Mohngolatschen 108
Mohntorte 108
Möhre, siehe Karotte 83
Muskatbäckerei 109
Müsli – Bircher-Benner, mit Haferflocken 63

Nelkenwurztee 110
Nußkuchen 112
Nußkuchen »Hausfreunde« 112

Oberskren (Sahnemeerrettich) 105
Öle 116 ff.
Oreganoabsud, starker 120
Oreganokartoffelauflauf 120

Paprika, gefüllte 122
Paprikasalat 122
Petersilientee 124
Pfefferbutter, grüne 125
Pfefferminzlimonade 128
Pfefferminztee 128
Pfefferminztee, Marokkanischer 128
Pfefferminzwein 170
Pizza 120
Portulaksahne(Rahm)suppe 130
Portulaksalat 130
Preiselbeerblättertee 132
Preiselbeergelee 132
Preiselbeerkompott 131
Preiselbeermarmelade »Kitty« 130

Quark-(Topfen-)Tomaten 160
Quendelapfelkompott 133
Quittenbrot 133
Quittengelée 133

Ragout, Pichelsteiner 157
Reisauflauf 136
Reisfleisch à la Bio 136
Reisgrundrezept 135
Rettichgemüse 138
Rettichsalat mit Sahne-(Rahm-)Dressing 138
Rettich statt Schwarzwurzel oder Spargel 138
Rhabarbergelee 139
Risotto Milanese 143
Rosmarinwein 140
Rote Rüben (Rote Bete):
- Rote-Rüben-Cocktail 105, 142
- Rote Rüben – als Gemüse 142
- Rote-Rüben-Krafttrunk 143
- Rote-Rüben-Salat 142

Rüblitorte, Schweizer 83

Sachertorte à la Andrea 80
Salatdressing 117
Salate:
- Apfelsalat 28
- Brunnenkressesalat 44
- Fenchelsalat 52
- Gerstensalat, rustikaler 58
- Kartoffelsalat mit Wildkräutern 42
- Käsesalat mit Oliven 118
- Löwenzahnsalat 100
- Paprikasalat 122
- Portulaksalat 130
- Rettichsalat 138
- Rote-Rüben-(Rote-Bete-)Salat 142
- Selleriesalat 150
- Selleriesalat, gemischter 150
- Senfsalat 152
- Tomatensalat, Spanischer 160
- Weizenkeimsalat 174
- Wildsalat 158
- Wildsalate 198

Salbeitinktur 146
Salbeiwein 146, 170
Sanddorndrink 148
Sanddornfruchtmus 148
Saucen:
- Grüne Sauce mit Bibernelle 35
- Knoblauch-Salbei-Sauce 146
- Knoblauchsauce 90
- Kräutersauce mit Salbei 146
- Melissensauce für Wildsalate 106
- Sauerampfersauce 148
- Senfsauce 152
- Schnittlauchsauce, kalte 149
- Schnittlauchsauce, warme 149

Sauerampfersuppe 148
Sauerteig-Haus 176
Sauerteig-Natur 178
Sauerteig-Natur nach Gradwohl 176
Sellerie, gefüllte 151
Selleriereis 151
Selleriesalat 150
Selleriesalat, gemischter 150
Selleriesuppe 150
Semmelkren, warmer 104
Senfsalat 152
Senfsauce 152
Sesamgebäck 154
Sesamkugeln 154
Sojabrot 156
Soja-Geschnetzeltes 157
Sojakeime 155
Sojareisfleisch 157
Soja-Szegedinergulasch 156
Spaghetti Bolognese Biologica 161

Suppen:
Bouillabaisse 144
Brennesselsuppe 42
Buchweizensuppe 45
Gerstencremesuppe 56
Grüne Suppe 179
Grünkernsuppe 60
Haferflockensuppe 62
Hirsesuppe 67
Kartoffelcremesuppe mit Majoran 102
Kartoffelsuppe »Gusti« 87
Kerbelsuppe 88
Knoblauchsuppe 90
Kümmelsuppe 94
Lauchsuppe 95
Sauerampfersuppe 148
Selleriesuppe 150
Tomatensuppe mit Kräutern 140

Schnittlauchsauce, kalte 149
Schnittlauchsauce, warme 149
Schokolade, siehe Kakao 78
Schokoladecreme 78

Teerezepte 189 ff.
Thymianbad 159
Thymian-Hustentee 159
Thymianlinsen 158
Tomatenomelette 161
Tomaten-Quark(-Topfen) 160
Tomatensalat, Spanischer 160
Tomatensuppe mit Kräutern 140
Trockenfrüchte-Frischkornmüsli 162
Trockenfrüchte-Kraftkugeln 164
Trockenfrüchte-Pfannkuchenfülle 162

Vanillecreme 164
Vanilleeis 164
Vanillepudding 165
Vogelbeerfruchtmarmelade 50
Vogelbeerlikör 50
Vollkornbrot 92
Vollreiskekse von Frau Lösch 137
Vollweizenbrot 175
Wacholderbeerlikör 166
Wacholderbeerschnaps 166
Wein 168
Weizenkeimmüsli 174
Weizenkeimsalat 174
Weizenvollkornbrot zum Selbermachen 178
Wildgemüse – Wildsalate 198
Wildkräuter 199 ff.
Wildkräuterspinat 40
Wildsalat 158

Zimtkarten 181
Zimtringe 182
Zimtsterne 181

Vernünftig leben – das kompetente Programm auf biologischer Basis

Das eigene Badezimmer wird zum Kurort: Güsse und Wickel, Waschungen, Kneipp-Anwendungen und Bäder zur Vorbeugung und Heilung von vielen Krankheiten: Rheuma, Müdigkeiten, Verdauungs- und Kreislaufstörungen usw. Ein Buch für jeden Haushalt, die beschriebenen Methoden sind direkt anwendbar.

168 Seiten, 34 Schwarzweißbilder.

Heilkräuter, Akupressur, Massagen, Duschgymnastik: das sind die „Medikamente", die Ihre kleinen und großen Schmerzen beseitigen: dieses Standardbuch, an dem der bekannte Akupunktur-Spezialist Dr. med. Johannes Bischko und der Prominenten-Masseur Willi Dungl mitgearbeitet haben, liegt bereits in dritter Auflage vor.

192 Seiten, 43 Schwarzweißbilder.

Sich im Einklang mit der Natur gesundschlemmen. Ein Weg, mit wohlschmeckender Hausmannskost den biologischen Anforderungen des Körpers gerecht zu werden. Hier findet sich für jeden einzelnen Tag des Jahres ein in sich harmonisches Menü, immer auf Grundsubstanzen basierend, die die Natur zu eben dieser Jahreszeit in reichem Maße anbietet.

320 Seiten, davon 16 Farbseiten.

Unkräuter besitzen nicht nur heilende Wirkung, sie sind auch kulinarische Besonderheiten. Dieses Buch bietet eine Fülle von Informationen über Wildkräuter und zahlreiche köstliche Rezepte an.

ca. 160 Seiten, ca. 70 Farbbilder, zahlreiche SW-Bilder.

In jeder Buchhandlung

ORAC